U0519826

学术史研究丛书
主编 李帆

清朝学术源流概略

罗振玉 述
〔日〕松崎鹤雄 穆传金 译注
李 帆 黄海燕 编校

商务印书馆
The Commercial Press
2018年·北京

图书在版编目（CIP）数据

清朝学术源流概略 / 罗振玉述；（日）松崎鹤雄，穆传金译注；李帆，黄海燕编校. — 北京：商务印书馆，2018
（学术史研究丛书）
ISBN 978-7-100-15416-1

I. ①清⋯ II. ①罗⋯ ②松⋯ ③穆⋯ ④李⋯ ⑤黄⋯ III. ①学术思想－思想史－研究－中国－清代 IV. ①B249

中国版本图书馆CIP数据核字（2017）第248665号

权利保留，侵权必究。

（学术史研究丛书）

清朝学术源流概略
罗振玉　述
〔日〕松崎鹤雄　穆传金　译注
李　帆　黄海燕　编校

商　务　印　书　馆　出　版
（北京王府井大街36号　邮政编码 100710）
商　务　印　书　馆　发　行
三河市尚艺印装有限公司印刷
ISBN 978-7-100-15416-1

2018年6月第1版　　开本 640×960　1/16
2018年6月第1次印刷　印张 15 1/4

定价：46.00元

《学术史研究丛书》总序

近二三十年来，学术史的研究成了学界的一个热点，相关著述一再问世，讨论的问题也越发宽泛，触角深入到不少领域，甚至大有取代传统思想史研究之势。中国近现代学术史的研究，尤其如此。

关于学术史何以会在近些年来勃兴，一些学者曾做过探讨。有学者从20世纪80年代的文化史热入手，认为从关注文化史到关注学术史，"有其逻辑的必然性"，"当年人们关注文化问题，是多年激烈的政治动荡之后的反省有以促成之；而今日之关注学术史，则又是多年的文化热之后的反思有以促成之"。[①] 也有学者引入晚清时人对学术史的关注为参照系，认为当时学者之所以热衷梳理学术史，"大概是意识到学术嬗变的契机，希望借'辨章学术，考镜源流'来获得方向感。同样道理，20世纪末的中国学界，重提'学术史研究'，很大程度也是为了解决自身的困惑。因此，首先进入视野的，必然是与其息息相关的'二十世纪中国学术'"[②]。这样的结论，大体是考量学术发展的内在理路与外在环境而得出的。的确，从文化史到学术史，是学术逻辑演化的必然；而20世纪末的时代情境，跨世纪的特殊氛围，恰好强化了这一逻辑，当时各类学术刊物（如《历史研究》）连篇累牍地回顾和总结20世纪学术历程的情形，即可证明此点。也就是说，

---

① 耿云志：《从四部之学到七科之学·序》，载左玉河：《从四部之学到七科之学：学术分科与近代中国知识系统之创建》，上海书店出版社2004年版，第1页。
② 陈平原：《中国现代学术之建立：以章太炎、胡适之为中心》，北京大学出版社1998年版，第1—2页。

世纪之交，借学术史的研究，"辨章学术，考镜源流"，反思和检讨走过的路，以使中国学术在新的历史条件下，更成熟地走向未来，不失为一种非常好的思路和做法。这与百年前章太炎、刘师培、梁启超等人关注于自身学术所由出的有清三百年学术史的总结，颇有异曲同工之妙。当然，正由于今日学者更多关注的是近百年的学术史，所以令中国近现代学术史的研究在整个学术史研究中相对显赫一些。

何谓学术史？目前很难对此概念做一完善界定。追根溯源，"学术"一词中国古已有之，一般泛指学问、道术，但"学"与"术"不同。《说文》释"学"曰"觉悟也"，释"术"曰"邑中道也"；"觉悟也"更多的是在"发蒙"或"学习"的意义上释"学"，故言"古教、学原为一字，后分为二"，"邑中道也"讲的是"路径"或"手段"。前者渐渐引申为学说、学问，后者渐渐引申为技能、技艺（段玉裁《说文解字注》说"引申为技术"），而且有了形上、形下之分。形上之"学"备受士人重视，甚至皓首以穷之；形下之"术"则被看作雕虫小技，向遭冷遇。这种状况持续千年以上，直到西学进入中国。对西学，人们先以形下之"术"来格义，认为"西艺"（工艺技术）能包孕西学的全部内容。到清季，随着认识的深化，已知道西学亦有其根本，遂以中国之"学术"来格义它，如严复所说"学者，即物而穷理……术者，设事而知方"[①]；刘师培也说"学指理言，术指用言"[②]，"学为术之体，术为学之用"[③]。学与术不可分，共同构成科学系统，促进西方的进步。反观中国，学与术分离，言学不言术（日常所说"学术"仅指"学"）。以此，学术无由进步，国家亦无法振

---

① 严复：《政治讲义》，《严复集》第五册，中华书局 1986 年版，第 1248 页。
② 刘师培：《古学出于史官论》，《左盦外集》卷八，《刘申叔遗书》下，江苏古籍出版社 1997 年版，第 1478 页。
③ 刘师培：《国学发微》，《刘申叔遗书》上，江苏古籍出版社 1997 年版，第 480 页。

兴。以西学为坐标对中国学术所做的反思与批判，必然使得一些有识之士对中国学术进行追根溯源的探讨，力求从其发展脉络中找寻失误之原。这正是当年学术史走上学术前台并成为显学的现实依据。相较而论，今日中国学术史研究的时代环境与当年有很大不同，但所面对的研究对象却无根本差别，同样需要以西学为参照系，探讨有"学"有"术"、有"体"有"用"的中国学术发展历程。当然，学术与思想紧密相关，二者常常合而为一，所以直到今天，学术与思想或学术史与思想史的界限问题，仍是尚未厘清的问题，有思想的学术与有学术的思想咸为学者所追求的目标。也许不必刻意区分学术史与思想史的领地，同一研究对象，切入的角度不同，便会显示出学术史与思想史的差异，如康有为的《新学伪经考》，思想史的研究会赞赏它对戊戌维新运动的巨大推动作用，学术史的研究则会孜孜于该书内容的学理探讨，从而不会对它做出很高评价。一个是强调作用于人的精神，震撼人的心灵，引发人的思考；一个则强调是否合于学理，论据是否充分，论证是否严密。理路的不同，带来结论的差异。如果不强分畛域，面对思想史或学术史的不同课题时，依据课题具体情况，或侧重思想史视角，或侧重学术史视角，采两者之长灵活运用之，也许研究成效会更理想。

　　在学术史的研究中，思想史的视角固然非常重要，文化史的视野也必不可少。思想二字从"心"，集中在人的心灵、精神层面，较为空灵；学术虽也有精神层面的东西，但更重求真求实，强调脚踏实地；文化则具有包容性，精神、物质两个层面都在其中。较之思想的超越古今、天马行空，学术的步伐相对笃实，而且对外在环境依赖较大，近现代学术尤其如此。近现代中国，社会空间扩大，学术也愈来愈脱离国家、政府的控制而走向独立，不过这种独立是需要条件保障的，如软环境方面的观念形态，硬环境方面的制度建设、物质保障等。要研究中国近现代学术史，学科、学人、学术著述等自然是主要对象，但对保障学科发展、学人能够独立从事研究的观念形态、制度建设、物质条件等因素也不能弃置不顾，这些甚至是近现代学术得以成立的前提。广义而言，这几方面都在文化史视野之内，无论是属于精神层面的，还是属于物质、制度层面的，都是文化史研究题中必有之义。所以，学术史的研究离不开文化史的视野。

由上可见，学术史研究所涉甚广，与其他部类的关联也颇多，是较为繁难的研究领域。若想有所突破，面面俱到自为下策，而从专题入手，一步步潜心经营，终会达至胜境。本丛书即拟依此策略，以不同主题的学术史专门著作来构建全帙。重点在于清代以来的中国学术史，尤其是前文所强调的近现代中国学术史的研讨，以求有自身特色，于学术前沿据有一席之地。

李 帆

2015 年 12 月于北京师范大学历史学院

罗振玉与清代学术史研究

（代前言）

李 帆

学术史在清末民初成为显学，尤其是与清末民初学人关联最为紧密的清代学术史更引人注目，这已是目前学界的共识。在清末民初学人中，章太炎、刘师培、梁启超、钱穆等人的清学史论述最具代表性，也最为学界关注，已出现较为丰富的研究成果。此外，康有为、罗振玉、王国维、胡适等学者也有不少探讨清代学术的论述，但相对而言，被关注的程度有限。如罗振玉的论述就颇为系统完整，学术价值较大，非常值得讨论，然学界对此几无深入探究[①]，令人遗憾。有鉴于此，这里拟以罗振玉的《本朝学术源流概略》为中心，将罗振玉与清代学术史研究作为论题，展开一点粗浅探讨，以补苴罅漏，并就教于方家。

一

作为清末民国时期的著名学者，罗振玉在历史学、金石学、古文字学、敦煌学、目录学、校勘学等领域贡献卓著，他对甲骨文字的考

[①] 现有论文只是局限于对罗振玉的《本朝学术源流概略》等著述进行粗略介绍，缺乏深入分析和讨论，如王夏刚、李兴娟的《罗振玉旅居辽宁时期的学术研究述评》(《文化学刊》2009 年第 6 期) 等。

订与传播、内阁大库明清档案的保存、敦煌文卷的整理、汉晋木简的研究、古明器研究的倡导等,均有开创之功。他的学术成就,集中体现了近代中国文史学者的研究特色,即一方面继承和拓展了中国固有的经史之学,另一方面运用西学新知,使之与中国学问相交汇,从而令文史之学在当时获得了极大发展。在传承中国固有学问方面,和同时代人一样,罗振玉也是继承了清人的学问。可以说,清代学术为其奠定了学术基础,构成了其学术底色,其诸多学术成就都是从清学中生长出来的。

对于孕育了自身学问的清代学术,罗振玉不时提及,晚年更曾做过系统总结,这就是1930年问世的《本朝学术源流概略》。众所周知,罗振玉在政治身份上属清朝遗老,但在王国维故去后逐渐失宠于溥仪。1928年年底罗氏告别溥仪,从天津迁居旅顺。到旅顺后,由于小朝廷的政治事务减少,他可有较多时间投入到学问中,一方面"闭门不通人事,仍以著书遣日,三年间复成书十四种,四十余卷"[1],另一方面应邀讲学。1930年春,应日本学者松崎鹤雄之邀,讲清朝学术源流概略。关于此事,罗振玉自述曰:"戊辰冬,由津沽移居辽东,戢影海隅,意且屏绝人事。今年(按:即1930年)春,海东友人松崎君柔甫邀余讲学,请有之上公及蟫庐学部为之介。自维忧患余生,学殖荒落,初未敢承。以二君怂恿,乃勉应以讲本朝学术概略,而先之以历代学术变迁。"[2] 松崎鹤雄(1867—1949),号柔甫(晚年易号柔父),是日本汉学家。他于1908年来到中国,1910年往长沙拜叶德辉、王闿运为师,学习中国文化,1920年起任职于满铁大连图书馆,为司

---

[1] 罗振玉:《集蓼编》,载罗继祖主编:《罗振玉学术论著集》第十一集,上海古籍出版社2013年版,第77页。
[2] 罗振玉:《本朝学术源流概略·序》,载罗继祖主编:《罗振玉学术论著集》第十一集,第189页。

书，负责图书的搜集整理、编目、保管等，1932年退职。他1930年请罗振玉讲学，是以大连中日文化协会的名义邀请的，所以罗氏讲稿之最初面世，也是由该协会同年出版发行的。这版《本朝学术源流概略》收入《古今学术之递变》、《本朝学术源流概略》两篇讲稿，即罗氏所言"讲本朝学术概略，而先之以历代学术变迁"之谓。1933年，在将《本朝学术源流概略》收入《辽居杂著乙编》印行时，罗氏把全书编为五章，《古今学术之递变》作为书的第一章出现，未再单列。松崎鹤雄则将《本朝学术源流概略》讲稿译为日文，并加以详尽的注释，于1931年初同样由中日文化协会出版发行。这部日文本讲稿题名为《清朝学术源流概略》，全书仅四章，无《古今学术之递变》。

这部代表了罗振玉对清代学术总体观感的《本朝学术源流概略》，先从追溯清之前的历代学术变迁入手，对先秦至明代的历朝学术予以简单评述，以此作为讨论清代学术的前提和基础。接着对有清一代的整体学术面貌，从学术渊源、学术流派、研究方法、学术得失等四个方面进行叙述和评价。所谓学术渊源，实际谈的是清代学术兴盛和发展的缘由，罗振玉对此总结了九个方面，即圣学圣制、开著作馆、搜辑遗书、校刊经籍、颁布群书、举行特科、奖励宿学、振兴书院、内府搜集古器。[①]所谓学术流派，实际是按经、史、子、集四部分类，分别介绍清代各类学问的成就：经学下设《周易》、《尚书》、《毛诗》、《三礼》、《春秋三传》、《孝经》、《论语》、《孟子》、《四书》、《尔雅》、群经总义、小学、乐等题目，大体依十三经顺序并结合经学相关内容而叙述，其中在《周易》、《尚书》、《毛诗》、《三礼》、《春秋三传》目下按流派分述，余者则仅列清人研究成果之书目而已；史学按正史、编年、纪事本末、古史、别史及载记、传记、谱录、地理八类分别叙

---

① 参见罗振玉：《本朝学术源流概略》，载罗继祖主编《罗振玉学术论著集》第十一集，第194—213页。

述，每类下出以研究成果之书目，并未涉及流派之分；子部按儒学、诸子、考证、算术四类分述，儒学实际谈的是清代治义理学者的成就，考证谈的是考据学者考经书之外诸群书的成就；集部按选学、编集、辑注、诗文评四类进行叙述，分别罗列相关成果的书目。在研究方法方面，罗振玉总结出六条：征经、释词、释例、审音、类考、捃佚。在得失方面，罗氏认为清代学术有三得三失，三得即师承有自、研究有法、取材宏富，三失则为详训诂而略义理、舍训诂而讲微言大义、疑古信今。

应该说，罗振玉对清代学术所做的这四方面总结，确实抓住了清学的基本要点，使人粗读之下，便一目了然；而且全文言简意赅，以不足三万字的篇幅论略有清一代的学术概貌，较之梁启超的《清代学术概论》在文字量上还少一半，足见作者的深厚学养和文字功力。

二

罗振玉讲述《本朝学术源流概略》之际，学界已有多部关于清代学术史的论著问世，章太炎、刘师培、梁启超等人的清学史论述已在学界引起广泛注意和强烈反响，使得清学史的研究成为一时"显学"。相较章太炎、刘师培、梁启超等人的清学史著述，罗振玉的《本朝学术源流概略》显然在影响力上逊色得多，当时和今日皆如此，但这并不意味着该书缺乏特色和价值，而在于学界如何尽力去发掘和研判它。

研读《本朝学术源流概略》，首先予人深刻印象的就是其明显的清朝遗老印记。该书问世于1930年，乃民国十九年，然标题仍为《本朝学术源流概略》，罗振玉的政治认同立场昭然若揭，这在当时谈清代学术史的论著中恐怕是绝无仅有的。值得注意的是，松崎鹤雄在将该书译为日文时，题名改为《清朝学术源流概略》，也许是有意为之吧！不仅如此，罗振玉在书中一再为清皇室歌功颂德，如谈清代学术渊源的九个因素——圣学圣制、开著作馆、搜辑遗书、校刊经籍、颁布群书、举行特科、奖励宿学、振兴书院、内府搜集古器，无一不是从清廷文化政策如何有助于学术发展着手，将清代学术的繁荣归结于朝廷的鼓励，尤其强调皇帝的表率作用，说"列圣相承，典学不倦，由圣祖逮于宣宗，御制诗文集记载鸿博，大而武功文治，细而一名一物，包并靡遗，裨益国故，亦非历朝帝王之集所可比拟。圣学如此，故风行草偃，文化覃敷"[①]。而于众所周知的文字狱对清代学术产生的影响，则一语未提，即全然回避清廷文化政策的负面因素。与之相较，在讨论清学特色，特别是出现考据学一枝独秀的缘由时，清末的章太炎和刘师培、民初的梁启超都认为清廷所实行的文化高压政策是一根本因素。就像章太炎所说的，"多忌，故歌诗文史楛；愚民，故经世先王之志衰。家有智慧，大凑于说经，亦以纾死，而其术近工眇踔善矣"[②]。刘师培则言："才智之士，惮于文网，迫于饥寒，全身畏害之不暇，而用世之念汨于无形。"[③]不得不事考据之学。梁启超亦言，考据学是当时学者"避触时忌，聊以自藏"的产物。[④]不过，梁启超也注意到一个正面因素为考据学之发达所带来的益处，即"社会日趋安宁，人人都有安心求学的余裕，又有康熙帝这种'右文之主'极力提倡"，所以学术"日趋于健实有条理"。[⑤] 这些论述，显然与罗振玉

---

① 罗振玉：《本朝学术源流概略》，载罗继祖主编：《罗振玉学术论著集》第十一集，第195页。
② 章太炎：《訄书·清儒》，载朱维铮编校：《訄书》重订本，生活·读书·新知三联书店1998年版，第158页。
③ 刘师培：《清儒得失论》，载《左盦外集》卷九，钱玄同等编：《刘申叔先生遗书》，民国二十五年（1936）宁武南氏排印本，江苏古籍出版社1997年重印，第1535页。
④ 梁启超：《清代学术概论》，载朱维铮校注：《梁启超论清学史二种》，复旦大学出版社1985年版，第58页。
⑤ 梁启超：《中国近三百年学术史》，载朱维铮校注：《梁启超论清学史二种》，第110页。

之说大相径庭。当然，不言而喻，政治立场的差异一定会导致这种不同。章太炎、刘师培都是清末著名的革命党人、民族主义者，立志排满复汉，其学术论说具有浓烈的民族主义情怀，自是会极力揭示清朝统治的黑暗；梁启超民初谈论这一问题时，相对更客观求实，能看到一些有利于考据学发展的正面因素，包括皇帝的提倡，但其视角和立场与具有遗老身份的罗振玉截然有别。今日看来，罗氏立场自不可取，但他能在章、刘、梁之外，更为系统地总结清廷文化政策有助于学术发展的具体要素，不仅为探究清学兴盛缘由多备一说，更重要的是引人进一步思考学术发展的语境问题、学术与政权建设的错综复杂关系问题等，从而启示人们需在政与学的制高点上考量，才能深入研讨清代学术史或全部学术史。

对于清代的学术成绩，《本朝学术源流概略》按经、史、子、集四部顺序介绍，虽罗振玉对之冠以"学术流派"之名，但内中讲流派者则仅及于经学，余则多为清人研究成果之书目，且经学流派只集中于《周易》、《尚书》、《毛诗》、《三礼》、《春秋三传》目下，而其所谓"流派"亦仅是指经学今、古文或汉学、义理（宋学）等派分。[①]如此，不仅名实不符，即四部分类和相应的书目罗列似不应称之为"学术流派"，而且与当时学界主流所述之清学流派不在同一概念层次上，即今古文、汉宋学之分是了解清代学术的前提，清儒所治之学基本都关联着今古文、汉宋学问题，学界主流之划分清学流派实际是在这一前提下，以地域、师承、学术取向等划分出吴派、皖派、扬州学派、常州学派等流派。所以，罗氏所言"学术流派"仅是其自身的界定，与通常所言之清代学术流派是有较大距离的。不过尽管如此，作为全书的主干，罗氏书中的这部分内容还是颇有分量和

---

① 参见罗振玉：《本朝学术源流概略》，载罗继祖主编：《罗振玉学术论著集》第十一集，第214—219页。

价值的：一方面它简明扼要，脉络清晰，分类准确，于初学者快速把握一朝学术的梗概极为有益；另一方面，它所提供的清人治学成果的大量书目，显有个人治学数十年的雄厚积累做根基，不仅系统完善，而且定位准确，重点突出，对于治清学者不啻学术导引，裨益良多。在梁启超的《中国近三百年学术史》中，"清代学者整理旧学之总成绩"的内容占很大比重，清人研治经、史、子、集四部的成果率皆进入其中，所列举的大量图书也极具代表性。两相比较，《本朝学术源流概略》继承中国目录学传统，严守四部分类，仅列举图书目录而殊少相应的评述；《中国近三百年学术史》则相对灵活，吸取了西方学科分类知识，并夹叙夹议，从学术变迁的视角，对图书所代表的清人治学成绩与不足进行分析，有些评述相当详尽。《中国近三百年学术史》乃梁启超任教于清华学校、南开大学等校时所编的讲义，"清代学者整理旧学之总成绩"这一部分曾在1924年6至9月连载于《东方杂志》上，不知1930年罗振玉讲《本朝学术源流概略》之"学术流派"时是否参考了《中国近三百年学术史》的这部分内容，但自今日看来，两书的这些部分确实相得益彰。亦须指出，罗振玉之书出在梁启超书之后，但学术分类仍严守中国目录之学，几无西学痕迹，罗氏学术史观念之与时代脱节，一如其政治立场。进而言之，由于罗氏是在传统目录学框架下谈清代学术，故其书基本是静态展示，呈现共时性特征，而非动态书写，既未将清代学术演进历程划分出发展阶段，也未将清代学者及著述按历史时序区分。这样的论述缺乏历史感，较之章太炎、刘师培、梁启超乃至皮锡瑞的同类著作的论述[①]，显然逊色得多。甚至可以说，罗氏之书似乎更近

[①] 章太炎的《清儒》、刘师培的《近代汉学变迁论》、皮锡瑞的《经学历史》、梁启超的《清代学术概论》等论著皆对清代学术演进历程划分出若干发展阶段，其观点对后世影响深远。

于有清一代的学术概论,而非学术史。

尽管《本朝学术源流概略》铺叙多而论述少,目录学色彩浓厚,但并不等于罗振玉对清代学术缺乏个人见解和喜好,从他的整体叙述和对清人治学方法、学术得失的评价中,还是能够看出其倾向性,具体表现为四个方面:

一是倡汉宋兼采之学。他在谈及经学时,首句便是"本朝经学,钦定诸经一承宋儒之旧,而兼采汉儒以下诸家之说,训诂、义理并重,一扫门户之习"①。在评价清人学术之"失"时,放在第一条的就是"详训诂而略义理",认为"本朝钦定诸经注,皆汉宋兼采,折中至当。乃后来诸儒,悉贵汉而轻宋。……今日士气销沉,不能不归咎于重训诂、轻义理"。②对"钦定诸经注"的高度评价,自然缘于罗氏政治上的遗老立场,同时缘于这些经注的汉宋兼采、训诂义理并重,而后来学者的贵汉轻宋,则为其贬斥。

二是推崇经史考订。从罗振玉对清代学术之"得"的总结中,可以看出他对经史考订的正面评价,他说:"本朝学术固由于国家倡导,而考其师承,则导源于顾处士炎武。处士之学在明体达用,而绍其学者,亦得其半而已。顾氏之学,始传吴中,传皖江,已复传于江苏,并光被他省。虽嘉庆以前,国家平治,海内安晏,致传顾氏之学者,不复留意于致用,而于经史考订绍述甚广。此一得也。二曰研究有法,本朝学者研究学术心精力果,其法至密……故得超轶汉唐,著作宏富。此二得也。"③即清代学者虽仅继承了顾炎武学术之半,于致用方面有亏,但毕竟能够"明体","于经史考订绍述甚广",且方法精密,得以超越汉唐人之学,值得肯定。在方法层面,罗振玉对清人由小学以通

---

① 罗振玉:《本朝学术源流概略》,载罗继祖主编:《罗振玉学术论著集》第十一集,第214页。
② 罗振玉:《本朝学术源流概略》,载罗继祖主编:《罗振玉学术论著集》第十一集,第239页。
③ 罗振玉:《本朝学术源流概略》,载罗继祖主编:《罗振玉学术论著集》第十一集,第239页。

经史的治学路径评价颇高,他所总结出的六条研究方法——征经、释词、释例、审音、类考、捃佚,多与这一路径相关。他还曾在民国建立前后劝导王国维遵循清人治学路径,将治学方向由哲学、文学转向经史考订之学,说:"初公(按:指王国维)治古文辞,自以所学根柢未深,读江子屏《国朝汉学师承记》,欲于此求修学途径。予谓江氏说多偏驳,国朝学术导源于顾亭林处士,厥后作者辈出,造诣最精者为戴氏震、程氏易畴、钱氏大昕、汪氏中、段氏玉裁及高邮二王,因以诸家书赠之。公虽加流览,然方治东西洋学术,未遑专力。……至是,予乃劝公专研国学,而先于小学训诂植其基。""公闻而愀然自怍,以前所学未醇,取行箧《静安文集》百余册,悉摧烧之。欲北面称弟子,予以东原之于茂堂者谢之。"① 罗氏此言可能有夸张之处,但其对清人经史考订之学的推崇,数十年一以贯之,是无疑义的。

三是反感空谈微言大义,不满疑古之学。罗氏认为清代学术之"失"的一个方面就是"舍训诂而讲微言大义",说:"道光以来,学者复舍东汉而师西汉,先是有常州庄述祖、刘逢禄讲《公羊》之学以造其端;厥后学者从风而靡,变本加厉。至光绪中叶,遂有倡素王改制之说者,恶诸经之害己,诋为皆出刘歆伪造,惑众诬民,流毒至今。"② 由此可知,他对今文经学是反感的,对康有为等的托古改制之说尤为不满。不仅如此,对于康有为等所引领的疑古之风,他也深表不满,并曾与王国维进行过讨论,说:"尼山之学在信古,今人则信今而疑古。国朝学者疑《古文尚书》,疑《尚书》孔注,疑《家语》,所疑固当。及大名崔氏著《考信录》,则多疑所不必疑。至于晚近,

---

① 罗振玉:《海宁王忠悫公传》,载罗继祖主编:《罗振玉学术论著集》第十集,第251、252页。
② 罗振玉:《本朝学术源流概略》,载罗继祖主编:《罗振玉学术论著集》第十一集,第239—240页。

变本加厉,至谓诸经皆出伪造。……方今世论益歧,三千年之教泽不绝如线,非矫枉不能反经。士生今日,万事无可为,欲拯此横流,舍反经信古末由也。"①即认为清人疑古之学本有其合理性,但从崔述《考信录》起,"则多疑所不必疑",晚近康有为等又"变本加厉,至谓诸经皆出伪造",为扭转此风,他主张"矫枉",走"信古"之路回返经典。

四是重金石之学。罗振玉乃近代金石考古之学大家,这方面的卓越成就为学界公认,所以他在论及清代学术时,对己之所擅的金石学格外看重,所谈尤多,如对清代"学术渊源"总结的九条中,专有一条是"内府搜集古器",说:"搜集三代礼器,始于宋之皇祐。本朝乾隆中,命儒臣将内府所藏古礼器,编为《西清古鉴》正、续编及《宁寿鉴古》。当时士夫承流響风,斯学遂盛。其文字可考证经义,其形象可正礼图,故程氏瑶田据以释《考工》,吴大澂据以考古度量权衡。晚近山川之宝日出不穷,礼器以外,若殷墟之甲骨、西陲之简牍、中州之碑版,均为前人之所不及见,有资于考古甚巨,其风实自上开之。"②如此看重搜集整理古器物所体现的金石学成就对一代学术的启发之功,这在其他人的清学史著述中是极为少见的,充分反映了罗振玉的金石学学术背景;再如他对清代金石学成绩的评价,也充分表现出个人喜好,认为金石学"肇于有宋,至本朝而极盛。约分四类:曰目录,曰文字,曰图象,曰考证"③。"前代学者,于名物制度多凭经注为图,非实见其物。如宋代之《三礼图》等,概凭理想,罕得真象。自阮元以后至吴大澂,始以古礼器文字考证许书。程瑶田作《考

---

① 罗振玉:《海宁王忠悫公传》,载罗继祖主编:《罗振玉学术论著集》第十集,第251—252页。
② 罗振玉:《本朝学术源流概略》,载罗继祖主编:《罗振玉学术论著集》第十一集,第213页。
③ 罗振玉:《本朝学术源流概略》,载罗继祖主编:《罗振玉学术论著集》第十一集,第227页。

工创物小记》，就传世古器以证经传。吴大澂用其法以考度量权衡，遂一洗前人凿空臆定之弊。"① 以金石学大家之身，总结一代金石学成就，并为其时的金石考古之学的兴盛提供注脚，可谓罗振玉研讨清代学术史的独特贡献。

由上可知，以《本朝学术源流概略》为代表的罗振玉研讨清学史的著述，有其自身特色和价值，亦不乏个人观点。当然，由于其是在章太炎、刘师培、梁启超等人的清学史著述后出现的，加之其政治立场的落后、篇幅过于短小以致很多论题未及展开等因素，学术影响力自然无法与章、刘、梁的同类著述相比，较之此后钱穆的相关著作也距离颇大。

三

清末民国之时，学人热衷于清代学术史的探讨，使清学史一度成为学术热点，罗振玉的《本朝学术源流概略》也算是这一热点下的产物。综观这一时期学者的清学史著述，有两个特点较为鲜明，一是在内容上学术与思想（或思潮）交织在一起，二是在形式上以口头讲述、讲义为主。

学术史是反映不同时代学术发展进程的专门研究领域，但其内涵和外延、对象和内容一直呈现不确定性，学界至今仍是歧见纷出，特别是如何处理学术史和思想史的关系问题，始终困扰着研究者。一般来说，研究者往往先存一定的思想理念，以此作为写作学术史的前提预设。在这方面，章太炎、刘师培、梁启超概莫能外，如排满革命立

---

① 罗振玉：《本朝学术源流概略》，载罗继祖主编：《罗振玉学术论著集》第十一集，第239页。

场与国粹主义思想的结合，使得章太炎、刘师培研究清学史时，有浓重的现实关怀成分，即以民族主义立场看待清学；梁启超所完成之清学史著作往往更有思想先行的特征，基本是搬来西方思潮史的框架以用之，其《论中国学术思想变迁之大势》、《清代学术概论》等著作皆如此。可以说，思想理念先行，学术与思想或思潮不分，是这一时期学术史著述的较为普遍的特点。在罗振玉的清学史著述中，这一特点也很明显。他在叙述自己为何讲授清学史时，说过这样的话："东北文化会请予讲考古学，予意有清一代学术昌明，义理、训诂兼汉、宋之长，中叶以后偏重训诂名物，不能无失。至于今日，人伦攸斁、圣学垂绝，非讲求三千年精神文明，不能救人心之陷溺。乃为讲本朝学术源流派别。"[①] 即松崎鹤雄等邀罗氏讲学，本来是想请他讲所擅长的考古学，但他基于所谓"人伦攸斁、圣学垂绝"的现状，欲通过"讲求三千年精神文明"，来"救人心之陷溺"，而讲清代学术的源流派别势必会回溯所谓"三千年精神文明"，故要讲他以往涉足不多的清学史。可见其讲学活动绝非单纯的学术交流和研讨，而是出于自身思想理念、有浓重现实意味的举动，这在所讲内容上也有明确体现。在回顾清以前的中国学术演进历程时，他对历代学术做出自己的评判，其所运用的评判标准为"尊儒重道"，即"儒者之道，则如日月经天、江河行地，人类一日不灭，圣道一日不亡也"。依此，认为："大率两汉以行取人，若孝弟力田、贤良方正、经明行修、孝廉诸科，尚未失古制，至博士授业，一依家法，由训诂、名物、典制以求经义，为学亦未甚繁难。故《汉书·艺文志》所载典籍无多。至隋唐以降，典籍愈多，学愈繁复，士子束发受书，至于皓首，或尚不能穷一艺。又以文取士，去行益远，殊失古人为学之本原。宋儒崛起，一矫汉唐以后重

---

① 罗振玉：《集蓼编》，载罗继祖主编：《罗振玉学术论著集》第十一集，第77页。

文轻行之失，由博而反之约，流风所被，下逮元明，师儒之功，顾不伟哉！"①用此标准对历代学术进行衡量，所写出的显然非单纯的学术史著述，而是思想史统率下的学术史，可谓思想学术史或学术思想史。在评判清儒学术时，他最推崇顾炎武之学，也是由于他眼里的顾氏之学乃"师儒"之学，其所依据者即为顾氏著名的"天下兴亡，匹夫有责"的议论，说："明季大儒顾亭林氏有言：自古有亡国，有亡天下。亡国与亡天下奚以辨？曰易姓改号，谓之亡国，仁义充塞而至于率兽食人、人将相食，谓之亡天下。知保天下，然后知保其国。保国者，其君其臣肉食者谋之。保天下者，匹夫之贱与有责焉。亭林氏所谓匹夫有责者，师儒是也。其界说本自明白，君子素位而行大义，名份不敢稍越，非天子不议礼、不制度、不考文。有德无位，不敢作礼乐，以孔子之至圣，亦祖述先王之道以法后王已耳。其因鲁史作《春秋》，尚以褒贬有出位之嫌，而有'知我'、'罪我'之叹。后世妄人遂以孔子为素王改制，其犯上作乱者至引亭林氏'匹夫有责'之言为口实，皆名教之罪人，大悖师儒之义者也。"②对顾炎武"天下兴亡，匹夫有责"之语做出如此解释，恐怕当时和后世都不多见，这既表明了罗振玉将"尊儒重道"作为评判学术的一贯情形，更表明其将"尊儒重道"落实到现实中的直接意图，即作为清朝遗老，把当年康有为所倡"素王改制"和其后革命者的"犯上作乱"，都视作"名教之罪人，大悖师儒之义者也"，其以学术史论表达思想观念的用意昭然大白。

---

① 罗振玉：《本朝学术源流概略》，载罗继祖主编：《罗振玉学术论著集》第十一集，第191、193页。
② 罗振玉：《本朝学术源流概略》，载罗继祖主编：《罗振玉学术论著集》第十一集，第193—194页。另外，在《海宁王忠悫公传》中，罗振玉说王国维起初"自以所学根柢未深，读江子屏《国朝汉学师承记》，欲于此求修学途径"。他则"谓江氏说多偏驳，国朝学术导源于顾亭林处士，厥后作者辈出"。他对江藩《国朝汉学师承记》的不满以及刻意强调清代学术"导源于顾亭林处士"，也恰恰说明他推崇的是"明体达用"的顾氏之学，反对的是江藩崇尚的所谓纯粹汉学。其思想理念先行的清学史表述于此亦可见一斑。

从清末到民国，学术史、清学史论著所在多有，流行至今的论著也不少。这些论著差不多有共同的形态，即以讲义或讲稿形式出现，皮锡瑞的《经学历史》、梁启超的《中国近三百年学术史》、钱穆的《中国近三百年学术史》乃至近年整理出版的柴德赓《清代学术史讲义》①等皆如此，罗振玉的《本朝学术源流概略》也不例外。作为授课、讲学的基本依据，讲义、讲稿类文本具有系统、完整、简洁、通俗等特征。因面对学生或听众，讲授内容需系统、完整，特别是作为大学授课的讲义；限于授课条件、时数等因素，内容上又往往需简洁一些，故这些讲义体的清学史著述大多内容严整简洁、篇幅有限，仅钱穆的《中国近三百年学术史》为例外。至于授课对象为学生或普通听众，这一因素使得讲义内容不得不偏于通俗，有的时候甚至是听讲对象的高度某种程度上决定着讲授者的高度。罗振玉的《本朝学术源流概略》篇幅上不足三万字，内容上书目介绍占较大比重，也许就与这些因素密切相关。

学术史尤其是清代学术史是为显学，作为显学，其标志就是较多学者关注这一领域，或以此为题展开专项研究，出版有质量、有影响力的学术作品，前述章太炎、刘师培、梁启超、皮锡瑞、钱穆以至罗振玉的诸多作品，已是明证。但尽管如此，毕竟这些作品多为学术与思想或思潮不分之作，而且多系讲义或讲稿，此种情形不能不使人深思，这样的作品所构成的"显学"是真正意义上的显学吗？所谓纯粹的学术史到底存不存在？如果存在，它的面貌应该是怎样的，该如何去做这样的学术史？这些恐怕都需要学界在研治所谓"学术史"的过程中进一步思考和探索。

---

① 柴德赓：《清代学术史讲义》，商务印书馆 2013 年版。

四

　　以上所做的初步探讨，使我们得以明悉罗振玉以《本朝学术源流概略》为核心的研讨清代学术史之成就。本书的主体内容即为前文所言之罗振玉讲述、松崎鹤雄日文译注、大连耆宿穆传金中译的《清朝学术源流概略》。在编校过程中，以罗氏文集中的《本朝学术源流概略》作为参照。为了使读者和研究者尽可能较为全面地知晓罗氏的学术史论，并了解这些史论所由发生之语境，本书还收入了罗氏《古今学术之递变》、《扶桑两月记》、《五十日梦痕录》、《集蓼编》、《海宁王忠悫公传》、《狩野君山博士六十寿序》、《与柯凤荪学士书》等文，并将柯昌泗的《吊上虞罗先生》、董作宾的《罗雪堂先生传略》作为附录。

目 录

清朝学术源流概略 ······ 1
  第一章 清朝学术之渊源 ······ 3
  第二章 清朝学术之流派 ······ 20
  第三章 清朝学者之研究方法 ······ 66
  第四章 清朝学术之得失 ······ 71
  译后记 ······ 73

古今学术之递变 ······ 75
扶桑两月记 ······ 83
五十日梦痕录 ······ 111
集蓼编 ······ 139
海宁王忠悫公传 ······ 193
狩野君山博士六十寿序 ······ 199
与柯凤荪学士书 ······ 203

附 录 ······ 207
  吊上虞罗先生 柯昌泗 ······ 209
  罗雪堂先生传略 董作宾 ······ 216

清朝学术源流概略

清朝学术一洗明代空疏之弊端，顿复汉唐兴隆之盛境，构筑学术史上政教合一文化的最盛时期。二百数十年之间，作家如林，即使在道光、咸丰以后，国家处于多事之秋，没能逃脱学术衰败之势，但学术流风未见停息。且在乾隆、嘉庆年间，已有人补上了诸儒之所未备者。现在我把清朝学术之概略，分成四章口述如下：

第一章　清朝学术之渊源；

第二章　清朝学术之流派；

第三章　清朝学者之研究方法；

第四章　清朝学术之得失。

第一章 清朝学术之渊源

清朝开国之初，世祖章皇帝（顺治）以政刑齐民为由，主张教化作为宰治之根源，一经干戈甫收，旋即拿出内帑三万整修孔庙，亲临国学[①]。圣祖仁皇帝既临幸辟雍[②]进行讲学，又临幸阙里[③]亲祭先师，行三跪九叩之礼。世宗宪皇帝（雍正）两次亲临太学行释奠之礼。惊闻曲阜孔庙发生火灾，即发内帑进行重修，用黄瓦盖顶，更显崇敬之意，与此同时对孔林[④]也加以修缮。高宗（乾隆帝）屡屡临幸曲阜，拜祭先师，复兴国学，下诏重建辟雍，亲临释奠，将孔庙祭器迁送阙里进行陈设，并饬命直隶省对文庙之祭器乐器进行修理，还把国学大成门的大成殿用黄瓦覆盖。仁宗（嘉庆帝）、宣宗（道光帝）也亲临太学，专心致志，遵信祖制。德宗（光绪帝）在位时将孔子升格为太祀，崇儒重道，终于完成一代文明之政绩。倡导学术，不只一端，分别说来，有如下述。

一、圣学圣制

世祖入关，勘定战乱，甫垫邦基。临政仅有十八年，鉴于践祚时

[①] 国学：太学。
[②] 辟雍：天子讲学之地。
[③] 阙里：山东曲阜县城内孔子乡里。
[④] 孔林：在曲阜县城北二华里处有百亩之坟地。南北广十步，东西长十三步，高一丈二尺，冢上有树百余株，均属不同种类，是孔门弟子各从自己故乡带来并栽植在冢上的，传说冢上之树不生刺，即使生刺也不刺人。

日尚浅，便在文华殿上开设经筵，选拔词臣，充任日讲官。故圣学缉熙光明，以孝为百行之本，钦注《孝经》，复命儒臣选编与政治有关的经史诸子粹言，作《资政要览》①，以资借镜，并撰《人臣儆心录》②八篇以戒百寮，撰《内则衍义》③十六卷、《劝善要言》一卷，以教士民。此等著作虽系儒臣所纂辑，但又均由天子躬身裁定，刊刻颁行。圣祖（康熙帝）一经嗣位，每日亲历经筵，钦选告戒士子文章，颁行天下学宫，以教士人，还颁圣谕十六条教育民众。三藩之乱既定，天下无事，大开文馆，虽处深宫之中，仍旧读书不辍。御批《通鉴纲目》，论断精详，不事折衷。御制《数理精蕴》，以疏通中西（中国与西洋）数学之大成。盖圣祖皇帝以至圣之资性，善穷天人之奥义，上承经史六艺，下及百家众流，无不兼综并贯，由一人之尊而兼备为君之尊、为师之德，不仅是历代帝王中所未见者，即清朝儒林、文苑之诸大师，莫非分圣学之一体而已。世宗则续其传统，钦撰《孝经集注》一卷，并推衍圣祖圣谕十六条，作出《广训》，以教天下。命儒臣撰辑《执中成宪》④，用以自鉴，撰《训饬州县规条》，以戒告地方官与民众。复又记述圣祖庭训，作《庭训格言》。高宗在青宫（为皇太子）时撰写《日知荟说》，即位以后又作《御批通鉴辑览》，用以追究政治得失，日理万机之暇，日与儒臣讲究贯彻；复命乾

---

① 《资政要览》：又作《御制资政要览》，正文三卷，后序一卷，清世祖顺治皇帝爱新觉罗·福临御撰，吕宫等奉敕纂拟。顺治十二年（1655）成书，共四万余字，有武英殿本、《四库全书》本行世。
② 《人臣儆心录》：又作《御制人臣儆心录》，清顺治皇帝御制，大学士王永吉撰写。共八篇：植党、好名、营私、徇利、骄志、作伪、附势、旷官。该书大致概括了历代奸臣作恶不法的方方面面，书前有御制序。约刊行于清顺治十二年（1655）。
③ 《内则衍义》：又作《御定内则衍义》，十六卷，清顺治皇帝御定，大学士傅以渐奉敕纂。顺治十三年（1656）成书刊行，有《四库全书》本行世。该书共约十六万余字，是按封建道德规范女子言行之著作。
④ 《执中成宪》：清宫廷教育读物。清雍正六年（1728）敕撰，共八卷。前四卷录帝尧至明孝宗诸君主的嘉言善政之事，后四卷记唐虞至明代诸大臣有补于治道的论说。由清世宗命此书名，其意为此书是据诸臣进呈的古帝说、臣鉴，汰驳存精，删繁举要而成的，可作为皇族子孙"修己治人"的要典学习。

清宫侍卫阿弥达[①]赴青海勘探黄河源头，再命江兰[②]察勘淮水之源，命秦承恩[③]赴泾水、渭水勘察发源地以考察二水之清浊。此等业绩均为前世帝王所未曾有过。及至仁宗以降，列圣相承，讲学从未间断，由圣祖开始直至宣宗，均著有御制诗文集，记载鸿博，大至武功文治，小至一名一物，兼收并蓄无所不容，其裨益国事者亦历朝帝王诗文集无可比拟者。圣学如此，故风行草偃，促成文化之繁荣。此乃清朝学术渊源之一。

二、开设著作馆

从顺治朝开始，在饬令儒臣从事撰述之余，又开设明史馆专事撰述，这便是开馆著作之滥觞。及至康熙朝，诏命儒臣纂注群经，并开设规模极大的《古今图书集成》[④]馆，乾隆时期又开设了《四库全书》馆、《三通》馆，又采辑《永乐大典》中之逸书，在光绪朝增修《会典》，在近三百年间几乎未曾停止过，钦定之书多达数万卷，实乃盛德大业，空前之业绩。以上各馆大多以翰林出身之人充作编辑，而以亲王及大学士充当总裁。故清朝儒林、文苑之诸大师十有七八属翰林院出身，在野之学者十中仅只有二三而已。这是清朝学术渊源之二。

现在我把清朝敕修钦定的图书（有关国史如实录方略之类的图书、政书和各部规则条例等图书除外），关于学术者按照经、史、子、集四部分类列表如下。

---

① 阿弥达：满洲正白旗人。
② 江兰：安徽歙县人，任兵部左侍郎。
③ 秦承恩：江苏江宁人，乾隆二十六年进士，任刑部尚书。
④ 《古今图书集成》，殿版五千余册，铜版亦然，缩版有一千六百二十八册。

清朝敕修钦定图书

时间	经	史	子	集
世祖朝（福临）（顺治）	《易经通注》四卷、《内则衍义》十六卷		《道德经注》二卷、《资政要览》三卷	
圣祖朝（玄烨）（康熙）	日讲《易经解义》十八卷、日讲《书经解义》十三卷、日讲《诗经解义》六十四卷、日讲《春秋解义》六十四卷、日讲《四书解义》二十六卷、《周易折中》二十二卷、《书经传说汇纂》二十四卷、《诗经传说汇纂》二十一卷、《春秋传说汇纂》三十八卷、《孝经衍义》一百卷、《律吕正义》五卷、《音韵阐微》十八卷、《康熙字典》四十二卷、《佩文斋诗韵》五卷、《清文鉴》二十一卷	《历代记事年表》一百卷、《皇舆全览图》十六卷、《皇舆全览图》、《方舆路程考略》、《清凉山新志》十卷	《性理精义》十二卷、《朱子全书》六十六卷、《历象考成》四十二卷、《星历考原》六卷、《子史精华》一百六十卷、《渊鉴类函》四百五十卷、《佩文韵府》四百六十卷、《韵府拾遗》一百十二卷、《骈字类编》二百四十卷、《分类字锦》六十四卷、《佩文斋书画谱》一百卷、《广群芳谱》一百卷	《古文渊鉴》六十四卷、《历代赋汇》一百八十卷、《御选全唐诗》九百卷、《御选唐诗》三十二卷、《全金诗》七十二卷、《御定历朝诗》三百二十二卷、《佩文斋咏物诗选》四百八十六卷、《历代题画诗类》一百二十卷、《历代诗余》一百二十卷、《词谱》四十卷、《曲谱》十四卷
世宗朝（胤禛）（雍正）	《八旗通志》二百五十卷、《训饬州县规条》、《执中成宪》八卷、《古今图书集成》一万卷			

续表

时间	经	史	子	集
高宗朝（弘历）（乾隆）	《周易述义》十卷、《诗义折中》二十卷、《周官义疏》四十八卷、《仪礼义疏》四十八卷、《礼记义疏》八十二卷、《满文五经》五十八卷、《满文四书》二十九卷、《律吕正义后编》百二十卷、《诗经乐谱》三十卷、《乐律正俗》一卷、《音韵述微》百六十卷、《增订清文鉴》、《叶韵汇辑》十卷、《满蒙汉三合切音清文鉴》四十八卷、《西域同文志》二十三卷、《同文韵统》六卷、《满汉对音字式》一卷	《明史》三百三十六卷、《通鉴纲目三编》四十卷、《辽金元三史国语解》四十六卷、《满洲通典》百五十四卷、《续通典》百五十卷、《皇朝通典》百卷、《续通志》六百五十二卷、《皇朝通志》百二十卷、《续文献通考》二百五十卷、《皇朝通考》三百卷、《皇朝文献通考》三百卷、《大清会典》一百卷、《事例》百六十八卷、《大清通礼》五十卷、《皇朝礼器图式》十八卷、《大清律例》四十七卷、《国朝宫史》三十六卷、《满洲祭神祭天典礼》六卷、《历代职官表》七十二卷、《词林典故》八卷、《胜朝殉节诸臣录》十二卷、《八旗满洲氏族通谱》八十卷、《满洲源流考》二十卷、《蒙古统一志》三百五十六卷、《皇舆西域图志》四十六卷、《大清一统志》五百六十卷、《皇朝职贡图》九卷、《日下旧闻考》百六十卷、《盛京通志》百二十卷、《盘山志》二十一卷、《热河志》百二十卷、《河源纪略》三十五卷、《石峰堡纪略》二十一卷、《国子监志》六十二卷	《经史讲义》二十八卷、《古今储贰金鉴》六卷、《仪象考成》五十二卷、《仪象考成后编》三十卷、《协纪辨方书》三十六卷、《授时通考》七十八卷、《医宗金鉴》九十卷、《四库全书总目提要》二百卷、《四库全书考证》一百卷、《天禄琳琅帖释文》十二卷、《校正淳化阁帖释文》一卷、《希堂法帖释文》、聚珍版《程式》一卷、《石渠宝笈》反续编、《西清古鉴》《宁寿古》十四卷、《钱录》十六卷、《秘殿珠林》二十四卷、《西清砚谱》二十四卷、《西清续鉴》十六卷	《唐宋文醇》五十八卷、《唐宋诗醇》四十七卷、《皇清文颖》百二十四卷、《四书文》四十一卷、《补绘离骚全图》二卷

续表

时间	经	史	子	集
仁宗朝（颙琰）（嘉庆）		《月令辑要》二十四卷、《图说》一卷、《明臣奏议》四十卷、《明鉴》二十四卷、《续修大清会典》八十卷、《事例》九百二十卷、图四十六卷、《宫史续编》百卷、《续编词林典故》六十四卷、《八旗通志二集》三百五十四卷、《清凉山续志》	《授时广训》二卷、《石渠宝笈三编》	《全唐文》一千卷、《皇清续文颖》百二十卷、《熙朝雅颂集》百三十四卷
宣宗朝（旻宁）（道光）		《大清通礼续纂》五十三卷、《新疆识略》十三卷		
文宗朝（奕詝）（咸丰）	《满汉文孝经》、《满汉文大学衍义》			
穆宗朝（载淳）（同治）			《满蒙汉文圣谕广训》、《治平宝鉴》	
德宗朝（载湉）（光绪）		《增修大清会典》百卷、《事例》千二百二十卷、图二百三十二卷		

上表所列虽尚有未完备之处，或有不知其卷数者，即使如此也已得一百四十五部二万四千余卷，与历代千余年来之官撰书籍相比，从来没有数量如此之多者，真可谓亘古以来所未有也。

三、访辑遗书

从乾隆六年（1741）正月起皇帝下诏访求遗书，凡元、明诸贤以及国朝儒学而又研究六经、阐明性学、潜心正学纯粹无疵者，或业在名山而未登天府者，令各直省总督、巡抚、学政深切注意严加采访，不拘刻本抄本，随时进呈。三十八年（1773）二月，安徽学政朱筠（乾隆进士、侍读学士）条奏搜辑遗书，诏依其请。由于三月进呈书籍太少，遂敕谕内阁严饬地方官，凡属民间所有藏书，不论刻本或抄本，均由官方借用誊抄后将其原本返还，不应假手小吏免生差误。并传谕各总督、巡抚再给半年缓冲期限，陆续奏报。是月又谕军机大臣访问江苏、浙江的藏书家，并向苏州山塘书铺、湖州书船咨询，详尽物色遗书。到了五月甲戌，经江苏、浙江督抚以及两淮盐政使之手购求呈送的书籍已达四五千种之多，并出现了藏书家把其所有旧书悉数呈献出来者。遂谕内阁重重嘉赏应诏呈献珍藏善本之藏书家，并在校办终了时分别还给呈献者。三十九年（1774）五月丙寅传谕内阁，凡进呈书籍百种以上者，择其中精醇者进呈乙览，亲自做出评咏，题识简端，并将其已题咏过的先交书馆进行录副，再将原书交还原主，而使收藏者更加增添荣幸。又因鲍士恭[①]、范懋柱[②]、汪启淑[③]、

[①] 鲍士恭：浙江桐乡人，祖籍安徽歙县，诸生，藏书丰富，与父廷博、子正言共辑有《知不足斋丛书》。
[②] 范懋柱：浙江鄞县人，廪生，明朝天一阁主人范钦之后。
[③] 汪启淑：安徽歙县人，乾隆时任工部郎中。著有《焠掌录》、《水曹清暇录》、《小粉场杂识》。

马裕①四家献书达五百乃至六七百种，赏与《古今图书集成》各一部，以奖励其好古之功。给献书百种以上的周厚堉②、蒋曾莹③、吴玉墀④、孙仰曾⑤、汪汝瑮⑥，及朝绅中的黄登贤⑦、纪昀⑧、励守谦⑨、汪如藻⑩等，每个人各赏给《佩文韵府》一部以示嘉奖。七月丙子，传谕四库馆臣将藏书家姓名附载于各书提要之后。于是海内之遗书日见显现，至四十七年（1782）七月，遂编成《四库全书》，计三千四百六十种、七万五千八百五十卷、三万六千册。向来之图书完善程度没有越此者。此为清朝学术渊源之三。

四、校刊经籍

清朝在武英殿开设印书局先后近三百年，用以刊刻御制、钦定各书及古籍。康熙朝曾命江苏运司在扬州开设诗局，校刊各种书籍，又造铜活字，印《图书集成》。乾隆三十九年（1774），金简⑪请求制造木活字二十五万余，赐名聚珍版，用以印丛书二千七百余卷（武英殿聚珍版丛书）。乾隆十一年（1746），饬儒臣注疏十三经、校勘二十二

---

① 马裕：安徽祁门人，马曰璐之子，居扬州，从事盐业，善诗文，乾隆三十八年献书籍七百七十六种。
② 周厚堉：江苏娄县人，富藏书。
③ 蒋曾莹：蒋重光之子，进呈秘书百种。
④ 吴玉墀：浙江钱塘人，乾隆举人，长寨知事。著有《味乳亭集》。
⑤ 孙仰曾：浙江仁和人，孙宗濂之子，藏书家。
⑥ 汪汝瑮：乾隆时藏书家。著有《北窗吟稿》。
⑦ 黄登贤：顺天大兴人，兵部尚书、藏书家。
⑧ 纪昀：直隶献县人，乾隆十九年进士，礼部尚书、协办大学士、太子太保，《四库全书》总纂修官。编《热河志》、《历代职官表》、《河源纪略》、《八旗通志》等，著有《阅微草堂笔记》等。
⑨ 励守谦：直隶静海人，藏书家。
⑩ 汪如藻：乾隆进士，山东粮道。
⑪ 金简：满洲正黄旗人，《四库全书》副总裁、吏部尚书。

史，都附之以考证。又影印岳刻五经（宋岳珂所刻）、咸淳本《周易本义》、淳祐本《四书集注》，还刻了古香斋袖珍本。乾隆五十六年（1791），刻石经立于太学，出天禄琳琅宋版各经及流传旧本，命彭元瑞①等校勘，作《考文提要》。又诏仿唐石经，刻《五经文字》、《九经字样》，照例刊置经末，并镌版颁行天下。综计内府刊行之群籍，加上汉文、满文、蒙文、藏文四佛藏，总合起来不下十余万卷。同治中兴时，鲍源深②奏请刊刻书籍，颁发各学，所以下诏东南五省总督、巡抚，开创书局。光绪年间，张之洞在广州建立广雅书局，合计各局所刊书籍有数万卷之多。嘉庆十八年（1813）六月，生员鲍廷博③将所刻《知不足斋丛书》进呈，皇帝赏与举人称号，以奖励私家刻书，于是常熟之张④、金山之钱⑤、南海之伍⑥，最近钱塘之丁（丁丙），吴兴之陆（陆心源）、刘（刘承干）、张氏⑦，定州王氏等刊书亦甚多。二百余年来，官私所刻书籍总合不下数十百万卷，得书之易属古来所未有。此为清朝学术渊源之四。

五、群书之颁布

清朝钦定经籍颁行天下，惠及士林，屡奉明诏。乾隆元年（1736）二月丙午，将十三经、二十一史颁行各省城及府州县学；戊午，将圣祖仁皇帝御制之《周易折中》、《性理精义》、《朱子全书》、《钦定尚

---

① 彭元瑞：江西南昌人，乾隆进士，工部尚书、协办大学士。著有《恩余堂集》。
② 鲍源深：安徽和州人，道光进士。著有《补竹轩文集》。
③ 鲍廷博：安徽歙县人，乾隆朝诸生（鲍士恭之父）。著有《花韵轩啄物诗集》等。
④ 指张海鹏，编《墨海金壶》、《借月山房汇钞》。
⑤ 指钱熙祚，江苏金山人，编《守山阁丛书》。
⑥ 指伍崇曜，广东南海人，编《粤雅堂丛书》、《岭南遗书》、《广东十三家集》、《楚庭耆旧集》等。
⑦ 指张钧衡，光绪举人，编《择是居丛书》、《适园藏书志》。

书传说汇纂》、《春秋传说汇纂》颁发太学储藏，向诸生刊示；五月己未，将圣祖仁皇帝御制之《律历渊源》颁布给直省学宫、书院。二年（1737）九月丁酉，将圣祖仁皇帝御制文集、世宗宪皇帝朱批上谕、御制《乐善堂集》颁给官学。三年（1738）六月，传谕内阁，曩者奉世宗宪皇帝之敕谕，曾把圣祖仁皇帝谕刊经史诸书颁发各省布政司，允其郑重刊刻，并准从事一般印刻，许在书坊印制贩卖。近闻书版收贮于藩库，刷印者少，莫若由各抚藩整修版木，为士民刷印创造方便条件，如有要求翻刻者也要给予方便。御纂诸书之中，尚有未颁布者，亦可按照总督巡抚之奏请将其颁布，使刊版流布民间。贮存于武英殿、翰林院、国子监之书版以及内府所有各书，也要满足民间之印刷要求，允其发挥普及教泽之作用。四年（1739）十二月，将圣祖、世宗御制文集并御纂诸经颁发给宗学①。五年（1740）七月，将《日讲四书解义》、《御纂四经》、《性理精义》、《御选古文》、《御注孝经》颁发给奉天各义学②。九年（1744），将《古今图书集成》颁给翰林院。十六年（1751），将武英殿版之十三经、二十二史颁发给江宁之钟山、苏州之紫阳、杭州之敷文三家书院。二十三年（1758）八月，下诏将武英殿版之《皇朝通礼》按省别每省一部印刷颁下。四十四年（1779）六月，向承德府文庙颁发书籍。四十七年（1782），《四库全书》宣告竣功，既缮写三部，颁给大内之文渊阁，奉天及热河之文津、文溯两阁；又以江苏、浙江乃人文渊薮之地，再复写三部，在江苏金山建文宗阁，在扬州大观堂建文汇阁，在杭州西湖建文澜阁收藏之，允许士子来阁检阅，以广施教泽。嘉庆九年（1804）二月，又将高宗之御制诗文全集和钦定石刻十三经颁给翰林院。由此，臣民均得有机会一窥石渠、天禄③之藏。此乃清朝学术渊源之五。

---

① 宗学：指唐宋以来皇族子弟学校，在清朝则是旗人学习处所。
② 义学：以地方公费设立的子弟教育场所。
③ 石渠阁是汉萧何所建收藏秦以来所得图书之所，成帝时收藏秘本之地。天禄阁是汉朝的殿阁，扬雄校定书籍之处。石渠、天禄后泛指皇家藏书之所。

六、特科之举行

　　清朝两举鸿博[①]，一在康熙十七年（1678）。这一年下诏，举凡学行胜过常人、文词卓越超凡者，不论出仕与否，令在京属三品以上及科道官员者，在地方属总督、巡抚、布政使、按察使者，均需举荐所知之学者，由天子亲自考试录用，于十八年（1679）三月一日在体仁阁举行考试。从北京到地方举荐了一百八十六人，考试中选者有彭孙遹等五十人，均录用为翰林官命其编修《明史》。另一次是在乾隆元年（1736）。先前在雍正十一年（1733）四月，下诏重修制科旷典，十三年（1735）二月及十一月，由于被举荐者人数寥寥，又命内大臣及各省总督、巡抚，细心访求，尽速举荐，并约定期限一年内齐集京师。乾隆元年九月二十六日，在保和殿举行御试。本科被举荐者共二百六十七人，来京者一百八十人，接受考试者一百六十七人，其中按一等录用五人，按二等录用十人，并于十月乙丑下诏一等五人授编修官，二等十人中有五人以甲科出身名义授以检讨[②]，另五人以诸生名义授以庶吉士[③]。二年（1737）七月十一日又举行一次补试，将在北京集中的二十六人中以一等录取一人，以二等录取三人，给两人授以检讨，两人授以庶吉士。十四年（1749）十一月，下诏要求举荐经明行修者，命在京的大学士、九卿，在地方的总督、巡抚，公举知名人士，不论其为进士、举人、诸生，还是退休闲废人员，只要是潜心于经学者，均要慎重访选。两年之内，由内外臣工推荐了四十九人。十六年（1751）闰五月下谕，鉴于所举四十九人中难免有鱼目混杂之情状发生，令大学士和九卿以公平原则再查现举人员，不受人数拘

---

① 鸿博：科举之一种，始于唐朝开元年间，在清朝康熙、乾隆时两次实行，用以举荐采用博学能文之士，称博学鸿词科。
② 检讨：隶属翰林院，居编修官之次位，从事编修工作。
③ 庶吉士：清朝开设庶常馆以翰林官任教授，三年后经考试给优秀者授以官职，也称散馆。

限，按照名实相符原则以负责态度推举奏报。于是大学士们便奏荐了陈祖范①、吴鼎②、梁锡玙③、顾栋高④四人，皇帝下诏命彼等进呈所著之书。于六月丙午授吴鼎、梁锡玙国子监司业。八月丙申，由于陈祖范、顾栋高年迈不能来京，俱授以国子监司业衔，奖励宿学。乾隆朝时对鸿博、经学两科的选择虽十分严格，然而天下士人均争相琢磨，骎骎然努力务求实学。此为清朝学术渊源之六。

七、奖励宿学

列圣相承，奖励宿学。康熙十八年（1679），山西进士范镐鼎⑤不应鸿博之举，而讲濂洛之学⑥，皇帝御书"山林云鹤"四字以示旌表。四十一年（1702），大学士李光地⑦进呈了梅文鼎⑧所著之历学，御书"积学参微"四字赐之。四十四年（1705），圣驾南巡，德清之处士胡渭⑨进献《平成颂》，此前，侍讲学士查昇⑩曾进呈胡渭所著《禹贡锥指》，于是皇帝御书《西湖诗》扇赐之，又赐御书"传经耆老"四字，还赏"耆年笃学"四字匾额。乾隆十六年（1751），顾

---

① 陈祖范：江苏常熟人，雍正举人，国子监司业衔。著有《经咫掌录》、《司业集》等。
② 吴鼎：江苏金匮人，乾隆九年举人，拔擢为翰林院侍讲学士，后转为侍读学士。著有《易例举要》二卷、《十家易象集说》九十卷等。
③ 梁锡玙：山西介休人，雍正二年举人，乾隆十六年任国子监司业。著有《易经揆一》等。
④ 顾栋高：江苏无锡人，康熙六十年进士，授内阁中书。著有《春秋大事表》五十卷、《毛诗类释》二十一卷、《大儒粹语》二十八卷。
⑤ 范镐鼎：山西洪洞人，康熙六年进士，孝友力行，其学以敬为主。
⑥ 濂洛之学：宋代理学流派，指周敦颐、程颢、程颐等之学统而言。
⑦ 李光地：福建安溪人，康熙进士，历官文渊阁大学士等，笃信程朱之学。著有《周易通论》、《尚书七经解义》、《离骚注》、《榕村全书》等二十余种。
⑧ 梅文鼎：安徽宣州人，精于天文历学。著有《梅氏丛书》。
⑨ 胡渭：浙江德清人，修经义，精通舆地学，在徐乾学属下编修《一统志》。著有《禹贡锥指》二十卷、《图》四十七幅、《易图明辨》十卷等。
⑩ 查昇：康熙进士，少詹事，著有《澹远堂集》。

栋高因经学被举荐，蒙赐御制诗七律二章，二十二年（1757），南方巡幸又承蒙召见，赐祭酒衔，并赐御书"传经耆硕"四字。吴鼎将其所著《象数集说》、《易问》、《春秋四传选义》、《易堂问目》、《考律绪言》进呈，梁锡玙将其所著《易经揆一》进呈，皇帝命翰林二十员、中书二十员在武英殿各缮写一部，并命梁诗正①、刘统勋②监理其事。二十八年（1763）十月谕命军机大臣：现在韵书正在修辑之中，听闻安徽婺源县已故生员江永③曾著有《四声切韵表》及《音学辨微》两书，稿本已成，未曾刊刻，要该省巡抚直接传命该县从其家中购求，若一时难以抄写完，可将原稿利用奏折渠道送至京师以备采择，抄写完毕，立即返还。三十八年（1773）七月，办理《四库全书》总裁奏请将进士邵晋涵④、周永年⑤、余集⑥，举人戴震⑦、杨昌霖⑧调集来

---

① 梁诗正：浙江钱塘人，雍正进士，吏部尚书。著有《矢音集》。
② 刘统勋：山东诸城人，雍正进士，东阁大学士。著有《刘文正公集》。
③ 江永：安徽婺源人，精通经学和音韵之学。著有《周礼疑义举要》七卷、《礼记训义择言》八卷、《深衣考误》一卷、《律吕阐微》十一卷、《律吕新论》二卷、《春秋地理考实》四卷、《乡党图考》十卷、《读书随笔》二卷、《古韵标准》六卷、《四声切韵表》四卷、《音学辨微》一卷、《河洛精蕴》九卷、《推步法解》五卷、《近思录集注》十四卷、《考订朱子世家》一卷、《左传翼服》、《论语古本证异》、《论语补笺》、《庄子集评》、《离骚集注》、《朴斋文集》等。
④ 邵晋涵：浙江余姚人，乾隆三十六年进士，侍讲学士、文渊阁直阁事、日讲起居注官。著有《尔雅正义》二十卷、《孟子述义》、《穀梁正义》、《韩诗内传考》、《皇朝大臣谥迹录》、《方舆金石编目》、《輶轩日记》、《南江诗文钞》等。
⑤ 周永年：山东历城人，乾隆三十六年进士，翰林院庶吉士，散馆授编修、文渊阁校理，著有《先正读书诀》一卷等。
⑥ 余集：浙江仁和人，乾隆进士，侍讲学士。著有《秋室诗钞》等。
⑦ 戴震：安徽休宁人，乾隆二十七年举乡试，三十八年任四库馆编修，四十年殿试及第任翰林院庶吉士。精于经学、小学。著有《六书论》三卷、《声韵考》四卷、《声类表》九卷、《方言疏证》十卷、《原象》四篇、《迎日推策记》一篇、《勾股割圜记》三篇、《历问》一卷、《古历考》二卷、《续天文略》三卷、《策算》一卷、《诗经二南补注》二卷、《毛郑诗考》四卷、《尚书义考》一卷、《考工记图》二卷、《春秋即位改元考》一卷、《大学补注》一卷、《中庸补注》一卷、《孟子字义疏证》三卷、《尔雅文字考》十卷、《经说》四卷、《水地记》一卷、《水经注》四十卷、《九章补图》一卷、《屈原赋注》七卷、《通释》二卷、《原善》三卷、《绪言》三卷、《直隶河渠书》六十四卷、《气穴记》一卷、《藏府算经论》四卷、《葬法赘言》四卷、《文集》十二卷等。
⑧ 杨昌霖：江苏吴县人，乾隆乙未庶吉士，刑部主事。

京，共同承担校勘之职。奉谕令该总裁留心视看，观察年余，如果期间行走勤慎，便允进士出身者与壬辰科庶吉士享同等待遇，一体散馆，举人出身者与下科新进士一同进行殿试，届时酌量录用。四十三年（1778）四月，《四库全书》馆进呈朱彝尊①著之《经义考》，皇帝题诗于卷首，并谕军机大臣将所题诗寄往浙抚三宝②处，要他就便询问有藏版之家，将此诗添于书之卷首，以便向士林广为告知皇帝阐崇经学之意。咸丰元年（1851），礼部把江苏举人朱骏声③所著《说文通训定声》进呈，皇帝命赏加朱国子监博士衔。三年（1853），礼部奏呈福建学人林昌彝④所著《三礼通释》，谕示以教授归该部选用。十年（1860），刑部候补主事何秋涛⑤将所著舆地书籍八十卷进呈，皇帝赐名"朔方备乘"，并谕示等待补缺，后即升补为员外郎，又在懋勤殿⑥行走。可谓尊崇古学之荣光下及寒士之身。此为清朝学术渊源之七。

八、振兴书院

世宗雍正十一年（1733）正月，谕示内阁：除各省学校之外，地

---

① 朱彝尊：浙江秀水人，康熙十八年举博学鸿词科以布衣入选。著有《经义考》、《日下旧闻》、《曝书亭集》、《词综》等。
② 三宝：满洲人，乾隆朝进士，东阁大学士、闽浙总督。
③ 朱骏声：江苏吴县人，嘉庆二十三年举人，黟县训导。著有《说文通训定声》四十卷、《六十四卦经解》八卷、《诗传笺补》十二卷、《仪礼经注一隅》二卷、《夏小正补传》一卷、《大戴礼校正》二卷、《左传旁通》十卷、《左传识小录》三卷、《论孟确解》二卷、《悬解》四卷、《经史问答》二十六卷、《天算琐记》四卷、《离骚补注》一卷、《淮南书校正》六卷、《小学识余》四卷、《说解商》十卷、《说丛》十二卷等。
④ 林昌彝：福建侯官人，道光十九年举人，精于三礼。著有《三礼通释》二百余卷、《小石渠经说》、《温经日记》、《说文二徐本辨伪》、《诗文集》等。
⑤ 何秋涛：福建光泽人，道光二十四年进士，刑部主事。著有《王会篇笺释》三卷、《篆隶源流》、《北徼汇编》六卷。
⑥ 懋勤殿：在北京紫禁城内西南，是存放历史地图以及其他文书的地方。

方大吏常有设立书院、聚集生徒、讲究学问者，朕临御以来，时时以教育人才为念，虽有若干优秀书院之设，据闻其实所获裨益甚少，虚名浮夸者颇多，所以未尝敕命各省通行设立。近来各省大吏已知晓崇尚实政，读书应举者也颇能摒弃浮嚣奔竞之俗，则书院之建立仍不失为养贤育人之一途。总督、巡抚驻扎之地均系一省之首府，着该总督、巡抚酌量举设书院，赐各省内帑一千两兴办。将来士子群聚读书，需预先筹措费用，以垂永久。现有费用如有不足，亦可从现存公银内支取。封疆大吏均负有化导士子之责，应各宜殚心奉行，黜浮崇实，为国培养人材，以达菁莪、棫朴①之化。乾隆四年（1739）三月己巳，谕示浙江敷文书院，由于每岁帑金租息四百两用于饩廪（学生的学费、食费等）不足，加赐内帑金一千两，交付该巡抚经理，令其年提取息银以资费用。十五年（1750）南巡，九月至河南，行幸于嵩阳书院。四十年（1775），依毕沅②所奏，道光十七年（1837），依御史巫宜楔③所奏，下诏各书院，命其延请山长（山长即书院院长），务必以学行兼优者来充任。自雍乾以降，陈祖范④、钱大昕⑤、段玉裁⑥

---

① 菁莪：指培育人才；棫朴：指贤才。
② 毕沅：江苏镇洋人，乾隆二十五年进士，官至湖广总督。著有《续资治通鉴》、《山海经注》、《晋书地理志校注》、《关中胜迹图志》、《关中中州山左金石记》、《灵岩山人诗集》、《墨子校正》等。
③ 巫宜楔：福建永定人，嘉庆丁丑庶吉士，江苏苏松太道。
④ 陈祖范：见前注。
⑤ 钱大昕：江苏嘉定人，乾隆十九年进士，由少詹事提为广东学政司，后执掌紫阳书院。著有《廿二史考异》、《续文献通考》、《续通志》、《一统志》、《天球图》、《唐石经考》、《唐五代学士年表》、《宋学士年表》、《元史氏族表》、《元史艺文志》、《三史拾遗》、《诸史拾遗》、《通鉴注辨证》、《四史朔闰考》、《南北史隽》、《三统术衍》、《三统术钤》、《金石文字目录》、《天一阁碑考》、《十驾斋养新录》、《恒言录》、《竹汀日记钞》、《潜研堂集》等。
⑥ 段玉裁：江苏金坛人，乾隆二十四年举人。著有《说文解字注》三十卷、《毛诗故训传》三十卷、《古文尚书撰异》三十二卷、《春秋左氏传古经》十二卷、《毛诗小学》三十卷、《汲古阁说文订》十六卷、《经韵楼集》十二卷等。

掌教于紫阳，卢文弨①掌教于钟山，全祖望②掌教于蕺山、端溪，陈寿祺③掌教于鳌峰，钱仪吉④掌教于大梁，李兆洛⑤掌教于暨阳，陈澧⑥掌教于菊坡，朱一新⑦掌教于广雅，皆能化导诸生，儒风大振。阮元⑧任浙江巡抚时，创设诂经精舍，任两广总督后，创学海堂，召王昶⑨、孙星衍⑩为山长，教授经史之学，得人才最盛。到晚近之年，黄彭年⑪于苏州创学古堂，黄体芳⑫于江阴创南菁书院，张之洞⑬于

① 卢文弨：浙江余姚人，乾隆十七年进士，历任翰林院编修、湖南学政。校订有《逸周书》、《荀子》、《吕氏春秋》、《新书》、《韩诗外传》、《春秋繁露》等。著有《群书拾补》、《抱经堂集》、《仪礼注疏详校》、《钟山札记》、《龙城札记》、《广雅释天》。编纂有《抱经堂丛书》。
② 全祖望：浙江鄞县人，乾隆元年进士，执掌蕺山、端溪书院。著有《七校水经注》、《困学纪闻三笺》、《经史问答》、《鲒埼亭集》、《读易别录》、《孔子弟子姓名表》、《汉书地理志稽疑》、《公车征士小录》、《续甬上耆旧诗》等。
③ 陈寿祺：福建侯官人，嘉庆四年进士，翰林院庶吉士、河南乡试副考官。著有《左海经辨》、《左海文集》、《左海骈体文》、《绛跗堂诗集》、《东粤儒林文苑后传》、《东观存稿》等。
④ 钱仪吉：浙江嘉兴人，嘉庆十三年进士，翰林院庶吉士，任广东学海堂、河南大梁书院山长。著有《衎石斋记事稿》、《刻楮集》、《旅逸小稿》等。
⑤ 李兆洛：江苏阳湖人，嘉庆十年进士，翰林院庶吉士、安徽凤台知县。编述有《皇朝文典》、《大清一统舆地全图》、《凤台县志》、《地理韵编》、《骈体文钞》、《旧言集》等，著有《养一斋文集》。
⑥ 陈澧：广东番禺人，道光十二年举人。著有《东塾读书记》、《说文声表》、《水经注提纲》、《西南诸水考》、《三统术详说》、《弧三角平视法》、《琴律谱》、《东塾集》等。
⑦ 朱一新：浙江义乌人，光绪二年进士，翰林院庶吉士、陕西监察御史。著有《诗古文辞杂著》、《京师坊巷志》、《汉书管见》、《东三省内外蒙古地图考证》等。
⑧ 阮元：江苏仪征人，乾隆五十四年进士，浙江巡抚、两广总督。编《经籍纂诂》、《皇清经解》，作《十三经校勘记》，著有《山左金石志》、《两浙金石志》、《石渠随笔》、《畴人传》、《小沧浪笔记》、《定香亭笔谈》、《揅经室集》等。
⑨ 王昶：江苏青浦人，乾隆十九年进士，刑部侍郎。编著有《金石萃编》、《青浦诗传》、《湖海诗传》、《湖海文传》、《明词综》、《清词综》、《春龙堂集》等。
⑩ 孙星衍：江苏阳湖人，乾隆五十二年进士，刑部主事、山东粮道、钟山书院山长。编有《平津馆丛书》、《岱南阁丛书》。著有《尚书今古文注疏》、《周易集解》、《夏小正传校正》、《魏三体石经残字考》、《仓颉篇》、《孔子集语》、《史记天官书考证》、《寰宇访碑录》、《续古文苑》、《问字堂集》等。
⑪ 黄彭年：湖南醴陵人，道光二十七年进士，翰林院庶吉士、湖北布政使。著有《陶楼诗文集》、《东三省边防考略》、《金沙江考略》、《历代关隘津梁考》、《铜运考略》等。
⑫ 黄体芳：浙江瑞安人，同治进士，兵部右侍郎。
⑬ 张之洞：直隶南皮人，军机大臣、体仁阁大学士。著有《张文襄公全集》、《张文襄公政书》等。

广东创广雅书院，其成效虽然不及乾隆、嘉庆之时，而东南之士夫尚知研究经史者，全靠诸书院之力。此乃清朝学术渊源之八。

九、内府搜集古器物

最早开始搜集三代礼器是在宋朝的皇祐年间。乾隆时，清廷命儒臣把内府所藏之古礼器编成《西清古鉴》正、续编和《宁寿鉴古》。士夫承此流风并加以发展，使得斯学渐盛。用其文字可考证经义，用其形象可正礼图，故有程瑶田[①]据此释《考工》，吴大澂[②]据此考证古代之度量衡。晚近山川之宝不断出土，除礼器之外还有如殷墟之甲骨、西陲之简牍、中州之碑版之类，均系前人想见又不得见的珍宝，有益于考古者甚巨，此风乃由上而开之。此为清朝学术渊源之九。

---

① 程瑶田：安徽歙县人，乾隆三十五年进士，嘉定教谕。著有《禹贡三江考》、《通艺录》、《读书求解》、《数度小记》、《九谷考》、《宗法小记》、《考工创物小记》、《释宫小记》、《沟洫疆理小记》、《声律小记》、《水地小记》、《解字小记》、《释草小记》、《释虫小记》等。
② 吴大澂：江苏吴县人，同治进士，湖南巡抚。著有《愙斋集古录》、《古籀补》、《古玉图考》、《权衡度量考》、《恒轩吉金录》等。

第二章　清朝学术之流派

清朝学术连绵垂延了近三百年，这都是执政者们所倡导的结果，此意在第一章里已经说过了。现在将学术之流派按照经、史、子、集分类略述如下。

一、经学

清朝经学，在钦定诸经时突出了两个特点：一是继承宋儒之旧说再兼采汉代以后诸儒之说，并兼顾训诂和义理；二是排除门户之见。在这里我按经学分类叙述如下。

《周易》

《易》这本著作是以天道来推演人事的一部书，汉儒称之为象数，它离古不远，但却一变再变。第一变就成了京房、焦延寿等人的学说，陷入了襟祥说怪圈（以说鬼神乞求福祉）；再变成了陈抟、邵康节（宋代学者）的学说，专讲造化，与人世间事不沾边。王弼（魏之郎中，给《易》和《老子》作注）废黜象数之说，加入了老庄思想。宋儒则专用来明儒家之理，转向专门追求人世间事，与天道更加疏远了。两者各自都有其偏颇之处。清朝的钦定《周易》则采取折中办法，既重义理又不废除象数，用以矫正前人之失。在清朝言《易》

者凡有四派：一是汉学派，二是理象折中派，三是义理派，四是反驳陈、邵图书说（图书指《河图》、《洛书》）之一派。

（一）汉学派

毛奇龄[1]作《春秋占筮书》及《易小帖》，依据古训，纠正近代易学之失误。惠士奇[2]著有《易说》，专以汉学为宗，以象为主。惠栋[3]作《周易述》，以荀、虞[4]为主，并参证郑玄[5]、宋咸[6]、干宝[7]之说构成自己的体系；又作《易汉学》，以申孟长卿等五家[8]之说。张惠言[9]作《周易虞氏义》，专以虞翻为主，并在《郑氏义》、《荀九家易》、《易义别录》（集孟喜、姚信以下十九家之说[10]）中保存了古之说法。孙星衍作《周易集解》。均为祖述汉人之作。

---

[1] 毛奇龄：浙江萧山人，明末诸生，康熙朝被召出授以检讨职。著有《西河合集》等。
[2] 惠士奇：江苏吴县人，康熙进士，历任广东学政、侍读。著有《易传》、《春秋三礼问》、《诗说》、《研溪文集》等。
[3] 惠栋：惠士奇之次子，乾隆中举为经明行修。著有《易汉学》、《周易述》、《易徵言》、《易例》、《九经古义》、《明堂大道录》、《禘说》、《古文尚书考》、《后汉书补注》、《精华录训纂》、《九曜斋笔记》、《松崖文钞》、《诸史会要》、《竹南漫录》、《读说文记》等。
[4] 荀、虞：汉代荀爽、虞翻。
[5] 郑玄：字康成，后汉高密人。著有《毛诗笺》、《易注》、《礼记注》、《春秋箴膏肓》、《春秋发墨守》、《春秋起废疾》、《驳五经异义》等。
[6] 宋咸：宋代建阳人，天圣进士，都官郎中。著有《易训》、《毛诗正纪外义》、《论语增注》、《法言注》、《朝制要览》等。
[7] 干宝：晋代新蔡人，山阴令、散骑常侍。著有《周官注》、《春秋左氏义外传》、《搜神记》等。
[8] 孟长卿等五家：孟喜的《孟氏章句》、虞翻的《虞氏义》、京房的《京氏章句》、郑玄的《周易注补遗》、荀爽的《荀氏注》。
[9] 张惠言：江苏武进人，嘉庆进士，翰林院编修。著有《周易虞氏义》、《仪礼图》、《读仪礼记》、《易义别录》、《茗柯文集》等。
[10] 十九家指孟喜（汉）、姚信（吴）、翟玄（汉）、京房（汉）、陆绩（汉）、干宝（晋）、马融（汉）、宋衷（汉）、刘表（汉）、王肃（魏）、董遇（魏）、王廙（晋）、刘瓛（齐）、薛虞（汉）等。

（二）理象折中派

胡煦①之《周易函书》、朱轼②之《周易传义合订》、王心敬③之《丰川易说》、任启运④之《周易洗心》、赵继序⑤之《周易图书质疑》，均属此派。

（三）义理派

张尔岐⑥之《周易说略》、张烈⑦之《读易日钞》、李光地⑧之《周易通论》、杨名时⑨之《周易札记》、程廷祚⑩之《大易择言》，均属明白笃实一类，与空洞无物者不同。焦循⑪之《周易补疏》，则取王弼注之训诂近古者，而为之作疏。这些都属义理派。

---

① 胡煦：河南光山人，康熙进士，礼部侍郎。著有《周易函书》、《葆璞堂文集》等。
② 朱轼：江西高安人，康熙进士，文华殿大学士、吏部尚书。著有《易春秋详解》、《礼记纂言》、《周礼注解》、《仪礼节略》、《订正大戴记》、《吕氏四礼翼》、《温公家范》、《历代名臣名儒循吏传》、《广惠编》等。
③ 王心敬：陕西鄠县人。著有《尚书质疑》、《诗说》、《礼记汇编》、《春秋原经》、《关学汇编》、《丰川全集》等。
④ 任启运：江苏宜兴人，雍正进士，宗人府丞。著有《周易洗心》、《宫室考》、《四书约指》、《经传通纂》、《清芬楼文集》等。
⑤ 赵继序：安徽休宁人，乾隆举人。著有《周易图书质疑》、《春秋传论》、《易考》、《易通》、《历数》、《周易考异》、《汉儒传经说》、《孔门弟子考》等。
⑥ 张尔岐：山东济阳人。著有《仪礼郑注句读附监本正误》、《石经正误》、《周易说略》、《夏小正传注》、《弟子职注》、《老子说略》、《蒿庵集》、《蒿庵闲话》等。
⑦ 张烈：顺天大兴人，康熙进士，翰林院编修。著有《读易日钞》、《孜堂文集》等。
⑧ 李光地：见前注。
⑨ 杨名时：江苏江阴人，康熙进士，侍值南书房。著有《易义随记》、《诗义记讲》、《杨氏全书》等。
⑩ 程廷祚：江苏上元人，乾隆朝应召博学鸿词。著有《大易择言》、《易通》、《易说辨正》、《尚书通义》、《青溪诗说》、《春秋识小录》等。
⑪ 焦循：江苏甘泉人，嘉庆举人。著有《易余龠录》、《易话》、《注易日记》、《易广记》、《孟子正义》、《周易王（氏）注补疏》、《尚书孔（氏）传补疏》、《毛诗郑氏笺补疏》、《论语何氏集解补疏》、《春秋杜氏集解补疏》、《礼记郑注补疏》、《书义丛钞》、《禹贡郑注释》、《毛诗地理释》、《毛诗鸟兽草木虫鱼释》、《陆玑疏考证》、《群经宫宝图》、《论语通释》、《雕菰楼集》等。

（四）辟陈、邵图书派

排斥图书是从元代的吴澄[1]、明代的归有光[2]开始的。在清朝有黄宗羲[3]的《易经象数论》、黄宗炎的《图书辨惑》。到胡渭的《易图明辨》、张惠言的《易图条辨》，则穷本溯源，进行了越来越细密的考究。

《尚书》

从宋代的吴棫[4]、朱子[5]、陈振孙[6]，元代的吴澄，明代的梅鷟[7]、归有光等，怀疑古文《尚书》为伪书，到阎若璩[8]撰《尚书古文疏证》，进一步地阐述诸家之说。于是，治《尚书》者分成了三派：一是今文派，二是今古文不分派，三是古文派。

（一）今文派

阎若璩撰写了《尚书古文疏证》之后，惠栋写了《尚书古文考》，段玉裁写了《古文尚书撰异》，孙星衍写了《尚书今古文注疏》，王鸣

---

[1] 吴澄：江西崇仁人，国子监司业。著有《易纂言》、《书纂言》、《春秋纂言》、《礼记纂言》等。
[2] 归有光：江苏昆山人。著有《震川集》、《三吴水利录》等。
[3] 黄宗羲：明末清初浙江余姚人。著有《宋元学案》、《明儒学案》、《南雷文定》等数十种。黄宗炎是宗羲之弟，明崇祯贡生。著有《周易象辞》、《图书辨惑》等。
[4] 吴棫：舒州人，重和进士，泉州通判。著有《书裨传》、《诗补音》、《论语指掌》、《论语考异》、《论语续解》、《楚辞释音》、《韵补》等。
[5] 朱子：即朱熹，福建尤溪人，绍兴同进士（著述从略）。
[6] 陈振孙：安吉人，嘉兴知府，《直斋书录解题》的作者。
[7] 梅鷟：正德举人。著有《尚书考异》、《尚书谱》、《古易考原》、《春秋指要》、《仪礼翼经》、《太玄圜注》（按：即《太玄图注》）等。
[8] 阎若璩：山西太原人，康熙时学者。著有《尚书古文疏证》、《四书释地》、《孟子生卒年月考》、《潜邱札记》、《毛朱诗说》、《日知录补正》、《丧服翼注》、《眷西堂集》等。

盛[1]写了《尚书后案》，宋鉴[2]写了《尚书考辨》，江声[3]写了《尚书集注音疏》，都以古文为伪，转而去治今文。

（二）今古文不分派

自诸学者考证古文属伪书以来，黄宗羲、钱大昕、沈彤[4]、姚鼐[5]等人都追随其说。然而，古文被学官信从已久，朱彝尊就认为古文是将许多逸经缀辑成经文，并不悖理，没有大举删改之必要。陈祖范之《经咫持论》也赞同此论。至于李光地的《尚书解义》、张英[6]的《书经衷论》之类，并不斤斤于今古文之争。这都是属于今古文不分一派的。另外，诸学者既攻击伪古文、伪孔注，连孔注也有一并被抛弃之势。焦循指出古文所增加的二十五篇为伪作，《尧典》到《秦誓》的二十八篇则非伪作，今之孔《传》是魏晋之人所写，为何不可留存？故焦循历举其注之七善，写出了《尚书补疏》。此虽不能视为今古文不分派，但因其说甚为妥当，故将持有这种观点的学者附在该派之后。

（三）古文派

因为阎若璩撰写了《尚书古文疏证》，毛奇龄便著成《古文尚书

---

[1] 王鸣盛：江苏嘉定人，乾隆进士，礼部侍郎、内阁学士。著有《尚书后案》、《十七史商榷》、《蛾术编》等。

[2] 宋鉴：山西安邑人，乾隆进士，知县。著有《尚书考辨》、《说文解字疏》等。

[3] 江声：江苏吴县人，嘉庆孝廉。著有《尚书集注音疏》、《六书说》、《恒星说》、《艮庭小慧》等。

[4] 沈彤：江苏吴江人，乾隆博学鸿词。著有《周官禄田考》、《仪礼小疏》、《春秋左氏传小疏》、《尚书小疏》等。

[5] 姚鼐：安徽桐城人，乾隆进士，刑部郎中。著有《九经说》、《三传补注》、《老子章义》、《庄子章义》、《惜抱轩诗文集》等。

[6] 张英：桐城人，康熙进士，礼部尚书、文华殿大学士。著有《易书衷论》、《笃素堂文集》、《恒产琐言》、《聪训斋语》等。

冤辞》来反对他。当时朱鹤龄①的《尚书埤传》没有把古文当成伪书看待，此后张崇兰②著《古文尚书私议》也反对古文为伪之说。钦定《四库全书》已经把阎氏的《尚书古文疏证》收了进去，毛氏的《冤辞》也收了进去，废弃古文之说为馆臣们所不尽赞同。

《毛诗》

《诗》有四家，仅有《毛诗》（毛亨所注）一家留存了下来。毛公（苌）所作的《传》，郑氏（玄）所作的《笺》，均依据《诗序》流传下来。虽然唐代以前考究《诗序》作者的说法，每人各有其说，但并没有谁说那是伪作。宋代的郑樵③、王质④等首先攻击说那是村野妄人所作。朱子作《诗集传》遂将《序》说抛弃了。于是清朝治《诗》者就分成了三派：一曰汉学派，二曰无专主派，三曰齐鲁韩遗说派。

（一）汉学派

虽尽都是祖述毛、郑的，但又可分为三派：甲曰毛、郑兼主派，乙曰主毛派，丙曰主毛佐郑派。马瑞辰⑤的《毛诗传笺通释》、胡承珙⑥的《毛诗后笺》属甲派，陈奂⑦的《毛诗传疏》属乙派，陈启源的《毛诗稽古编》、焦循的《诗经补疏》属丙派。

---

① 朱鹤龄：明清之际江苏吴江人。著有《易广义略》、《尚书埤传》、《诗经通义》、《春秋集说》、《读左日钞》、《禹贡长笺》等。
② 张崇兰：江苏丹徒人，岁贡生。著有《古文尚书私议》、《悔庐文钞》等。
③ 郑樵：莆田人，枢密院编修。著有《通志》等。
④ 王质：兴国人，精通经史之学。
⑤ 马瑞辰：安徽桐城人，嘉庆进士，工部员外郎。著有《毛诗传笺通释》等。
⑥ 胡承珙：安徽泾县人，嘉庆进士。著有《毛诗后笺》、《小尔雅义疏》、《永是堂集》等。
⑦ 陈奂：江苏长洲人，咸丰孝廉。著有《毛诗音》、《毛诗传疏》、《郑氏笺考征》、《诗语助义》、《公羊逸礼考征》、《师友渊源记》等。

（二）无专主派

李光地的《诗所》、惠周惕[①]的《诗说》、杨名时的《诗经札记》、严虞惇[②]的《读诗质疑》、顾镇[③]的《诗沈》，均兼采汉宋，不废《诗序》。

（三）齐鲁韩遗说派

采辑三家之遗说者，是从宋代王伯厚[④]开始的。到了清朝，诸家学者又为之进一步增辑，计有范家相[⑤]的《三家诗拾遗》、马国翰[⑥]的《齐鲁韩诗诂》、林伯桐[⑦]的《诗考补注》、周邵莲[⑧]的《诗考异字笺余》、冯登府[⑨]的《三家诗异文疏证》、陈寿祺[⑩]的《三家诗遗说考》、陈乔枞[⑪]的《诗经四家异文考》，凡与毛诗不同文字者，就师承传授之迹来定它属于哪一家，即使稍有差误，亦可窥见其概略。

---

① 惠周惕：江苏吴县人，康熙进士。著有《易传》、《诗说》、《三礼问》、《春秋问》、《砚溪诗文集》等。
② 严虞惇：江苏常熟人，康熙进士，太仆寺少卿。著有《读诗质疑》等。
③ 顾镇：江苏常熟人，乾隆进士，国子监助教。著有《虞东文录》、《诗奥》、《三礼札记》、《支溪小志》、《钱法考》等。
④ 王伯厚（应麟）：浙江庆元人，淳祐进士，礼部尚书。著述有《困学纪闻》、《小学绀珠》、《通鉴答问》、《通鉴地理通释》、《汉艺文志考证》、《诗考》、《诗地理考》、《掖垣类稿》、《深宁集》、《玉海》等。
⑤ 范家相：浙江会稽人，乾隆进士。著述有《三家诗拾遗》、《诗沈》、《易说》、《书义拾遗》、《夏小正辑注》、《四书贯约》、《家语证伪》、《韵学考原》、《史汉义法》、《史记蒙拾》、《庙制问答》、《刑法表》、《南中日札》等。
⑥ 马国翰：山东历城人。辑有《玉函山房辑佚书》。
⑦ 林伯桐：广东番禺人，嘉庆举人。著述有《毛诗传例》、《毛诗识小》、《毛诗通考》、《易象释例》、《易象雅训》、《三礼注疏考异》、《冠昏丧祭仪考》、《左传风俗》、《古音劝学》、《史举蠡测》、《供冀小言》、《古谚笺》、《两粤水经注》、《粤风》、《修本堂稿》等。
⑧ 周邵莲：江西奉新人。
⑨ 冯登府：浙江嘉兴人，嘉庆进士。著述有《石经补考》、《三家诗异文疏证》、《论语异文疏证》、《金屑录》、《石余录》、《金石综录》、《浙江砖录》、《唐宋词科题名》、《酌史岩摭谈》、《玉台书史补》、《梵雅》等。
⑩ 陈寿祺：见前注。
⑪ 陈乔枞：福建侯官人（陈寿祺之子），道光举人，抚州知府。著述有《诗经四家异文考》、《毛诗郑笺改字说》、《礼堂经说》等。

三《礼》

三《礼》之学在宋代已经衰微,到明代几乎断绝了。《周礼》出书最晚,真伪之说议论纷纷,甚至被诋诬成刘歆伪造,对此郑樵已有驳正。大抵《周官》六典,其根源盖出于周公确属无疑,由于流传既久,难免有窜乱之处。郑康成系东汉大师,亲自作注,当然不会怀疑其真实性,以后的人提出质疑怎么能够令人信服呢?《仪礼》一书自宋元以来传习者甚少。到了明代,三《礼》之中功令仅习《礼记》,所以就引出顾炎武废经习传之概叹。乾隆年间钦定了《三礼义疏》,《仪礼》之学才由衰微转为复兴。兹将研习三《礼》之学派分疏如下。

(一)《周礼》

郑玄注《周礼》,贾、孔(唐代的贾公彦、孔颖达)两家作疏,详于名物度数。而清朝的治《周礼》者,标举其"要义"以阐制作之原由,而略于名物度数,李光坡[①]的《周礼述注》、李钟伦[②]的《周礼训纂》之类尽皆如斯。至于惠士奇的《礼说》、江永的《周礼疑义举要》则专门生搬汉儒的旧说。近代的孙诒让[③]著《周礼正义》,囊集众家之说,特将名物度数考证极详,遂凌驾于贾、孔之上了。

---

① 李光坡:清代安溪人,李光地之弟,廪生。著述有《三礼述注》、《皋轩文编》等。
② 李钟伦:李光地之子,康熙举人。著述有《周礼训纂》、《尚书典谟说》等。
③ 孙诒让:浙江瑞安人,同治举人,刑部主事。著述有《周礼正义》、《墨子间诂》、《古籀余论》、《契文举例》、《古籀拾遗》、《周书斠补》、《尚书骈枝》、《大戴礼记斠补》、《六历甄微》、《广韵姓氏刊误》、《札迻》、《名原》、《温州经籍志》、《籀庼述林》、《籀庼遗文》、《周礼政要》等。

（二）《仪礼》

清朝之治《仪礼》的学者自张尔岐①作《仪礼郑注句读》开始，尔后作者林立，像蔡德晋②的《礼经本义》、沈彤③的《仪礼小疏》、江永④的《仪礼释例》、凌廷堪⑤的《礼经释例》，都达到了考证精核的地步。至于胡培翚⑥的《仪礼正义》，乃集大成之作，属《仪礼》学方面没有丝毫遗憾的作品。

（三）《礼记》

郑注之后，宋朝的卫湜⑦由于采用了郑康成以下一百四十四家之说著有《礼记杂说》，旧注便靠此书而保存下来了。清朝的杭世骏⑧又著《续卫氏礼记集说》，搜集的资料就更加完备了。还有江永的《礼记训义择言》、朱彬⑨的《礼记训纂》、焦循的《礼记补疏》等，于训诂名物，考证最为详实，足为郑学之羽翼。

---

① 张尔岐：见前注。
② 蔡德晋：江苏无锡人，雍正举人，工部司务。著述有《礼经本义》、《礼传本义》、《通礼》等。
③ 沈彤：见前注。
④ 江永：见前注。
⑤ 凌廷堪：安徽歙县人，乾隆进士，宁国府学教授。著述有《礼仪释例》、《燕乐考源》、《充渠新书》、《元遗山年谱》、《梅边吹笛谱》、《校礼堂集》等。
⑥ 胡培翚：安徽绩溪人，嘉庆进士，内阁中书、户部广东司主事。著述有《仪礼正义》、《仪礼释文校补》、《禘祫问答》、《研六室文钞》等。
⑦ 卫湜：宋代学者，官武进令，后为宝谟阁直学士。
⑧ 杭世骏：浙江仁和人，乾隆时的博学鸿词。著述有《续卫氏礼记集说》、《石经考异》、《史记考证》、《三国志补注》、《补晋书传赞》、《续方言》、《经史质疑》、《续经籍考》、《两浙经籍志》、《词科掌录》、《词科余话》、《两汉书蒙拾》、《文选课虚》、《道古堂集》、《榕城诗话》、《亢宗录》等。
⑨ 朱彬：江苏宝应人，乾隆举人。著述有《经传考证》、《礼记训纂》、《游道堂集》等。

《春秋》三《传》

《春秋》三《传》包括：左丘明[①]传下来的《左传》；《公羊传》是由公羊高[②]传下来的，到了汉景帝时由其玄孙公羊寿首先写于竹帛成书的；《穀梁传》是由穀梁赤[③]传下来的，后来治其学的人写于竹帛成书，其书晚出。因此，左氏的记述较详实，公、穀两家则多有曲说。到了唐朝赵匡（河东人）倡言左氏并非丘明，于是宋元诸家学者均从其说。故中唐以前推崇左氏，晚唐以后则推尊公、穀。孙复[④]、刘敞[⑤]之辈，首倡弃传从经之说，那不过是舍弃事实论说是非，与舍弃证据判决罪行有什么两样呢？到了宋朝南渡的初期，胡安国[⑥]作《春秋传》，多作感时之语，往往假借《春秋》以寓己意，所以未必能合经的本意。当元朝延祐年间恢复科举之法时，把胡安国《传》作为课目，明朝因之，于是三《传》就合成四《传》了。这里谈《春秋》流派，分四端加以叙述。

（一）统治三《传》

宋代孙复以后，凡说《春秋》者，竞相以攻击三《传》为能事，争求凌驾于先儒之上，穿凿破碎之弊日上。在清朝，统治三《传》的

[①] 左丘明：春秋时鲁国人。
[②] 公羊高：战国时齐国人，子夏门人。
[③] 穀梁赤：战国时人，子夏门人。
[④] 孙复：宋代学者，平阳人，以布衣超拜，任秘书省校书郎、国子监直讲。
[⑤] 刘敞：宋代新喻人，庆历进士，集贤院学士。著述有《春秋权衡》、《春秋传》、《春秋意林》、《公是集》等。
[⑥] 胡安国：宋代绍圣进士，太学博士、中书舍人兼侍讲。著述有《春秋传》、《通鉴举要补遗》、《上蔡语录》等。

有俞汝言[①]的《春秋平义》和《春秋四传纠正》、焦袁熹[②]的《春秋阙如编》、惠士奇的《半农春秋说》、顾栋高的《春秋大事表》等，尽皆持论正大，考据精密，完全矫正了前人穿凿臆断之失误。

（二）《左传》

在清朝治《左氏传》的有杜（预）注和古注两派，其中补正杜注的有顾炎武[③]的《左传杜解补正》、朱鹤龄的《读左日钞》、沈彤的《春秋左氏传小疏》、焦循的《左传补注》、沈钦韩[④]的《春秋左氏传补注》等。治古注的有惠栋的《春秋补注》、马宗梿[⑤]的《左传补注》、李贻德[⑥]的《左传贾服注辑述》、臧寿恭[⑦]的《春秋左传古义》等。

---

① 俞汝言：浙江秀水人，明末诸生。著述有《春秋平义》、《春秋四传纠正》、《晋军将佐表》、《礼服沿革》、《汉官差次考》、《宋元举要历纪年》、《崇祯大臣年表》、《明世家考》、《寇变略》、《弇州三述补》、《品级广考》、《谥法考》、《双湖杂录》等。
② 焦袁熹：江苏金山人，康熙举人。著述有《经说汇编》、《读四书注疏》、《太极图说就正编》、《太玄经解》、《潜虚解》、《九歌解》、《纪年略》、《经世辑》、《谈佛乘赘语》、《尚志录》、《诗文集》等。
③ 顾炎武：江苏昆山人，明末诸生。著述有《日知录》、《左传杜解补正》、《九经误字》、《石经考》、《音学五书》、《吴韵补正》、《天下郡国利病书》、《肇域志》、《二十一史年表》、《历代帝王宅京记》、《昌平山水记》、《山东考古录》、《金石文字记》、《谲觚十事》、《菰中随笔》、《亭林诗文集》等。
④ 沈钦韩：江苏吴县人，嘉庆举人。著述有《两汉书疏证》、《春秋左氏传补注》、《左氏地理补注》、《水经注疏证》、《韩昌黎集补注》、《王荆公诗文集补注》、《苏诗查注补正》、《幼学堂诗文集》等。
⑤ 马宗梿：安徽桐城人（马瑞辰之父），嘉庆进士。著述有《左传补注》、《毛郑诗诂训考证》、《周礼郑注疏证》、《穀梁传疏证》、《说文字义广注》、《战国策地理考》、《岭南诗钞》、《校经堂诗钞》等。
⑥ 李贻德：嘉庆举人（孙星衍的门人）。著述有《十三经佚注》、《左传贾服注辑述》、《诗考异》、《诗经名物考》、《周礼剩义》、《十七史异考》、《揽青阁诗钞》、《梦春庐词》等。
⑦ 臧寿恭：浙江长兴人，嘉庆举人。著述有《春秋朔闰表》、《天步证验勾股六术衍》、《左氏春秋经古义》、《春秋左传古义》等。

（三）《公羊传》

治《公羊传》之学者在魏晋以后日见稀少，仅仅存有何邵公[①]注一家，而且又是属于穿凿附会、荒诞不经之甚焉者，诸如说什么"黜周王鲁"、"为汉立制"、例日例月之类，不遑枚举，不仅未能执经匡传，反而助传诬经。清朝治斯学者计有孔广森[②]之《春秋公羊通义》，庄存与[③]之《春秋正辞》，刘逢禄[④]之《公羊何氏释例》、《公羊何氏解诂笺》，凌曙[⑤]之《公羊礼说》、《公羊礼疏》、《公羊问答》，陈立[⑥]之《公羊义疏》等。然而大半均严守汉人治经之法，订正何注者甚少，仅有齐召南[⑦]之《公羊传注疏考证》、何若瑶[⑧]之《公羊注疏质疑》，堪称能够匡正何氏之失而已。

[①] 何邵公（休）：后汉樊人。著述有《春秋公羊解诂》、《公羊墨守》、《左氏膏肓》、《穀梁废疾》等。

[②] 孔广森：山东曲阜人（孔子第六十九代孙），乾隆进士、检讨。著述有《春秋公羊通义》、《大戴礼记补注》、《诗声类》、《礼学卮言》、《经学卮言》、《少广正负术内外篇》等。

[③] 庄存与：江苏武进人，乾隆进士，礼部左侍郎。著述有《易说》、《毛诗说》、《周官说》、《尚书说》、《尚书既见》、《春秋正辞》、《乐说》、《四书说》、《算法约》、《味经斋文稿》等。

[④] 刘逢禄：江苏武进人，嘉庆进士，礼部主事。著述有《公羊何氏释例》、《公羊何氏解诂笺》、《发墨守评》、《穀梁废疾申何》、《左氏春秋考证》、《箴膏肓评》、《虞氏易言补》、《尚书今古文集解》、《书序述闻》、《诗声演》、《说文衍声记》、《论语述何》、《刘礼部集》等。

[⑤] 凌曙：江苏江都人，国子监生。著述有《公羊礼疏》、《公羊礼说》、《公羊问答》、《公羊何氏学》、《礼论》等。

[⑥] 陈立：江苏句容人，道光进士，刑部主事。著述有《公羊义疏》、《尔雅旧注》、《白虎通疏证》、《说文谐声孳生述》、《句容杂著》等。

[⑦] 齐召南：浙江天台人，乾隆翰林院庶吉士、礼部侍郎、内阁学士。著述有《水道提纲》、《春秋三传考证》、《史记功臣侯表》、《历代帝王表》、《宝纶堂集》、《赐砚堂集》等。

[⑧] 何若瑶：广东番禺人，道光进士。著述有《公羊注疏质疑》、《两汉考证》、《海陀华馆集》等。

（四）《穀梁传》

在清朝，经师能治《穀梁》者不多，乾嘉以来只有姚鼐[①]写过《春秋穀梁经传补注》、许桂林[②]写过《穀梁释例》、侯康[③]写过《穀梁礼证》、钟文烝[④]写过《穀梁补注》、柳兴恩[⑤]写过《穀梁大义述》而已。近人柯劭忞[⑥]所著《穀梁传注》，算是最为得体之作。

《孝经》

《孝经》可分为今文和古文，朱子曾作《刊误》，用的是古文，共分经一章、传十四章，删除旧文二百二十三个字。吴澄依据今文十二章作成定本，改变了它的次序。清朝治《孝经》者皆依经文，并不改变定本。将郑注佚文编辑成书者，计有臧庸[⑦]的《孝经郑氏解辑》、严可均[⑧]的《孝经郑氏注》、孔广森及袁钧[⑨]的《孝经郑注》等，能补旧疏

---

① 姚鼐：见前注。
② 许桂林：江苏海州人，嘉庆举人。著述有《春秋穀梁传时日月书法释例》、《易确》、《春秋三传地名考证》、《汉世别本礼记长义》、《学庸讲义》、《四书因论》、《许氏说音》、《说文后解》等。
③ 侯康：广东番禺人，道光举人。著述有《春秋古经说》、《穀梁疏证》、《后汉书补注续》、《三国志补注》、《补后汉三国艺文志》等。
④ 钟文烝：浙江嘉善人，道光举人。著述有《春秋穀梁经传补注》、《论语序说详正》等。
⑤ 柳兴恩：江苏丹徒人，道光举人。著述有《穀梁大义述》、《周易卦气辅》、《虞氏逸象考》、《尚书篇目考》、《毛诗注疏纠补》、《诗地理考》、《群经异义》、《刘向年谱》、《仪礼释宫考辨》、《史记校勘记》、《汉书校勘记》、《南齐书校勘记》、《说文解字校勘记》、《宿一斋集》等。
⑥ 柯劭忞：山东胶州人。著有《新元史》。
⑦ 臧庸：江苏武进人。著述有《拜经日记》、《拜经堂文集》、《月令杂说》、《乐记》、《孝经考异》、《子夏易传》、《说诗考异》、《韩诗遗说》、《卢植礼记解诂》、《尔雅古注》、《说文旧音考》等。
⑧ 严可均：浙江乌程人，嘉庆举人，建德县教谕。著述有《说文校议》、《唐石经考》、《孝经郑氏注》、《四录堂类集》、《铁桥漫稿》、《说文声类》、《全上古三代秦汉三国六朝文》等。
⑨ 袁钧：浙江鄞县人，乾隆拔贡。著述有《郑氏佚书》、《四明文献征》、《近体乐府》、《孝经郑注》等。

之不足者，则有阮福①的《孝经义疏补》。

《论语》

清朝治《论语》者，有程廷祚②之《鲁论说》、徐养原③之《论语鲁读考》、刘台拱④之《论语骈枝》、焦循之《论语补疏》、刘宝楠⑤之《论语正义》等。把古注编辑成书的有宋翔凤⑥之《论语郑注》、陈鳣⑦之《论语古训》等。

《孟子》

清朝治《孟子》者，有焦循的《孟子正义》、宋翔凤的《孟子赵注补正》等，辑其古注者，有宋翔凤的《孟子刘熙注》。

---

① 阮福：江苏仪征人。著述有《孝经义疏补》等。
② 程廷祚：见前注。
③ 徐养原：浙江德清人，嘉庆副贡生。著述有《论语鲁读考》、《周官故书考》、《仪礼今古文异同疏证》、《春秋三家异同考》、《明堂说》、《顽石庐经说》、《说文声类》、《毛诗韵类》等。
④ 刘台拱：江苏宝应人，乾隆举人。著述有《论语骈枝》、《仪礼传注》、《经传小记》、《荀子补注》、《汉学拾遗》、《方言补校》、《淮南子补校》、《国语补校》等。
⑤ 刘宝楠：台拱之侄，道光进士，国子监典簿。著述有《论语正义》、《释谷》、《汉石例》、《宝应图经》、《胜朝殉扬录》、《文安堤工录》、《韫山楼诗文集》(此集甚少见)等。
⑥ 宋翔凤：江苏长洲人，嘉庆举人，湖南新宁知县。著述有《论语说义》、《论语郑注》、《大学古义说》、《孟子赵注补正》、《孟子刘熙注》、《四书释地辨证》、《卦气解》、《尚书说》、《尚书谱》、《尔雅释服》、《小尔雅训纂》、《五经要义》、《五经通义》、《过庭录》等。
⑦ 陈鳣：浙江海宁人，嘉庆孝廉。著述有《说文正义》、《孝经郑注》、《郑康成年谱》、《论语古训》、《石经说》、《声类拾存》、《坤仓拾存》、《续唐书》、《经籍跋文》、《恒言广证》、《诗人考》等。

四书

南宋以后才把《大学》、《中庸》、《论语》、《孟子》定为四书。依十三经之目，《论语》、《孟子》别出，《大学》、《中庸》又都归属《礼记》。合考四书者，可分成三类叙述。

（一）考证典制文物者

周炳中[①]的《四书典故辨正》、凌曙的《四书典故核》、阎若璩的《四书释地》（此书既解释地理又兼及物产典制）、王埁[②]的《四书地理考》等。

（二）考义理者

陆陇其[③]的《四书讲义困勉录》、杨名时的《四书札记》、焦袁熹[④]的《此木轩四书说》等。

（三）考订文字者

翟灏[⑤]的《四书考异》。

---

① 周炳中：不详（待考）。
② 王埁：江苏吴县人，嘉庆诸生。著述有《乡党正义》、《四书地理考》、《毛诗多识论》、《钱币刍言》、《墅舟园集》等。
③ 陆陇其：浙江平湖人，康熙进士，灵寿知县。著述有《困勉录》、《松阳讲义》、《三鱼堂集》等。
④ 焦袁熹：见前注。
⑤ 翟灏：浙江仁和人，乾隆进士，衢州府学教授。著述有《尔雅补郭》、《四书考异》、《家语发覆》、《周书考证》、《汉书艺文补志》、《太学石鼓补考》、《通俗编》、《湖山便览》、《无不宜斋集》等。

《尔雅》

清朝治《尔雅》者，有翟灏的《尔雅补郭》、邵晋涵的《尔雅正义》、郝懿行的《尔雅义疏》、严元照[①]的《尔雅匡名》、龙启瑞[②]的《尔雅经注集证》等。辑古注者，有臧庸的《尔雅汉注》、钱坫[③]及黄奭[④]的《尔雅古义》、严可均的《尔雅一切注音》、叶蕙心[⑤]的《尔雅古注斠》等。校勘《尔雅》者，有张宗泰[⑥]的《尔雅注疏本正误》。

群经总义

此类分为五项述之。

（一）历代石经

给历代石经作考证者，有顾炎武及万斯同[⑦]的《石经考》、杭世

[①] 严元照：浙江归安人。著述有《尔雅匡名》、《悔菴诗文钞》、《娱亲雅言》等。
[②] 龙启瑞：广西临桂人，道光进士，江西布政使。著述有《尔雅经注集证》、《小学高注补证》、《是君是臣录》、《班书识小录》、《通鉴识小录》、《诸子精言》、《庄子字诂》、《经德堂集》等。
[③] 钱坫：江苏嘉定人，乾隆举人。著述有《史记补注》、《诗音表》、《车制考》、《尔雅释义》、《十经文字通正书》、《说文斠诠》、《新斠注地理志》、《汉书十表注》、《圣贤冢墓志》等。
[④] 黄奭：江苏甘泉人，道光举人，刑部郎中。著述有《尔雅古义》、《高义遗书》、《端绮集》、《存悔斋集》等。
[⑤] 叶蕙心：江苏甘泉人，咸丰同治间人。著述有《尔雅古注斠》等。
[⑥] 张宗泰：江苏甘泉人，乾隆拔贡。著述有《周官礼经注正误》、《尔雅注疏本正误》、《孟子七篇诸国年表》、《质疑删存》等。
[⑦] 万斯同：浙江鄞县人，康熙时博学鸿词，参与编修《明史》。著述有《历代史表》、《儒林宗派》、《丧礼辨疑》、《庙制折衷》、《石经考》、《周正汇考》、《纪元汇考》、《历代宰辅汇考》、《宋季忠义录》、《南宋六陵遗事》、《庚申君遗事》、《群书疑辨》、《书学汇编》、《昆仑河源考》、《河渠考》、《石园集》等。

骏的《石经考异》、杜馥的《历代石经考略》、冯登府的《石经补考》等。考证汉石经者，有翁方纲①的《汉石经残字考》。考证魏石经者，有孙星衍的《三体石经残字考》、王国维②的《魏石经考》。考证唐石经者，有钱大昕的《唐石经考异》、严可均的《唐石经校文》、王朝榘③的《唐石经考正》等。考证蜀石经者，有王昶的《蜀石经残字考》。考证北宋石经者，有丁晏④的《汴学二体石经记》。考证清朝石经者，有彭元瑞的《石经考文提要》。

（二）文字的校勘

为群经作文字考证者，有顾炎武的《九经误字》、毕沅的《经典文字辨证》、钱坫的《十经文字通正书》、李富孙⑤的《七经异文释》等。校勘群经者，有齐召南的《尚书》、《礼记》、《春秋三传》注疏考证、阮元的《十三经注疏校勘记》等。

（三）辑佚

辑古经说者，有王谟⑥的《汉魏遗书钞》、马国翰的《玉函山房辑佚书》、余萧客⑦的《古经解钩沉》、陈寿祺的《五经异义疏证》、钱东

---

① 翁方纲：顺天大兴人，乾隆进士，内阁学士。著述有《经义考补正》、《礼经目次》、《春秋分年系传表》、《通志堂经解目录》、《两汉金石记》、《粤东金石略》、《苏米斋兰亭考》、《小石帆亭著录》、《米海岳元遗山年谱》、《苏诗补注》、《石洲诗话》、《复初斋诗文集》等。
② 王国维：浙江海宁人，清华大学教授，投昆明湖而死。著述网罗于《海宁王忠悫公遗书》中。
③ 王朝榘：江西万年人，嘉庆年间为《唐石经考正》作注。
④ 丁晏：江苏山阳人。著述有《毛郑诗释》、《郑氏诗谱考正》、《诗考补注》、《颐志斋丛书》等。
⑤ 李富孙：浙江嘉兴人，嘉庆拔贡。著述有《七经异文释》、《说文辨字正俗》、《汉魏六朝墓铭纂例》、《曝书亭词注》、《梅里志》、《校经庼文稿》等。
⑥ 王谟：江西金溪人，乾隆进士，建昌府教授。著述有《汉魏遗书钞》、《韩诗拾遗》、《逸诗诠》、《夏小正传笺》、《孟子古事案》、《补孟子释文》、《三易通占》、《尚书杂说》、《左传异辞》、《论语管窥》、《尔雅后释》、《江右考古录》等。
⑦ 余萧客：江苏长洲人，乾隆时以经术教授乡里。著述有《古经解钩沉》、《注雅别钞》、《文选纪闻》、《文选音义》、《文选杂题》、《选音楼诗拾遗》等。

垣^①的《辑郑志》、陈鳣的《辑六艺论》等。

（四）札记

清朝诸家作经学札记者颇多，约略说来，计有惠栋的《九经古义》、臧琳^②的《经义杂记》、江永的《群经补义》、陈祖范的《经咫》、孔广森的《经学卮言》、刘台拱的《经传小记》、汪中^③的《经义知新记》、李惇^④的《群经识小》、王念孙^⑤的《读书杂志》、王引之^⑥的《经义述闻》、程瑶田的《通艺录》等。

（五）通考

给诸经作通考者，有焦循的《群经宫室图》、陈懋龄^⑦的《经书算学天文考》、秦蕙田^⑧的《观象授时》、阮元^⑨的《经籍纂诂》等。

小学

清朝研究小学之精到，凌驾于历朝历代，著作也非常之多。现在

---

① 钱东垣：江苏嘉定人，嘉庆举人，松阳知县。著述有《孟子解谊》、《小尔雅校证》、《补经义考》、《列代建元表》、《勤有堂集》等。
② 臧琳：江苏武进人，康熙诸生。著述有《尚书集解》、《经义杂记》等。
③ 汪中：江苏江都人，乾隆拔贡，在文宗阁校《四库全书》。著述有《广陵通典》、《周官征》、《左氏春秋释疑》、《述学内外篇》等。
④ 李惇：江苏高邮人，乾隆进士。著述有《群经识小》、《诸经古义》、《古文尚书说》、《毛诗三条辨》、《考工车制考》、《左氏通释》、《杜氏长历补》、《浑天图说》、《读史碎金》等。
⑤ 王念孙：江苏高邮人，乾隆进士，永定河道尹。著述有《广雅疏证》、《读书杂志》、《导河议》、《河源纪略》等。
⑥ 王引之：念孙之子，嘉庆进士，翰林院侍读学士、工部尚书。著述有《经义述闻》、《经传释词》等。
⑦ 陈懋龄：江苏上元人，乾隆副贡生，青阳教谕。著述有《经书算学天文考》、《春秋朔闰交食考》、《六朝地理考》等。
⑧ 秦蕙田：江苏金匮人，乾隆进士，工部尚书。著述有《味经窝类稿》、《五礼通考》等。
⑨ 阮元：见前注。

约略分述如下。

(一)《说文解字》

为《说文》作注者，计有段玉裁的《说文解字注》，桂馥的《说文解字义证》，王筠的《说文句读》、《说文释例》等。考证新附字者，则有钮树玉[①]的《说文新附考》等。考证声韵者，则有段玉裁的《六书音韵表》、姚文田的《说文声系》、苗夔[②]的《说文声读表》、严可均的《说文声类》、戚学标[③]的《汉学谐声》等。作札记者，计有惠栋的《读说文记》、席世昌[④]的《读说文记》、王念孙的《读说文记》、钱大昕的《说文答问》、薛传均[⑤]的《说文答问疏证》、胡秉虔[⑥]的《说文管见》等。作校勘者，计有沈涛的《说文古本考》、姚文田的《说文校议》、苗夔的《说文系传校勘记》等。

(二)《方言》、《广雅》及其他诸书

中国古代小学书籍除《说文》以外，还有《方言》、《广雅》、《释名》、《小尔雅》、《急就篇》等。清朝相关著作计有戴震的《方言疏证》、杭世骏的《续方言》、程际盛[⑦]的《续方言补正》、沈龄的《续

---

① 钮树玉：江苏吴县人。著述有《说文新附考》、《说文解字校录》、《说文段注订》等。
② 苗夔：直隶肃宁人，道光贡生。著述有《说文声读表》、《毛诗韵订》、《集韵经存韵补正》、《经韵钩沉》等。
③ 戚学标：浙江太平人，乾隆进士，涉县知县。著述有《汉学谐声》、《说文补考》、《毛诗证读》、《诗声辨定》、《阴阳谱》、《四书偶谈》、《字易》、《鹤泉集》等。
④ 席世昌：江苏常熟人，嘉庆时人。
⑤ 薛传均：江苏甘泉人，嘉庆诸生。著述有《说文答问疏证》、《文选古字通疏证》等。
⑥ 胡秉虔：安徽绩溪人，嘉庆进士，甘肃灵台知县。著述有《说文管见》、《周易小识》、《尚书小识》、《论语小识》、《卦本图考》、《汉西京博士考》、《尚书序录》、《甘州明季成仁录》、《河州景忠录》、《经义闻斯录》、《槐南丽泽编》、《月令小识》、《四书释名》、《小学卮言》、《对床夜话》、《惜分斋丛录》、《消夏诗文集》等。
⑦ 程际盛：江苏长洲人，乾隆进士，监察御史。著述有《周礼故书考》、《仪礼古文今文考》、《礼记古训考》、《说文古语考》、《骈字分笺》、《续方言补正》、《清河偶录》、《稻香楼集》等。

方言疏证》、王念孙的《广雅疏证》、江声的《释名疏证》、成蓉镜的《释名补证》、胡承珙的《小尔雅义证》、王煦的《小尔雅疏》、宋翔凤的《小尔雅训纂》、朱骏声的《小尔雅约注》、孙星衍的《急就章考异》、王国维的《校松江本急就篇》。

（三）辑古字书

将已佚古字书辑出者，有孙星衍的《仓颉篇》，陶方琦[①]的《仓颉篇辑补》，臧庸的《通俗文》，任大椿[②]的《小学钩沉》、《字林考逸》，陶方琦的《字林考逸补》，王国维的《史籀篇疏证》、《唐韵佚文》等。

（四）音韵

清朝从事音韵学的人和著作，以顾炎武的《音论》、《古音表》、《唐韵正》为开端，继其后的又有江永的《古韵标准》、《四声切韵表》、《音学辨微》，戴震的《声韵考》、《声类表》，段玉裁的《六书音韵表》，王念孙的《古音二十一部说》，洪榜[③]的《四声韵和表》，钱大昕的《声类》，姚文田的《古音谐》，江有诰[④]的《音学十书》，王国维的《两周金文韵读》、《联绵字谱》、《补高邮王氏说文谐声谱》等。

[①] 陶方琦：浙江会稽人，光绪进士，编修官。著述有《治易郑注》、《诗鲁故》、《尔雅汉注》、《淮南许注异同诂》、《汉孳室文钞》、《漱庐骈文选》、《湘縻阁遗诗》、《兰当馆词》等。

[②] 任大椿：江苏兴化人，乾隆进士。著述有《弁服释例》、《深衣释例》、《释缯》、《字林考逸》、《苍颉篇逸文》、《小学钩沉》、《吴越备史注》、《列子释文考异》等。

[③] 洪榜：安徽歙县人，乾隆举人，中书。著述有《周易古义录》、《书经释典》、《诗经古义录》、《诗经释典》、《仪礼十七篇书后》、《春秋公羊传例》、《论语古义录》、《初堂读书记》、《初堂随笔》、《许氏经义》等。

[④] 江有诰：安徽歙县人，嘉道时人。著述有《诗经韵读》、《群经韵读》、《楚辞韵读》、《先秦韵读》、《汉魏韵读》、《唐韵四声正》、《谐声表》、《入声表》、《说文六书录》、《说文分韵谱》、《说文质疑》、《说文更定部分》、《说文系传订伪》、《经典正字》、《隶书纠谬》等。

（五）古金文

清朝考古金文者，自阮元的《积古斋钟鼎款识》始。吴荣光[1]的《筠清馆金石录》专载款识，曹载奎[2]的《怀米山房吉金图》、潘祖荫[3]的《攀古楼彝器图释》、吴云[4]的《两罍轩彝器图释》、吴大澂的《恒轩吉金录》、端方[5]的《匋斋吉金录》等各家所出之吉金款识，尽皆照顾到图像和文字并重。此后，吴式芬[6]的《捃古录》、吴大澂的《愙斋集古录》扩大了搜集范围。集字书者，则有吴大澂的《说文古籀补》，近来的人仍有续作补集的。吴大澂又著有《字说》，虽然只有数篇，但精义颇深，足以补正许书。近年从殷墟发掘出土了贞卜文字，也补上了金文之不足。

《乐》

清朝论《乐》的书籍，有应撝谦[7]的《古乐书》，李光地的《古乐经传》，江永的《律吕新论》、《律吕阐微》，江藩[8]的《乐县考》，凌廷堪的《燕乐考原》，陈澧的《声律通考》等。

---

[1] 吴荣光：广东南海人，嘉庆进士，布政使。著述有《筠清馆金石录》、《石云山人诗稿》、《吾学录》、《绿伽楠馆集》、《辛丑销夏记》等。
[2] 曹载奎：江苏吴县人，道光时人。著述有《怀米山房吉金图》。
[3] 潘祖荫：江苏吴县人，咸丰进士，工部尚书、国子监祭酒。编辑有《滂喜斋丛书》、《功顺堂丛书》。
[4] 吴云：浙江归安人，道光诸生，后擢苏州知府。编撰有《两罍轩彝器图释》、《古铜印存》、《古官印考》、《考印漫存》、《焦山志》等。
[5] 端方：满洲正白旗人，光绪举人，南北洋大臣。编纂有《匋斋吉金录》、《藏石记》、《匋斋印谱》等。
[6] 吴式芬：山东海丰人，道光进士，内阁学士。著述有《捃古录》、《封泥考》等。
[7] 应撝谦：浙江仁和人，明末诸生，康熙时博学鸿词。著述有《周易集解》、《诗传翼》、《书传拾遗》、《春秋传考》、《礼学汇编》、《论孟拾遗》、《学庸本义》、《孝经辨定》、《古乐书》等。
[8] 江藩：江苏甘泉人，乾嘉时人，监生。著述有《国朝经师经义目录》、《宋学渊源记》、《尔雅小笺》、《隶经文》、《炳烛室杂文》、《江湖载酒词》、《汉学师承记》等。

康熙以后，凡说律吕者，尽皆依照御纂《律吕正义》，盖圣祖对于乐学至为精深，是后来作者所不能企及的。

二、史学

约可分为八类：正史、编年、纪事本末、古史、别史及载记、传记、谱录、地理。

正史

清朝学者治正史约可分为五类：注、补、校、辑、通考。

（一）注

这是为正史作补注的，计有方苞[①]的《史记注补正》，梁玉绳[②]的《史记志疑》，钱大昭[③]的《两汉书辨疑》，沈钦韩[④]的《汉书疏证》，周寿昌[⑤]的《汉书注校补》，何若瑶的《汉书考证》，朱一新的《汉书管

[①] 方苞：安徽桐城人，康熙进士，内阁学士。著述有《周官辨》、《周官集注》、《周官析疑》、《春秋通论》、《礼记析疑》、《丧礼或问》、《仪礼析疑》、《春秋比事目录》、《左传义法举要》、《史记注补正》、《补正离骚正义》、《删定通志堂宋元经解文集》等。
[②] 梁玉绳：浙江钱塘人，乾隆诸生。著述有《史记志疑》、《人表考》、《元号略》、《吕子校补》、《志铭广例》、《蜕稿》、《庭立纪闻》等。
[③] 钱大昭：江苏嘉定人（钱大昕之弟），嘉庆孝廉。著述有《两汉书辨疑》、《三国志辨疑》、《诗古训》、《经说》、《补续汉书艺文志》、《后汉郡国令长考》、《后汉书补表》、《迩言》、《嘉定金石文字记》等。
[④] 沈钦韩：见前注。
[⑤] 周寿昌：湖南长沙人，道光进士，侍读、日讲起居注官。著述有《汉书注校补》、《后汉书注补证》、《三国志注证遗》、《思益堂集》、《思益堂日札》等。

见》、王先谦①的《汉书补注》，惠栋的《后汉书补注》，沈钦韩的《后汉书疏证》，周寿昌的《后汉书注补正》，何若瑶的《后汉书考证》，侯康②的《后汉书补注》，王先谦的《后汉书补注》，赵一清③的《三国志注补》，侯康的《三国志补注》，钱大昭的《三国志辨疑》，潘眉④的《三国志考证》，梁章钜⑤的《三国志旁证》，周寿昌的《三国志注证遗》，康发祥⑥的《三国志补义》，彭元瑞⑦、刘凤诰⑧的《新五代史补注》。对正史中的一部类进行考证者计有：钱塘⑨的《史记三书释疑》、王元启⑩的《史记三书正讹》、汪越⑪的《读史记十表》；梁玉绳的《汉书古今人表考》、王元启的《汉书律历志正讹》、全祖望的《汉书地理志稽疑》、钱坫的《新斠注地理志》、吴卓信⑫的《汉书地理志补注》、王绍兰⑬的《汉书地理

---

① 王先谦：湖南长沙人，同治进士，国子监祭酒。著述有《尚书孔传参正》、《诗三家义集疏》、《汉书补注》、《后汉书集解》、《日本源流考》、《五洲地理志略》、《庄子集解》、《荀子集释》、《景教碑文考正》、《虚受堂文集》。编纂《续皇清经解》、《南菁书院丛书》、《十朝东华录》等。
② 侯康：见前注。
③ 赵一清：浙江仁和人，乾隆时国子监生。著述有《水经注笺刊误》、《水经注释》、《直隶河渠志》、《三国志注补》等。
④ 潘眉：江苏吴江人，嘉道时人，廪贡生。著述有《三国志考证》、《小遂初堂集》等。
⑤ 梁章钜：福建长乐人，嘉庆进士，两江总督。著述有《三国志旁证》、《夏小正通释》、《清书录》、《称谓录》、《浪迹丛谈》等。
⑥ 康发祥：江苏泰州人，道咸时人。
⑦ 彭元瑞：见前注。
⑧ 刘凤诰：江西萍乡人，乾隆进士，吏部侍郎。著述有《存悔斋集》等。
⑨ 钱塘：江苏嘉定人（钱大昕之义子），乾隆进士，江宁府学教授。著述有《史记三书释疑》、《雅乐释律》、《说文声系》、《淮南天文训补注》、《述古编》等。
⑩ 王元启：浙江嘉兴人，乾隆进士，将乐知县。著述有《史记三书正讹》、《勾股衍》、《平方法》、《周易四书讲义》、《历法记疑》、《角度衍》、《九章杂编》、《读韩记疑》、《祗平居士集》等。
⑪ 汪越：安徽南陵人，康熙举人。著述有《绿影草堂集》、《读史记十表》等。
⑫ 吴卓信：江苏昭文人，乾隆时人。著述有《读诗余论》、《仪礼札记》、《释亲广义》、《汉三辅考》、《汉书地理志补注》、《三国志补志》、《澹成居文钞》、《丧礼经》等。
⑬ 王绍兰：浙江萧山人，乾隆进士。著述有《老庄急就章》、《读书杂记》、《思惟居士存稿》、《周人经说》、《王氏经说》、《汉书地理志校注》、《管子地员篇补注》、《说文段注订补》、《漆书古文尚书逸文考》、《董子诗说笺》、《匡说诗义疏》、《礼堂集议》、《仪礼图》、《石渠议逸文考》、《夏小正逸文考》、《周人礼说》、《说文集注》、《后汉纪补证》等。

志校注》、杨守敬[①]的《汉书地理志校补》、洪颐煊[②]的《汉志水道疏证》、陈澧的《汉书地理志水道图说》、徐松[③]的《汉书西域传补注》；毕沅的《晋书地理志新补正》、方恺[④]的《晋书地理志校补》；温曰鉴[⑤]的《魏书地形志校录》；杨守敬的《隋书地理志考证》等。

（二）补

给正史作补遗者，有钱大昕的《辽金元三史拾遗》、厉鹗的《辽史拾遗》。给表志作补遗者，计有刘文淇[⑥]的《楚汉诸侯疆域志》，华湛恩[⑦]的《后汉三公年表》，钱大昭的《后汉书补表》、《补续汉书艺文志》，顾櫰三[⑧]的《补后汉书艺文志》，侯康的《补后汉书艺文志》，洪齮孙[⑨]的《三国职官表》，洪亮吉的《三国疆域志》（谢钟英[⑩]为之作注），吴增僅[⑪]的《三国郡县表》（杨守敬为之校补），侯康的《补三国艺文志》，洪亮吉的《东晋疆域志》、《十六国疆域志》，钱仪吉的《补

---

① 杨守敬：湖北宜都人，民国清史馆编修。著述有《水经注疏》、《汉书地理志校补》、《隋书经籍志补正》、《地理志考》、《楷法溯源》、《观海堂丛书》、《望堂金石》等。
② 洪颐煊：浙江临海人，嘉庆拔贡生。著述有《南沙文集》、《汉志水道疏证》、《管子义证》、《读书丛录》、《经典集林》、《台州札记》、《筠轩诗文钞》、《孔子三庙记注》、《孝经记注补证》、《汉书札记》等。
③ 徐松：顺天大兴人，嘉庆进士，翰林院庶吉士。著述有《新斠注地理志集释》、《汉书西域传补注》、《唐两京城坊考》、《唐登科记考》、《新疆赋》等。
④ 方恺（待考）。
⑤ 温曰鉴：浙江乌程人，乾嘉时人。著述有《魏书地形志校录》、《古壁丛钞》、《拾香草堂集》、《识余》、《勘书巢吟卷》等。
⑥ 刘文淇：江苏仪征人，嘉庆优贡生。著述有《春秋左氏传旧注疏证》、《楚汉诸侯疆域志》、《扬州水道记》、《读书随笔》、《青溪旧屋集》、《助字辨略》等。
⑦ 华湛恩（待考）。
⑧ 顾櫰三：江苏江宁人。著述有《补后汉书艺文志》、《风俗通义逸文》、《然松阁赋诗钞》、《补五代史艺文志》等。
⑨ 洪齮孙：江苏阳湖人（洪亮吉之子），嘉庆举人，东湖知县。著述有《续汉书艺文志》、《三国职官表》、《昆陵经籍志》等。
⑩ 谢钟英：江苏武进人，光绪举人。著述有《三国疆域志补注》。
⑪ 吴增僅：安徽盱眙人，同治、光绪间江苏候补道。著述有《三国郡县表》。

晋兵志》，丁国钧的《补晋书艺文志》，郝懿行的《补宋书刑法志》、《食货志》，洪齮孙的《补梁疆域志》，周嘉猷①的《南北史世系表》，汪士铎②的《南北史补志》，徐文范③的《东晋南北朝地舆表》，顾櫰三的《补五代史艺文志》，倪灿④的《宋史艺文志补》、《补辽金元三史艺文志》，金门诏⑤的《补辽金元三史艺文志》，钱大昕的《元史氏族表》、《补元史艺文志》等。

（三）校

校订全史者，有钱大昕的《廿二史考异》。校订一史者，有钱仪吉⑥的《三国志考证》、罗士琳⑦的《旧唐书校勘记》、汪辉祖⑧的《元史本证》等。校订一部类者，有汪远孙⑨的《汉书地理志校本》。

（四）捃逸

辑逸史者，有汪文台⑩的《七家后汉书》，汤球⑪的《晋纪辑本》、

---

① 周嘉猷：浙江钱塘人，乾隆进士。著述有《南北史世系表》、《南北史捃华》、《齐乘考证》等。
② 汪士铎：江苏江宁人，道光举人。著述有《水经注释文》、《南北史补志》、《水经注图》、《汉志释地略》、《汉志志疑》等。
③ 徐文范：江苏嘉定人，乾隆时人，精史学。
④ 倪灿：江苏上元人，康熙举人，博学鸿词。著述有《雁园诸集》、《宋史艺文志补》等。
⑤ 金门诏：江苏江都人，乾隆进士。著述有《补辽金元三史艺文志》、《东山文集》等。
⑥ 钱仪吉：见前注。
⑦ 罗士琳：江苏甘泉人，咸丰孝廉。著述有《春秋朔闰异同》、《比例汇通》、《旧唐书校勘记》、《推算日食增广新术》、《缀术辑补》、《续畴人传》、《博能丛话》、《观我生室汇稿》等。
⑧ 汪辉祖：浙江萧山人，乾隆进士。著述有《元史本证》、《史姓韵编》、《九史同姓名略》、《二十四史同姓名录》、《希姓录》、《辽金元三史同名录》、《学治臆说》、《佐治药言》等。
⑨ 汪远孙：浙江钱塘人，嘉庆举人。著述有《汉书地理志校本》、《三家诗考证》、《世本集证》、《借闲生诗》等。
⑩ 汪文台：安徽黟县人，嘉道时人。著述有《七家后汉书》。
⑪ 汤球：安徽黟县人，晚清时人。著述有《晋纪辑本》、《晋书辑本》等。

《十家晋书辑本》、《晋阳秋辑本》等。

（五）通考

对诸史进行通考的作者、作品计有：万斯同的《历代史表》，齐召南的《历代帝王年表》，段承基[①]的《历代统纪表、疆域表、沿革表》，沈炳震[②]的《二十一史四谱》，钟渊映的《历代建元表》，梁玉绳的《元号略》，叶维庚[③]的《纪元通考》，李兆洛的《历代纪元编》、《历代地理韵编》，陈芳绩[④]的《历代地理沿革表》，杨守敬的《历代地理沿革图》，王鸣盛[⑤]的《十七史商榷》，赵翼[⑥]的《廿二史劄记》等。

编年

清朝编年之书，有徐乾学[⑦]的《资治通鉴后编》、毕沅的《续资治通鉴》、夏燮[⑧]的《明通鉴》。订正《通鉴》胡注者，有陈景云[⑨]的《通

---

① 段承基（待考）。
② 沈炳震：浙江归安人，乾隆博学鸿词。著述有《二十一史四谱》、《九经辨字蒙读》、《历代帝系纪元歌》、《唐诗金粉》、《井鱼听őn》、《增默斋集》等。
③ 叶维庚：浙江秀水人，嘉庆进士，泰州知府。著述有《纪元通考》、《三国志地理考》、《钟秀山房集》等。
④ 陈芳绩：江苏常熟人，明季清初人。著述有《天下郡县舆图》、《历代地理沿革表》等。
⑤ 王鸣盛：见前注。
⑥ 赵翼：江苏阳湖人，乾隆进士。著述有《廿二史劄记》、《陔余丛考》、《瓯北诗集》、《皇朝武功纪盛》、《檐曝杂记》等。
⑦ 徐乾学：江苏昆山人，康熙进士，刑部尚书。著述有《鉴古辑览》、《古文渊鉴》、《读礼通考》、《资治通鉴后编》、《诗文集》等。
⑧ 夏燮：安徽当涂人，晚清时人，永新知县。著述有《中西纪事》、《述韵》、《明通鉴》等。
⑨ 陈景云：江苏吴县人，康熙诸生。著述有《读书纪闻》、《纲目辨误》、《两汉订误》、《三国志校误》、《韩柳文校误》、《文选校正》、《通鉴胡注举正》、《纪元考略》等。

鉴胡注举正》、钱大昕的《通鉴注辨正》、赵绍祖[1]的《通鉴注商》。校勘《通鉴》者，有张敦仁[2]的《通鉴刊本识误》。补正《通鉴纲目》的著作，有陈景云的《纲目订误》，张庚[3]的《通鉴纲目释地纠谬》、《通鉴纲目释地补注》等。

纪事本末

清朝撰写纪事本末体史书者，有马骕[4]的《绎史》、高士奇[5]的《左传纪事本末》、张鉴[6]的《西夏纪事本末》、李有棠[7]的《辽金二史纪事本末》、谷应泰[8]的《明史纪事本末》、杨陆荣[9]的《三藩纪事本末》、魏源[10]的《圣武记》、夏燮的《中西纪事》等。

---

[1] 赵绍祖：安徽泾县人，道光孝廉。著述有《通鉴注商》、《新旧唐书互证》、《金石文正续钞》、《金石跋》、《建元考》、《竹书纪年校补》、《泾川金石记》、《读书偶记》、《消暑录》、《古墨斋笔记》、《观书记》、《书画记》、《琴士诗文钞》、《安徽人物志》、《金石录》等。

[2] 张敦仁：山西阳城人，乾隆进士，工部侍郎。著述有《礼记郑注考异》、《通鉴刊本识误》、《通鉴补正略》、《求一算术》、《辑古算经细草》、《开方补记》等。

[3] 张庚：浙江秀水人，乾隆博学鸿词。著述有《通鉴纲目释地纠谬》、《画征录》、《强恕斋诗文集》、《五经臆》、《蜀南纪行略》、《短檠琐记》等。

[4] 马骕：山东邹平人，顺治进士。著述有《左传事纬》、《绎史》等。

[5] 高士奇：浙江钱塘人，康熙礼部侍郎。著述有《经进文稿》、《天禄识余》、《读书笔记》、《扈从日录》、《左传纪事本末》、《春秋地名考略》、《左传国语辑注》、《清吟堂集》等。

[6] 张鉴：浙江归安人，嘉庆副贡生。著述有《古文尚书脞说》、《诗本事韩诗逸考》、《西夏纪事本末》、《东南半壁纪事》、《隋朝行宫录》、《蕃釐观志》、《十三经丛说》、《夏小正集说》、《论语考逸》等。

[7] 李有棠：江西萍乡人，光绪内阁中书衔。著述有《辽金二史纪事本末》等。

[8] 谷应泰：直隶丰润人，顺治进士，户部主事。著述有《明史纪事本末》、《筑益堂集》等。

[9] 杨陆荣：江苏青浦人，康熙时人。著述有《易互》、《五代史志疑》、《禹贡臆参》、《三藩纪事本末》、《潭西诗集》等。

[10] 魏源：湖南邵阳人，道光进士，知州。著述有《书古微》、《诗古微》、《圣武记》、《海国图志》、《古微堂内外集》等。

古史

清朝治古史者，可分注、校、辑三类，分疏如下。

（一）注

有陈逢衡[①]的《逸周书补注》，朱右曾的《逸周书集训校释》，丁宗洛[②]的《逸周书管笺》，洪亮吉的《国语韦昭注疏》，汪远孙[③]的《国语发正》，程恩泽[④]的《战国策地名考》，张琦[⑤]的《战国策释地》，陈逢年的《竹书纪年集证》，林春溥[⑥]的《竹书纪年补证》、《战国纪年》、《古史纪年》、《古史考年同异表》，王国维的《今本竹书纪年疏证》等。

（二）校

有顾广圻[⑦]的《校刊国语札记》、汪远孙的《国语考异》、洪颐煊的《校正竹书纪年》等。

---

① 陈逢衡：江苏江都人，道光孝廉。著述有《竹书纪年集证》、《逸周书补注》、《穆天子传补正》、《读骚楼诗》、《博物志考证》等。
② 丁宗洛（待考）。
③ 汪远孙：见前注。
④ 程恩泽：安徽歙县人，嘉庆进士，户部侍郎。著述有《战国策地名考》、《程侍郎集》等。
⑤ 张琦：江苏阳湖人，嘉庆举人。著述有《战国策释地》、《素问释义》、《宛邻诗文集》等。
⑥ 林春溥：福建闽县人，嘉庆进士，考官。著述有《春秋经传比事》、《竹书纪年补证》、《开辟传疑》、《孔孟年表》、《孔子世家补订》、《孟子外书补证》、《古书拾遗》、《开卷偶得》等。
⑦ 顾广圻：江苏元和人，诸生。著述有《遁翁苦口》、《思适斋文集》等。

（三）辑

有汪远孙的《国语三君注辑存》、孙冯翼[①]辑《世本》、雷学淇[②]校辑《世本》、秦嘉谟[③]的《世本辑补》、王国维的《古本竹书纪年辑校》。

别史及载记

有谢启昆[④]的《西魏书》，陈鱣的《续唐书》、汤运泰[⑤]的《南唐书注》，王鸿绪[⑥]的《明史稿》，蒋良骐[⑦]的《东华录》，王先谦的《东华录》，吴任臣[⑧]的《十国春秋》，梁廷枏[⑨]的《南汉书》，王国维的《蒙鞑备录笺证》、《黑鞑事略笺证》、《圣武亲征录校注》等。

传记

有林春溥的《孔子世家补订》，孔继汾的《阙里文献考》，王国维的《汉魏博士题名考》，郑珍[⑩]的《郑学录》，陈鼎[⑪]的《东林列传》，钱

---

① 孙冯翼：与孙星衍校订《神农本草经》，刊行《问经堂丛书》。
② 雷学淇：顺天通州人，嘉庆进士，知县。著述有《古经天象考》、校辑《世本》、《亦嚣斋经义考》、《古经服纬》、《夏小正经传考》、《考定竹书纪年》等。
③ 秦嘉谟：江苏江都人，嘉庆时人。
④ 谢启昆：江苏南康人，乾隆进士，广西巡抚。著述有《西魏书》、《小学考》、《粤西金石经》、《广西通志》、《树经堂集》等。
⑤ 汤运泰：江苏青浦人，乾隆副贡生。著述有《南唐书注》、《金源纪事诗》等。
⑥ 王鸿绪：江苏娄县人，康熙进士，户部尚书。著述有《明史稿》、《赐金园集》等。
⑦ 蒋良骐：广西全州人，乾隆进士，翰林院编修、通政使。
⑧ 吴任臣：浙江仁和人，康熙博学鸿词。著述有《明史·律历志》、《十国春秋》、《周礼大义》、《礼通》、《春秋正朔考》、《山海经广注》、《字汇补》、《托园诗文集》等。
⑨ 梁廷枏：广东顺德人，道咸时人。著述有《南汉书》、《粤道贡图说》、《耶稣教难入中国说》、《兰仑偶说》、《合众国说》、《南越五主传》、《夷氛闻记》、《论语古解》、《东坡事类》、《金石例》、《兰亭考》、《藤花亭诗文集》等。
⑩ 郑珍：贵州遵义人，道光举人。著述有《郑学录》、《轮舆私笺》、《说文逸字》、《说文新附考》、《巵氏图说》、《深衣考》、《汉简笺正》、《巢经室集》等。
⑪ 陈鼎：江苏江阴人，康熙时人。著述有《东林列传》、《留溪外传》、《滇黔纪游》、《黄山史概》、《竹谱》、《荔枝谱》、《蛇谱》等。

仪吉的《碑传集》，缪荃孙①的《续碑传集》，李元度②的《国朝先正事略》，李桓③的《耆献类征》，钱林④的《文献征存录》，杭世骏的《词科掌录》，李集的《鹤征录》、李富孙⑤的《后录》，秦瀛的《己未词科录》等。

谱录

谱录之类有三：书目、姓氏年谱、金石。

（一）书目

目录学到了清朝极为盛行，《四库全书总目提要》里详载群书的得失、刊本的优劣、作者的籍里履历等，无微不至，还另外作《简明目录》便于浏览。阮元作《四库未收书目》、朱彝尊作《经义考》、谢启昆作《小学考》，均系前代不曾有之创举。还有周中孚⑥之《郑堂读书记》，陈鳣之《经籍跋文》，钱泰吉之《曝书杂记》，王国维之《五代两宋监本考》、《两浙古刊本考》等，均能以资读者博闻。

（二）姓氏年谱

有张澍的《姓氏寻源》、《古今姓氏书辨证》，孙星衍及洪莹⑦

---

① 缪荃孙：江苏江阴人，同治进士。著述有《续碑传集》、《艺风堂藏书记》、《艺风堂碑目》、《艺风堂集》、《藕江零拾》等。
② 李元度：湖南平江人，道光举人。著述有《国朝先正事略》、《南岳志》、《国朝彤史》、《名贤遗事录》、《四书广义》、《天岳山馆集》等。
③ 李桓：湖南湘阴人，晚清人，江西布政使。著述有《耆献类征》七百二十卷、《闺媛类征》等。
④ 钱林：浙江仁和人，嘉庆进士。著述有《文献征存录》、《玉山草堂集》等。
⑤ 李富孙：见前注。
⑥ 周中孚：浙江乌程人，嘉庆拔贡。著述有《郑堂读书记》等。
⑦ 洪莹：安徽歙县人，嘉庆进士。著述有《五经撰述》等。

辑的《元和姓纂》，汪辉祖的《史姓韵编》、《九史同姓名略》、《辽金元三史同姓名录》，牟廷相[①]的《周公年表》，林春溥的《孔孟年表》，狄子奇[②]的《孔孟编年》，王懋竑的《朱子年谱》，李绂[③]的《陆象山年谱》，钱大昕的《洪文惠、洪文敏、陆放翁、王伯厚、王弇州年谱》，王国维的《耶律文正年谱》，段玉裁的《戴东原年谱》，张穆[④]的《顾亭林年谱》和《阎百诗年谱》，钱大昕的《疑年录》，吴修[⑤]的《续疑年录》，陆心源的《三录》，吴荣光的《历代名人年谱》等。

（三）金石

此学始于宋朝，至清极盛，大约可分四类：目录、文字、图象、考证。有关目录的诸书，计有钱大昕的《潜研堂金石目》，孙星衍的《寰宇访碑录》，赵之谦[⑥]的《补寰宇访碑录》，吴式芬[⑦]的《捃古录目》，缪荃孙的《艺风堂碑目》，王国维的《宋代金文著录表》、《国朝金文著录表》等。关于文字方面的著录，计有吴玉搢[⑧]的《金石存》、翁方纲的《两汉金石记》、王昶的《金石萃编》、陆耀遹[⑨]的《金石续

---

① 牟廷相：山东栖霞人，乾隆贡生。著述五十余种，仅有《周公年表》存世。
② 狄子奇：江苏溧阳人，嘉道时人。
③ 李绂：江西临川人，康熙进士，户部侍郎。著述有《穆堂类稿》、《春秋一是》、《陆子学谱》、《朱子晚年全论》、《阳明学录》等。
④ 张穆：山西平定人，道光优贡。著述有《顾亭林年谱》、《阎百诗年谱》、《蒙斋集》、《蒙古游牧记》、《魏延昌地形志》等。
⑤ 吴修：浙江海盐人，乾嘉时人，贡生。著述有《续疑年录》、《吉祥居稿》、《湖山吟啸集》、《居易居文集》、《曝书亭诗集笺注》、《纪元甲子表》、《昭代名人尺牍小传》、《佳句录》等。
⑥ 赵之谦：浙江会稽人，咸丰举人。著述有《勇庐闲话》、《梅庵集》、《补寰宇访碑录》、《悲庵居士诗剩》、《缉雅堂诗话》、《二金蝶堂印谱》等。
⑦ 吴式芬：见前注。
⑧ 吴玉搢：江苏山阳人，廪生。著述有《金石存》、《说文引经考》、《六书述部叙考》、《别辑》、《山阳志》等。
⑨ 陆耀遹：江苏阳湖人，道光孝廉。著述有《金石续编》、《双白燕堂集》等。

编》、陆增祥①的《八琼室金石补正》、赵绍祖的《金石文钞》、黄本骥②的《古志石华》等。至于出自各地的金石志，如关中（陕西）、中州（河南）、山左（太行山之左）、两浙一类者，有的已录成文字，也有若干尚未录成文字，体例不一，能有多少尚不得而知。关于图象方面的诸种著作，其中与古礼器有关的已在小学项目中揭示过了。除此之外，还有张燕昌③的《金石契》、褚峻④的《金石经眼录》、刘喜海的《三巴金石苑》、李佐贤⑤的《古泉汇》、程敦⑥的《秦汉瓦当文字》、王福田⑦的《竹里秦汉瓦当文存》、钱坫的《浣花拜石轩镜铭集录》、吴大澂的《百家姓印谱》之类，比比皆是，不遑枚举。考证方面的各家著作，计有顾炎武的《金石文字记》、钱大昕的《潜研堂金石跋尾》、武亿⑧的《金石三跋》、严可均的《铁桥金石跋》、洪颐煊的《平津读碑记》，至李遇孙的《金石学录》、陆心源的《金石学录补》，均足以考见斯学之概略。

地理

地理一类约可分为四个目：志、图、水地、考古。

---

① 陆增祥：江苏太仓人，道光进士。著述有《八琼室金石补正》、《三百砖录》、《筠清馆金石记目》、《篆墨述诂》、《楚辞疑异释证》、《红麟鱼室诗存》等。
② 黄本骥：湖南宁乡人，道光举人。著述有《圣域述闻》、《历代职官表》、《皇朝经籍志》、《郡县分韵考》、《避讳录》、《诗韵检字》、《痴学》、《古志石华》、《缥山绀雪》、《三长物斋诗略》（以上收《三长物斋丛书》）等。
③ 张燕昌：浙江海盐人，嘉庆孝廉。著述有《金石契》、《和鸳鸯湖棹歌》、《芑堂印存》、《金粟逸人逸事》等。
④ 褚峻：陕西邰阳人，康熙间拓本商。著述有《金石经眼录》。
⑤ 李佐贤：山东利津人，道光进士，汀州知府。著述有《古泉汇》。
⑥ 程敦：安徽歙县人，乾隆时人。著述有《秦汉瓦当文字》。
⑦ 王福田：浙江嘉兴人，道咸时人。著述有《竹里秦汉瓦当文存》。
⑧ 武亿：河南偃师人，乾隆进士。著述有《群经义证》、《经读考异》、《金石三跋》、《金石文字续跋》、《偃师金石记》、《偃师金石遗文》、《安阳金录》、《三礼义证》、《读史金石集目》、《钱谱》、《授堂札记》等。

（一）志

清朝有关地志之著作，除《钦定一统志》之外，还有顾祖禹[①]的《读史方舆纪要》、洪亮吉的《乾隆府厅州县图志》。雍正年间，诏令各省修通志。二百年里，有的一修再修，有的是后来编辑成书，算来各省存有通志的计有：畿辅、盛京、吉林、河南、山西、山东、江南、江西、湖北、湖南、四川、云南、贵州、浙江、福建、广东、广西、陕西、甘肃、新疆等。除此之外，凡属府厅州县、名山胜迹，没有一处没有志的。在私家著作中最为精深的有：汪中[②]的《广陵通典》、张澍[③]的《蜀典》、田雯[④]的《黔书》、张澍的《续黔书》、王崧[⑤]的《云南备征志》、松筠[⑥]的《新疆识略》、徐松的《新疆赋》。考究边防之事的著作有：盛绳祖[⑦]的《卫藏图志》、松筠的《西招图略》、李心衡[⑧]的《金川琐记》、毛奇龄的《蛮司合志》、严如熤[⑨]《三省边防备览》、祁韵士[⑩]的《皇朝藩部要略》、张穆的《蒙古游牧记》等。考究外国的著作有：魏源的《海国图志》、徐继畬[⑪]的《瀛寰志略》等。

---

① 顾祖禹：江苏无锡人，明末清初人。著述有《读史方舆纪要》等。
② 汪中：见前注。
③ 张澍：甘肃武威人，嘉庆进士。著述有《续黔书》、《蜀典》、《三古人苑》、《姓氏五书》、《养素堂集》、《二酉堂丛书》等。
④ 田雯：山东德州人，康熙进士，户部侍郎。著述有《黔书》、《长河志籍考》、《古欢堂集》、《山姜诗选》等。
⑤ 王崧：云南浪穹人，嘉庆进士。著述有《说纬》、《滇南志略》、《云南备征志》等。
⑥ 松筠：蒙古正蓝旗人，乾隆武英殿大学士、户部右侍郎。著述有《古品节录》、《绥服纪略》、《伊犁总统事略》等。按：《新疆识略》本为徐松撰，因由时任伊犁将军的松筠奏上，故署松筠之名。
⑦ 盛绳祖（待考）。
⑧ 李心衡（待考）。
⑨ 严如熤：湖南溆浦人，道光陕西按察使。著述有《洋防备览》、《苗防备览》、《屯防书》、《三省边防备览》、《汉中府志》、《乐园诗文集》等。
⑩ 祁韵士：山西寿阳人，乾隆进士，户部郎中。著述有《皇朝藩部要略》、《西陲要略》、《西陲总统事略》、《西域释地》、《万里行程记》、《己庚编》、《书史辑要》、《珥笔集》、《访山随笔》、诗文集等。
⑪ 徐继畬：山西五台人，道光进士，历任广西、福建巡抚，闽浙总督等。著述有《瀛寰志略》、《退密斋集》等。

（二）图

清朝直省地图，当推胡林翼[①]的《一统舆图》为最好。到光绪朝，会典馆图则愈加详密。除此之外，还有吴大澂的《三省黄河图说》、马征麟[②]的《长江图说》、上海制造局翻译的《海道图说》、施彦士[③]的《海运图说》等。

（三）水地

此学可以分成古今两个系统。治古水地系统的有：戴震及全祖望校《水经注》，赵一清的《水经注释》，王先谦合校《水经注》，张匡学[④]的《水经注释地》，董祐诚[⑤]的《水经注图说残稿》，汪士铎的《水经注图》，陈澧的《水经西南诸水考》，杨守敬的《水经注要删》、《水经注图》等。治今水地系统的有：齐召南的《水道提纲》、傅泽洪[⑥]的《行水金鉴》、黎世序[⑦]的《续行水金鉴》、徐松的《西域水道记》、吴邦庆[⑧]的《畿辅水利丛书》、陶澍[⑨]的《江苏水利图说》、王凤生[⑩]的《浙西水利图说备考》等。

[①] 胡林翼：湖南益阳人，道光进士，湖北巡抚。著述有《读史兵略》、《胡文忠公全集》等。
[②] 马征麟：安徽皖江人，咸同时人。
[③] 施彦士：江苏崇明人，道光举人。著述有《海运图说》、《春秋朔闰表发覆》等。
[④] 张匡学（待考）。
[⑤] 董祐诚：江苏阳湖人，嘉庆举人。著述有《水经注图说残稿》、《割圆连比例术图解》、《椭圆求周术》、《三统术衍补》、《斜弧三边求角补术》、《堆垛求积术》等。
[⑥] 傅泽洪：汉军旗人。著述有《行水金鉴》。
[⑦] 黎世序：河南罗山人，嘉庆进士，南河总督。著述有《续行水金鉴》、《河上易注》、《湛溪文集》等。
[⑧] 吴邦庆：顺天霸州人，嘉庆进士，河东河道总督。著述有《畿辅水利丛书》等。
[⑨] 陶澍：湖南安化人，嘉庆进士，两江总督。著述有《江苏水利图说》、《陶文毅公遗集》、《渊明集注》、《蜀輶日记》、《靖节年谱》等。
[⑩] 王凤生：安徽婺源人，乾隆进士，吉安知府。著述有《浙西水利图说备考》、《河北采风录》、《江淮河运图》、《汉江纪程》、《江汉宣防备考》等。

(四)考古

为考证古地理而辑录佚书的计有:毕沅辑《王隐晋书地道记》、《太康三年地记》,张澍辑赵岐之《三辅决录》、阚骃①之《十三州志》、《辛氏三秦记》,孙星衍辑唐《括地志》,曹元忠②辑韦述之《两京新记》等。属于个人著述的则有:徐松的《唐两京城坊考》、周城③的《宋东京考》、顾炎武的《历代帝王宅京记》、朱孔阳④的《历代陵寝备考》等。

三、子

子部本来是以周秦间诸子著作命名的。宋朝的高似孙⑤著有《子略》,把凡不能归入经史的著作,尽皆归入于子类,以致弄得门目极为繁杂。这里大略分成四类:儒家、诸子、考证、算术。

(一)儒学

清朝治义理之学者,分程朱派、陆王派、不分宗派三者。主程朱者,有李光地的《注解正蒙》、《榕村语录》,茅星来⑥及江永的《近思录集注》,陆世仪⑦的《近思录辑要》,陆陇其的《读朱随笔》、《三鱼堂剩言》、《松阳钞存》,张履祥的《愿学记》、《备忘录》,雷鋐⑧的《读

---

① 阚骃:后魏甘肃敦煌人。著述有《王朗易传注》、《十三州志》等。
② 曹元忠:江苏吴县人,光绪举人,内阁侍读。著述有《礼议》。
③ 周城:浙江嘉兴人,康乾时人。著述有《宋东京考》。
④ 朱孔阳:上海人,清末时人。著述有《历代陵寝备考》。
⑤ 高似孙:宋代淳熙进士。著述有《疏寮小集》、《剡录》、《子略》、《蟹略》、《骚略》、《纬略》、《砚笺》、《文选句图》、《文苑英华钞》等。
⑥ 茅星来:浙江归安人,康乾时人。著述有《近思集注》、《钝叟文钞》等。
⑦ 陆世仪:江苏太仓人,明末诸生。著述有《思辨录》、《宗祭礼》、《三吴水利志》、《书鉴》、《诗鉴》、《桴亭全集》等。
⑧ 雷鋐:福建宁化人,雍正进士,左副都御史。著述有《经笥堂集》、《自耻录》、《读书偶记》、《闻见偶录》、《校士偶存》等。

书偶记》，全祖望的《宋元学案》，唐鉴的《国朝学案小识》等。主陆王者，有黄宗羲的《宋元学案》、《明儒学案》，吴鼎的《东莞学案》，李中孚①的《四书反身录》、《二曲集》，李绂②的《陆子学谱》等。不分宗派者，有孙奇逢③的《理学宗传》，汤斌④的《洛学编》、《潜庵语录》等。另外戴震的《孟子字义疏证》、陈澧的《汉儒通义》，也足与宋儒相发明。可以说，汉人治经有家法，宋儒讲学有门户。汉儒做学问，严守一先生之说，其授受自有一定出处。到了东汉末季，郑康成笺《毛诗》、注《论语》，众说兼采，遂将这种家法给打破了。到了唐代，孔颖达作诸经正义，依旧固守家法，而稍杂以别家之说，便遭到了"狐不首丘，叶不归根"的痛骂。平心而论，与其笃守师说，莫若择善而从，才是正理。宋代的诸大儒，起初并无门户之见，各凭借自己的天资禀赋，于是便出现了考亭（朱熹）之沉潜、象山（陆九渊）之高明的现象，虽取径有别，却终殊途同归。但各自的门弟子们执着于其师之学说，排斥异己之见。数百年来，治程朱之学者，诋毁陆王学说，视之为异端邪说，未免有些过分了。大凡要倡导一门学术，不得门弟子之绍述就不能光大其门庭，然而弊害也从此而出。数百年以来，除有宋儒门户之见之外，还有汉宋之争。平心而论，训诂名物、典章制度，自以汉儒为近古，而义理之阐明，则宋儒更优于汉儒。此二者合则皎皎相益，分则两方俱损。这方面茅星来之言说得好，即马、郑、贾、孔（马融、郑玄、贾公彦、孔颖达）之说经，犹如百货

---

① 李中孚：陕西盩厔人，明崇祯布衣，在关中倡导理学，原名颙，避天子讳称字。
② 李绂：见前注。
③ 孙奇逢：直隶容城人，明万历举人。著述有《理学宗传》、《北学编》、《四书反身录》、《四书近旨》、《读易大旨》、《经书近旨》、《圣学录》、《两大案录》、《甲申大难录》、《岁寒居自养》、《乙丙记事》、《理学正宗》等。
④ 汤斌：河南睢州人，顺治进士。著述有《潜庵语录》、《洛学编》、《睢州志》、《汤子遗书》等。

相聚；有了程朱之说，就像手中有了尺和秤。有了尺秤才能量遍所有货物的轻重短长，没有尺秤则不能知晓货物之轻重短长。但如果没有百货相聚，虽有尺秤也无用武之地。以是之故，清朝钦定诸经，尽皆取汉宋兼采之法，后儒又有拆分汉宋为二者。为学者应当还是把汉宋成见消除为好，治义理之学者当以孔孟为归宿，消除门户之见，就像郑康成破除家法那样，择善而从之。

（二）诸子

炎汉（汉崇火德故称炎汉）表章六经，把诸子之学尽皆统一到儒学门下，故清朝治诸子之学者，因诸子中存古事古训特别的多，就将其作为研究经学的辅助手段。汪中作《墨子序》，称许其论三年举丧有悖于道，主张博爱、救世，以《诗经》有云"凡民有丧，匍匐救之"之仁人许之。盖汪氏生长于孤寒之境，所撰《先妣灵表》，备述少年时代之孤苦，每值饥馑之岁，母氏九死流离，三族之中没有救恤者。他所以推重墨氏，犹如司马子长之进游侠，乃有感所发之言。翁方纲遂把汪中斥为墨者而不能相容，乃未能领会孟子知人论世之旨之所为。清朝治诸子之学者，大约可以分成三类，分述如下：

1. **注** 给周秦的诸子作注的计有：郝懿行的《荀子补注》、洪颐煊的《管子义证》、梁玉绳的《吕子校补》、蔡云①的《吕子校补献遗》、孙诒让的《墨子间诂》等。

2. **辑** 辑录古子古注的计有：邢澍的《司马法辑注》，严可均辑的《慎子逸文》、《商子》，任兆麟②辑的《尸子》，章宗源③辑的《燕

---

① 蔡云：浙江仁和人，嘉道时人。著述有《吕子校补献遗》、《汉书人表考校补》、《癖谈》等。
② 任兆麟：江苏震泽人，乾隆孝廉。著述有《尸子》辑本、《字林考逸补正》、《述记》、《竹居集》等。
③ 章宗源：浙江山阴人，乾隆举人。著述有《隋书经籍志考证》等。

丹子》，孙冯翼辑的《司马彪庄子注》等。还有马国翰的《玉函山房辑佚子书》。

3. 校　清朝校定诸子的计有：谢墉[①]校的《荀子杨倞注》，吴鼐[②]校的《韩非子》并作《识误》，钱熙祚[③]校的《尹文子》并作《校记》辑录遗文，毕沅校的《墨子》、《吕氏春秋》并撰《老子考异》，汪继培和秦恩复校的《列子》，任大椿的《列子考异》，钱熙祚校的《文子》并作《校记》等。

（三）考证

清朝考证群经的状况，已在经类中介绍过了。这里仅将考证群书的大要，列举如下：顾炎武的《日知录》，万斯同的《群书疑辨》，张尔岐的《蒿庵闲话》，阎若璩的《潜邱札记》，王懋竑[④]的《白田杂著》，惠栋的《松崖笔记》，徐文靖[⑤]的《管城硕记》，全祖望的《经史答问》，邵晋涵的《南江札记》，卢文弨的《钟山札记》、《龙城札记》，钱大昕的《十驾斋养新录》，孙志祖[⑥]的《读书脞录》，桂馥的《札朴》，王念孙的《读书杂志》，李赓芸[⑦]的《炳烛编》，钱塘的《溉亭述古录》，梁玉绳的《瞥记》，洪颐煊的《读书丛录》、《台州札记》等，不遑枚举。对群书进行校刊的有：何焯的《义门读书记》、卢文弨的《群书拾

---

① 谢墉：浙江嘉善人，乾隆进士，吏部左侍郎。著述有《荀子杨倞注校》、《四书义》、《六书正说》、《安雅堂集》等。
② 吴鼐：安徽全椒人，嘉庆进士，侍读学士。著述有《韩非子校》、《夕葵书屋集》等。
③ 钱熙祚：江苏金山人，嘉道时人。著述有《尹子校》、《文子校》、《守山阁丛书》等。
④ 王懋竑：江苏宝应人，康熙进士。著述有《白田杂著》、《白田草堂存稿》、《读史记疑》、《朱子语录注》、《朱子文集注》等。
⑤ 徐文靖：安徽当涂人，雍正举人。著述有《山河两戒考》、《管城硕记》、《禹贡会笺》、《周易拾遗》等。
⑥ 孙志祖：浙江仁和人，乾隆进士。著述有《读书脞录》、《家语疏证》、《文选考异》、《文选李注补正》、《文选理学权舆补》、《风俗通逸文》等。
⑦ 李赓芸：江苏嘉定人，乾隆进士。著述有《炳烛编》、《稻香吟馆集》等。

补》、蒋光煦①的《斠补隅录》、陆心源的《群书校补》等。

（四）算术

数是六艺之一，与经史相表里。清朝治斯学者能分成三类：一是用中法治学，有戴震校的《算经十书》，李潢②的《九章算术细草图说》、《海岛算经细草图说》、《辑古算经考注》，张敦仁的《辑古算经细草》、《开方补记》，钱大昕的《三统术演》，孔广森的《少广正负术内外篇》，屈曾发③的《九数通考》，项名达④的《勾股六术》，冯桂芬⑤的《弧矢算术细草图解》等；二是用西法治学，有李善兰⑥的《则古昔斋算学》；三是中西两法兼用治学，有梅文鼎⑦的《勿庵历算丛书》、江永的《数学推步注解》、李锐⑧的《李氏遗书》、董祐诚的《算术遗书》、焦循的《里堂学算记》、张作楠⑨的《翠微山房数学》、罗士琳的《观我生室汇稿》、夏鸾翔⑩的《夏氏算书》、徐有壬⑪的《务民义斋算学》、邹

---

① 蒋光煦：浙江海宁人，道咸时人。著述有《东湖丛记》、《别下斋丛书》、《涉闻梓旧》、《斠补隅录》等。
② 李潢：湖北钟祥人，乾隆进士，工部左侍郎。著述有《九章算术细草图说》、《海岛算经细草图说》等。
③ 屈曾发：江苏常熟人，乾隆时人。著述有《九数通考》。
④ 项名达：浙江钱塘人，道光进士，国子监学正。著述有《勾股六术》、《勾股形边角相求法》等。
⑤ 冯桂芬：江苏吴县人，道光进士。著述有《说文段注考证》、《弧矢算术细草图解》、《西算新法直解》、《两淮盐法志》、《苏州府志》、《显志堂集》等。
⑥ 李善兰：浙江海宁人，晚清时人。著述、译本有《几何原本续增》、《代微积拾级》、《则古昔斋算学》等。
⑦ 梅文鼎：安徽宣城人，康熙举人。著述有《梅氏丛书》、《绩学堂集》等。
⑧ 李锐：江苏元和人，乾嘉时人，诸生。著述有《天元勾股细草》、《弧矢算术细草》、《开方说》等。
⑨ 张作楠：浙江金华人，嘉庆进士。著述有《四书同异》、《乡党小笺》、《翠微山房数学》等。
⑩ 夏鸾翔：浙江钱塘人，晚清时人，诸生，光禄寺署正。著述有《洞方术图解》、《致曲图解》、《少广缒凿》、《万象一原》、《春晖山房诗集》、《岭南集》等。
⑪ 徐有壬：浙江乌程人，道光进士，江苏巡抚。著述有《务民义斋算学》。

伯奇①的《邹徵君遗书》等。又，阮元的《畴人传》、罗士琳的《续畴人传》等，记录了古今之治斯学者。

四、集

集部可分为总集和别集两个部分，清朝作者林立，所撰别集不遑枚举。兹略述总集以及前代别集之辑注，大约可分成四类：选学、编集、辑注、诗文评论。

（一）选学

《文选》之学，多为存其古训古义者。其注大多存于古书之中，对经史有裨益之处，并不单单取其词藻精华也。清朝治《文选》者计有：汪师韩②的《文选理学权舆》，孙志祖的《文选理学权舆补》、《文选李注补正》，朱珔③的《文选集释》，梁章钜的《文选旁证》，张云璈④的《选学胶言》等。考证文字的则有：薛传均的《文选古字通疏证》。校勘文字的有：孙志祖及胡克家⑤的《文选考异》。

---

① 邹伯奇：广东南海人，晚清时人，诸生。著述有《补小尔雅释度量衡》、《格术补》、《对数尺记》、《乘方捷术》、《邹徵君遗书》等。
② 汪师韩：浙江钱塘人，雍正进士，湖南学政。著述有《观象居易传笺》、《孝经约义》、《韩门缀学》、《谈诗录》、《诗学纂闻》、《上湖纪岁诗编》、《上湖分类》、《诗四家故训》、《春秋三传注解补正》、《文选理学权舆》等。
③ 朱珔：安徽泾县人，嘉庆进士。著述有《诂经文钞》、《说文假借义证》、《经文广异》、《文选集释》、《小万卷斋集》、《国朝古文汇钞》、《小尔雅疏证》等。
④ 张云璈：浙江钱塘人，乾隆举人，知县。著述有《选学胶言》、《选藻》、《垂绥录》、《简松堂诗集》、《蜡味小稿》、《归艎草》、《知还草》等。
⑤ 胡克家：江西鄱阳人，乾隆进士，江苏巡抚。著述有《文选考异》。

（二）编集

清朝编集的古诗古文词，可分为断代、地域、骈体三大纲。

1. 断代　计有严可均辑《全上古三代六朝文》，郭麟[1]的《唐文粹补遗》，陆心源的《唐文拾遗》，庄仲方[2]的《南宋文范》、《金文雅》，缪荃孙的《辽文存》，黄宗羲的《明文授读》，薛熙[3]的《明文在》，姚椿[4]的《国朝文录》，吴翌凤[5]的《国朝文征》，王昶的《湖海文传》，李调元的《全五代诗》，吴之振[6]的《宋诗钞》，曹廷栋[7]的《宋百家诗存》，厉鹗的《宋诗纪事》，顾嗣立[8]的《元诗选》，席世臣[9]的《元诗选癸集》，朱彝尊的《明诗综》，卓尔堪[10]的《明遗民诗》，陈田[11]的《明诗纪事》，沈德潜[12]的《三朝诗别裁》，吴翌凤的《国朝诗》，王士禛[13]的《感旧集》，王昶的《湖海诗传》，朱彝尊的《唐五代宋词综》，王昶的

---

[1] 郭麟：江苏吴江人，乾嘉时人，诸生。著述有《灵芬馆集》、《江行日记》、《樗园消夏录》、《灵芬馆诗话》、《蘅梦词》、《忏余绮语》、《唐文粹补遗》等。

[2] 庄仲方：浙江秀水人，嘉庆举人，内阁中书。著述有《映雪楼文稿》、《碧血录》、《古文练要》、《南宋文范》、《金文雅》等。

[3] 薛熙：江苏常熟人，清初布衣。著述有《依归集》、《练阅火器阵记》、《明文在》等。

[4] 姚椿：江苏娄县人，嘉道时人。著述有《通艺阁诗录》、《和陶诗》、《晚学斋文录》、《国朝文录》等。

[5] 吴翌凤：江苏吴县人，乾嘉时人，诸生。著述有《与稽斋丛稿》、《国朝文征》等。

[6] 吴之振：浙江石门人，顺康时人，贡生。著述有《黄叶村庄集》、《宋诗钞》等。

[7] 曹廷栋：浙江嘉善人，康乾时人，诸生。著述有《易准》、《昏礼通考》、《孝经通释》、《琴学内外篇》、《老老恒言》、《产鹤亭诗集》、《宋百家诗存》等。

[8] 顾嗣立：江苏长洲人，康熙特赐进士。著述有《元诗选》、《韩昌黎诗注》、《温飞卿诗注》、《秀野集》、《闾邱集》等。

[9] 席世臣：江苏常熟人。著述有《元诗选癸集》。

[10] 卓尔堪：康熙汉军。著述有《明遗民诗》、《近青堂集》等。

[11] 陈田：贵州贵阳人，光绪进士，翰林院编修官、掌印给事。著述有《明诗纪事》、《周渔璜年谱》等。

[12] 沈德潜：江苏长洲人，乾隆进士，礼部侍郎。著述有《五朝别裁》、《古诗源》、《竹啸轩诗集》、《归愚诗文钞》、《西湖志纂》等。

[13] 王士禛：山东新城人，顺治进士，刑部尚书。著述有《带经堂集》、《渔洋诗文集》、《精华录》、《皇华纪闻》、《池北偶谈》、《香祖笔记》、《居易录》、《分甘余话》、《感旧集》、《粤行三志》、《秦蜀驿程》、《陇蜀余闻》、《渔洋诗话》、《国朝谥法考》等。

《明词综》，孙默①的《十六家词》等。

2. 地域 有杨钟羲②的《八旗文经》，夏荃③的《海陵文征》，罗汝怀④的《湖南文征》，苏源生⑤的《中州文征》，朱壬林⑥的《当湖文系》，凌淦⑦的《松凌文录》，陈遇春⑧的《瓯栝先正文录》，汤成烈⑨的《缙云文征》，邵松年⑩的《海虞文征》，铁保⑪的《熙朝雅颂集》，陶梁⑫的《畿辅诗传》，孙赞元⑬的《遵化诗存》，卢见曾⑭的《山左诗钞》，张鹏展⑮的《续山左诗钞》，周翕鐄⑯的《即墨诗乘》，王赓言⑰的《东武诗存》，王豫⑱的《江苏诗征》，朱绪曾⑲的《历代金陵诗征》、《国朝金陵

---

① 孙默：安徽休宁人，清初人。著述有《笛松阁集》。
② 杨钟羲：奉天辽阳人。著述有《雪桥诗话》、《八旗文经》、《圣遗诗集》等。
③ 夏荃：江苏泰州人，嘉道时人。著述有《海陵诗征》、《海陵文征》、《退庵笔记》、《梓里旧闻》、《历代年号重袭考》、《历代钱谱考》、《海陵丛刻》等。
④ 罗汝怀：湖南湘潭人，道光拔贡。著述有《绿漪草堂集》、《湖南文征》、《褒忠录》等。
⑤ 苏源生：河南鄢陵人，道光副榜贡。著述有《大学臆说》、《中州文征》、《师友札记》、《记过斋文稿》、《鄢陵文献志》等。
⑥ 朱壬林：浙江平湖人，嘉庆进士。著述有《当湖文系》、《小云庐集》等。
⑦ 凌淦（待考）。
⑧ 陈遇春：浙江永嘉人，嘉道时人。著述有《瓯栝先正文录》、《梧竹山房存稿》等。
⑨ 汤成烈：江苏武进人，道光举人。著述有《古藤书屋文集》、《清淮词》、《缙云文征》等。
⑩ 邵松年：顺天宛平人，光绪进士，散馆编修。著述有《海虞文征》。
⑪ 铁保：满洲正黄旗人，乾隆进士，两江总督。著述有《惟清斋全集》、《白山诗介》、《淮上题襟集》、《熙朝雅颂集》等。
⑫ 陶梁：江苏长洲人，嘉庆进士，内阁学士、礼部侍郎，编《畿辅诗传》。
⑬ 孙赞元：直隶丰润人，邑孝廉。著述有《遵化诗存》。
⑭ 卢见曾：山东德州人，康熙进士，两淮盐运使。著述有《金石三例》、《出塞集》、《山左诗钞》、《雅雨堂丛书》等。
⑮ 张鹏展：广西上林人，乾隆进士，通政使。著述有《续山左诗钞》。
⑯ 周翕鐄：山东即墨人。著述有《即墨诗乘》。
⑰ 王赓言：山东东武人。著述有《东武诗存》。
⑱ 王豫：江苏江都人，嘉道时人，布衣。著述有《江苏诗征》、《儒行录》、《明世说新语》、《王氏法言》、《王氏清芬录》、《种竹轩诗文集》等。
⑲ 朱绪曾：江苏上元人，道光举人。著述有《续宋文鉴》、《中论注》、《论语义证》、《金陵旧闻》、《金陵诗汇》、《笔语》、《曹子建集考异》、《昌国典咏》、《续棠阴比事》、《开有益斋集》、《北山集》、《读书志》、《金石文跋尾》等。

诗征》，毕沅的《吴会英才集》，阮元的《淮海英灵集》，王应奎[1]的《海虞诗苑》，顾光旭[2]的《梁溪诗钞》，桂中行[3]的《徐州诗征》，王昶的《青浦诗传》，何其超[4]的《续青浦诗传》，宋莲[5]的《海上诗选》，阮元的《两浙輶轩录》，潘衍桐[6]的《续两浙輶轩录》，吴颢[7]的《杭郡诗辑》，吴振棫[8]的《续辑丁申丁丙三辑》，曹宗载[9]的《峡川诗钞》，许仁沐[10]的《续诗钞》，沈季友[11]的《槜李诗系》，胡昌基[12]的《续槜李诗系》，许灿[13]的《梅里诗辑》，陆心源的《吴兴诗辑》，周庆云[14]的《浔溪诗征》，胡文学[15]的《甬上耆旧诗》，全祖望的《续甬上耆旧诗》，尹元炜[16]的《溪上诗辑》，商盘[17]的《越风》，张廷枚[18]的《姚江诗存》，钱玫[19]的《历朝上虞诗录》，吕岳孙[20]的《嵊诗钞》，朱琰[21]的《金华诗

---

[1] 王应奎：江苏常熟人，康乾时人。著述有《柳南文钞》、《海虞诗苑》等。
[2] 顾光旭：江苏无锡人，乾隆进士。著述有《响泉集》、《梁溪诗钞》等。
[3] 桂中行：江西临川人，咸丰廪生，湖南按察使。著述有《徐州诗征》。
[4] 何其超：江苏青浦人。著述有《续青浦诗传》。
[5] 宋莲（待考）。
[6] 潘衍桐：广东南海人，同治进士，侍讲学士。著述有《朱子论语集注训诂考》、《续两浙輶轩录》、《尔雅正郭》、《缉雅堂诗话》等。
[7] 吴颢（待考）。
[8] 吴振棫：浙江钱塘人，嘉庆进士，云贵总督。著述有《养吉斋丛录》、《黔语》、《花宜馆诗钞》、《杭郡诗续辑》等。
[9] 曹宗载：浙江海宁人，乡贡进士。著述有《峡川诗钞》、《东山楼诗集》等。
[10] 许仁沐（待考）。
[11] 沈季友：浙江平湖人，康熙副贡生。著述有《槜李诗系》、《学古堂诗集》等。
[12] 胡昌基：浙江平湖人，乾隆副贡生。著述有《石濑山房诗集》、《续槜李诗系》等。
[13] 许灿（待考）。
[14] 周庆云（待考）。
[15] 胡文学：浙江鄞人，顺治进士。著述有《适可轩文集》、《甬上耆旧诗》等。
[16] 尹元炜（待考）。
[17] 商盘：浙江会稽人，雍正进士，知府。著述有《质园诗集》、《越风》等。
[18] 张廷枚：汉军旗人，雍乾时人，福建布政使。著述有《春晖堂诗钞》、《姚江诗存》等。
[19] 钱玫：浙江上虞人。著述有《历朝上虞诗录》。
[20] 吕岳孙（待考）。
[21] 朱琰（待考）。

录》，宗源瀚[①]的《严州诗录》，戚学标[②]的《三台诗录》，曾燠[③]的《江西诗征》，邓显鹤[④]的《沅湘耆旧集》、《资江耆旧集》，郑王臣[⑤]的《莆风清籁集》，温汝能[⑥]的《粤东诗海》，伍崇曜[⑦]的《楚庭耆旧诗前后集》，彭泰来[⑧]的《端人集》，唐树义[⑨]的《黔诗纪略》，黄琮[⑩]的《滇诗嗣音集》，袁文典[⑪]的《滇南诗略》，许印光[⑫]的《滇诗重光集》，陈荣昌[⑬]的《滇诗拾遗》，缪荃孙的《常州词录》等。大凡分地域的诗文总集，可以考见那一地域的文献，不仅其词章足有分量。集录之多，也反映出清朝之文化比起历代都胜过一筹，所以在这里就说得更翔实一些了。

3. 骈体 清朝选编骈文的计有：陈均[⑭]的《唐骈体文钞》、彭元瑞的《宋四六选》、李兆洛的《骈体文钞》、曾燠的《国朝骈体文钞》、吴鼒的《八家四六文钞》等。

---

① 宗源瀚：江苏上元人，晚清时人。著述有《颐情馆集》、《金石书画题跋》、《名贤碑传集》、《闻过集》、《右文掌录》、《严州诗录》等。
② 戚学标：见前注。
③ 曾燠：江西南城人，乾隆进士，两淮盐运使。著述有《赏雨茅屋集》、《江西诗征》、《骈体正宗》等。
④ 邓显鹤：湖南新化人，嘉庆举人。著述有《沅湘耆旧集》、《资江耆旧集》、《宝庆府志》、《武冈州志》、《南村草堂诗钞》、《易述》、《毛诗表》、《校勘玉篇广韵札记》等。
⑤ 郑王臣：福建莆田人，乾隆拔贡，兰州知府。著述有《莆风清籁集》。
⑥ 温汝能：广东顺德人，乾隆举人。著述有《谦山堂诗文钞》、《孝经约解》、《龙山乡志》、《粤东诗海》、《粤东文海》等。
⑦ 伍崇曜：见前注。
⑧ 彭泰来：广东高要人，嘉庆拔贡。著述有《诗义堂后集》、《昨梦斋文集》、《高要金石略》、《读史仇笔》、《端人集》等。
⑨ 唐树义：贵州遵义人，嘉庆举人，湖北布政使。著述有《黔诗纪略》。
⑩ 黄琮：云南昆明人，道光进士，兵部左侍郎。著述有《滇诗嗣音集》等。
⑪ 袁文典：云南保山人，乾隆时人，广西州学正。著述有《滇南诗略》、《滇南文略》、《陶村诗钞》等。
⑫ 许印光（待考）。
⑬ 陈荣昌：云南昆明人，光绪进士，山东提学使。著述有《滇诗拾遗》。
⑭ 陈均：浙江海宁人，嘉庆举人。著述有《唐骈体文钞》等。

（三）辑注

清朝给前代别集作校辑的计有：张澍辑《汉皇甫司农集》、《张太常集》、《段太尉集》，孙星衍辑《王无功集》，黄本骥辑《颜鲁公集》，钱振常[①]的《樊南文集补编》等。给前代别集作注的计有：陶澍的《陶靖节集注》，吴兆宜[②]及倪璠[③]注的《庾子山集》，吴兆宜注的《徐孝穆集》，蒋清翊[④]的《王子安集注》，王琦[⑤]的《李太白集注》，仇兆鳌[⑥]的《杜诗详注》，杨伦[⑦]的《杜诗镜铨》，赵殿成[⑧]的《王右丞集注》，顾嗣立[⑨]的《昌黎诗笺注》，孙之騄[⑩]的《玉川子诗注》，王琦的《李长吉歌诗汇解》，冯集梧[⑪]的《樊川诗集注》，冯浩[⑫]的《玉谿生诗详注》，顾予咸[⑬]、顾嗣立的《温飞卿集笺注》，查慎行[⑭]的《苏诗补注》，冯应榴[⑮]的《苏诗合注》，王文诰[⑯]的《苏文忠公诗编注集成》，施国祁[⑰]的

---

① 钱振常（待考）。
② 吴兆宜：江苏吴江人（吴兆骞之弟），康熙时人，诸生。著述有《玉台新咏注》、《才调集注》、《韩偓诗集注》等。
③ 倪璠：浙江钱塘人，康熙举人。著述有《神州古史考》、《方舆通志》、《补辽金元三史艺文志》、《庾子山集注》等。
④ 蒋清翊：江苏吴县人，清末时人，浙江武义知县。著述有《王子安集注》、《纬学源流兴废考》等。
⑤ 王琦：浙江钱塘人，康乾时人。著述有《李太白集注》、《李长吉歌诗汇解》等。
⑥ 仇兆鳌：浙江鄞县人，康熙进士，吏部侍郎。著述有《四书说约》、《杜诗详注》等。
⑦ 杨伦：江苏阳湖人，乾隆进士，知县。著述有《杜诗镜铨》、《九柏山房集》等。
⑧ 赵殿成：浙江仁和人，雍正初孝廉。著述有《古今年谱》、《群书索隐》等。
⑨ 顾嗣立：见前注。
⑩ 孙之騄：浙江仁和人，雍正贡生。著述有《尚书大传》、《考定竹书纪年》、《松源经说》、《二申野录》、《晴川蟹录》、《枝语》、《南漳子》、《松源集》等。
⑪ 冯集梧：浙江桐乡人，乾隆进士，翰林院编修。著述有《贮云居集》、《樊川诗集注》等。
⑫ 冯浩：浙江桐乡人，乾隆进士，御史。著述有《孟亭居士诗文稿》、《玉谿生诗详注》等。
⑬ 顾予咸：江苏长洲人，顺治进士，吏部员外郎。
⑭ 查慎行：浙江海宁人，康熙进士。著述有《苏诗补注》、《周易玩辞集解》、《陪猎笔记》、《黔中风土记》、《庐山游记》、《经史正伪》等。
⑮ 冯应榴：浙江桐乡人，乾隆进士，户科给事中。著述有《学语草》、《苏诗合注》等。
⑯ 王文诰：浙江仁和人。著述有《苏文忠公诗编注集成》、《韵山堂集》等。
⑰ 施国祁：浙江归安人，乾嘉时人，诸生。著述有《金史详校》、《金源记》、《元遗山诗集笺注》等。

《元遗山诗集笺注》，金檀[①]的《高青邱诗集注》，徐嘉[②]的《顾亭林诗集注》等。

（四）诗文评论

清朝对诗文词赋作评论的计有：彭元瑞的《宋四六话》、李调元的《赋话》、王芑孙[③]的《读赋卮言》、赵执信[④]的《声调谱》、郑方坤[⑤]的《五代诗话》、王士禛的《带经堂诗话》、朱彝尊的《静志居诗话》、沈德潜的《说诗晬语》、潘德舆[⑥]的《李杜诗话》、徐釚[⑦]的《词苑丛谈》、万树[⑧]的《词律》等。

本章所言全是清朝人的著述，钦定的著作已在前章里刊载过了，本章不再收录。

本章所举四个部分的著作仅是其中的最重要者，尚请读者举一反三。

---

① 金檀：浙江桐乡人，乾嘉时人，诸生。著述有《文瑞楼集》《高青邱诗集注》等。
② 徐嘉（待考）。
③ 王芑孙：江苏长洲人，乾隆举人。著述有《渊雅堂集》《碑版广例》《读赋卮言》等。
④ 赵执信：山东益都人，康熙进士。著述有《因园集》《饴山文集》《饴山诗集》《声调谱》等。
⑤ 郑方坤：福建长乐人，雍正进士。著述有《五代诗话》《全闽诗话》《国朝诗钞小传》《岭海丛编》《蔗尾诗文集》《经稗》等。
⑥ 潘德舆（待考）。
⑦ 徐釚：江苏吴江人，康熙博学鸿词。著述有《南州草堂集》《菊庄乐府》《词苑丛谈》《本事诗》等。
⑧ 万树：江苏宜兴人，顺康时人。著述有《词律》《堆絮园集》《香胆词》《璇玑碎锦》等。

第三章　清朝学者之研究方法

清朝学者采用的学术研究方法，有的是将前人用过的方法进一步拓宽扩充，有的则为前人略而不及之处，由本朝学者加以创新。大约可以分成六项，现分述如下。

一、征经

汉人治经是属于"笃守师法"型的，到了郑康成的时代，才开始冲破师说的约束兼用众家之说，即对经传存有疑义时允许驳难。而康成以后的治经者，却依旧坚守师说之风不变。正如顾亭林氏所说：左氏解经，多不得圣人本意，元凯（杜预）注传多曲意疏通。郑康成则不然，他注三《礼》之经以及子夏之传，往往要加以驳正，试举他所驳正的《周礼》两事、《仪礼》四事、《礼记》十四事来看，其所驳正之处虽然未必尽皆得当，但却与杜氏专事阿附传者绝不相同，应该说这是经注之中的卓然不凡之举。清朝治经学者，也未能尽免顾氏所讥之弊，然而程瑶田作《仪礼丧服文足征记》却并不屈从于郑注，而以消化经文为主旨，郑所驳正之处，程氏用经文作根据以订正。林乔荫[①]所撰写的《三礼陈数求义》，也是根据经义把注给订正过来了。胡煦的《卜法通考》，亦是在详考古卜法之后，依照经文，一一将《周礼》郑注

---

① 林乔荫：福建侯官人，乾隆举人。著述有《三礼陈数求义》、《瓶城居士集》等。

之误做了驳正。今用殷墟出土的贞卜所用甲骨来验证，尽都与胡氏的订正相符合。这就是根据经文订正注释，清朝学术研究的方法之一。

二、释词

经传中的实字是容易释读的，而虚字却是最难释读的。语词之解释始于《尔雅》，"粤"、"于"为"曰"，"兹"、"斯"为"此"，若斯之类，皆可举其一隅类推三隅。"语助"之文，散见于经传中，汉代以来的学者或则对其略而不究，或则以实义加以解释，致使其文扞格而意不明。如《诗经》中的"终风且暴"之"终"字，《毛诗》释为终日之风谓之"终风"，《韩诗》则释"终风"乃"西风"也，而王念孙则比照《诗经》中《燕燕》之"终温且惠"、《北门》之"终窭且贫"、《伐木》之"终和且平"、《甫田》之"终善且有"之例，终于弄清了这个"终"字也就是"既"字，"终风且暴"为"既风且暴"，其文意自然也就明白了。王引之据此类推，搜访九经三传周秦西汉各种书籍，写成《经传释词》一书，订正了前人误解之处甚多，而又是前代诸儒最容易忽略之处。此乃清朝学术研究方法之二。

三、释例

周秦时代群经的古文法与现今的文法不相同的地方甚多，如果用今天的文法来读古书，每每扞格不通。俞樾撰写《古书疑义举例》弄清了这一问题，他受王氏所撰的《经传释词》启发，将类推解释之法扩展开来，举了八十余条例子，实在是一种读书的良方，这又是前代经师未能做到的。此为清朝学术研究方法之三。

四、审音

考究古韵，是以宋代吴棫所著之《韵补》为开端，不过它未免过于庞杂没有系统。明代陈第写出《毛诗古音考》、《屈宋古音义》，才开始出现秩序井然条理分明的景象。清朝的顾炎武撰写《音学五书》，才愈达到了深奥之处。顾氏把古音定为十部，其后江永增加到十三部，戴震增加到十六部，段玉裁增至十七部，孔广森增至十八部，王念孙、江有诰又增加到二十一部，推究得愈来愈严密。至此清朝的音韵学冠绝于前代数朝，把古音这门学问研究得非常清楚了。王念孙撰写的《广雅疏证》，提出诂训之旨应以声音为本，即主张就古音求古义之说，段玉裁在书的序言中称颂说：能从古音中求得经义者，天下一人而已。郝懿行作《尔雅义疏》，也依王氏之法释解诂训，终凌驾于前人之上了。审音以求义，是为清朝学术研究方法之四。

五、类考

清朝治经史者，多采用分类考究之法。现举经部为例，大约可分为六目：

（一）天文历象方面，有盛百二[①]的《尚书释天》，陈厚耀[②]的《补

[①] 盛百二：浙江秀水人，乾隆举人。著述有《尚书释天》、《柚堂文存》、《皆山阁吟稿》、《柚堂笔谈》、《问水漫录》、《增订教稼书》、《观录》等。
[②] 陈厚耀：江苏泰州人，康熙进士。著述有《补春秋长历》、《春秋战国异辞》、《春秋世族谱》、《礼记分类》、《孔子家语注》、《十七史正伪》等。

春秋长历》、姚文田的《春秋传朔闰考》、施彦士的《春秋经传朔闰表发覆》、吴守一①的《春秋日食质疑》、陈懋龄②的《经书算学天文考》、秦蕙田、方观承的《观象授时》。

（二）地理方面，有蒋廷锡的《尚书地理今释》、焦循的《毛诗地理释》、高士奇的《春秋地名考略》、程廷祚的《春秋地名辨异》、江永的《春秋地理考实》。

（三）典制方面，有惠栋的《禘说》，毛奇龄的《郊社禘祫问》、《大小宗通释》，任启运的《肆献裸馈食礼纂》，程瑶田的《宗法小记》，沈彤的《周官禄田考》，王鸣盛的《周礼军赋说》，胡匡衷③的《仪礼释官》、程廷祚的《春秋职官考略》。

（四）氏族姓名方面，有李超孙④的《诗氏族考》、陈厚耀的《春秋世族谱》、王引之的《春秋名字解诂》、高士奇的《左传姓名同异考》、程廷祚的《左传人名辨异》。

（五）宫室舆服方面，有程瑶田的《释宫小记》、洪颐煊的《礼经宫室答问》、胡培翚的《燕寝考》、阮元的《车制图考》、郑珍的《轮舆私笺》、任大椿的《弁服释例》。

（六）考工方面，有戴震的《考工记图》、程瑶田的《考工创物小记》。

有关史的方面已略见前述，不再重复。这是清朝学术研究方法之五。

---

① 吴守一：安徽歙县人。著述有《春秋日食质疑》。
② 陈懋龄：见前注。
③ 胡匡衷：安徽绩溪人，乾隆岁贡生。著述有《周易传义疑参》、《三礼札记》、《周礼井田图考》、《井田出赋考》、《仪礼释官》、《左传翼服》、《论语古本证异》、《论语补笺》、《庄子集评》、《离骚集注》等。
④ 李超孙：浙江嘉兴人（李富孙之兄），嘉庆举人。著述有《诗氏族考》、《拙守斋集》等。

六、捃佚

给佚书作捃集,始于宋代的王应麟,到了清代日愈昌盛。乾隆年间在《永乐大典》中采辑佚书,刊入聚珍版丛书者,达到近三分之一,其他尚有不下二百余种。除此之外,还有像王谟、孙星衍、余萧客、臧庸、孙堂[①]、袁钧[②]、张澍、马国翰、章宗源[③]、黄奭、严可均、陈鳣、赵在翰[④],不下十余家,辑集佚书不下数百种,形成了学者们考究已佚古书的风气。这是清朝学术研究方法之六。

以上六目,不过是仅举几例,约略述之而已。

[①] 孙堂:字步升(待考)。
[②] 袁钧:见前注。
[③] 章宗源:见前注。
[④] 赵在翰:福建侯官人。

第四章　清朝学术之得失

清朝学术之概要已在前三章述说过了。其中有得有失，也可以说是得失各半。所谓得在何处？

一曰师承有自。清朝的学术本是国家所倡导的，考其师承本源，盖出自于顾炎武。顾氏之学的本意在于明本体以达实用，而介绍其学说的学者们也不过仅得其半而已。盖顾氏之学始传于吴中，传布于皖江，在江苏传播之后才普及于他省。嘉庆以前国家平治，海内安宁，传播顾氏学问的学者们似乎并没有留意到"致用"这一点，而于经史的考订，却普及甚广。这是一得。

二是研究有法。清朝学者研究学术可以说是心力倾尽，其方法之细密程度已如上章所述。故可以说是超越汉唐，著作宏富。这是二得。

三是取材宏富。前代学者在名物制度方面，多据经注为图，并没有见过实物。像宋代的《三礼图》之类大致皆凭想象，难得真象。然而自阮元以后，到吴大澂开始以古礼器之文字考证许书（汉代许慎编了《说文》，所以把《说文》叫作许书）。程瑶田作《考工创物小记》，以传世古器来考证经传。吴大澂用这种方法考度量权衡，终于使前人凿空臆定之弊一扫而空。近三十年来，洹阳所出甲骨文（河南安阳出土殷代卜辞），西陲（甘肃新疆地方）所出简牍，中州（河南）关中（陕西的函关到陇关之间）所出古金石刻、古器物等，可据以进行古文字和经史的考证者不少，这也是前代学者无法企及的。此为三得。

所谓的失是失在哪里呢？其一是诂训甚详，义理疏略。清朝为钦定诸经所作的注无一不是兼采汉宋、得宜折中，此后诸儒则都是贵汉轻宋的。顾炎武为清朝学者所服膺，而他在关中却修建了朱文公（宋代朱熹）祠。江永、王懋竑虽然汉学造诣颇深，但一个是《近思录》的注者，另一个是《朱子年谱》的作者，由此可见清朝学者起初并没有看轻宋学。我曾见过段玉裁写给王石臞（王念孙号石臞）的书信，信里批评今日之弊端是不崇尚品行和政事，其根源即在于崇尚汉学因袭汉学所致，这和黄河水患没有什么不同。看来理学（宋学）不讲究是不行的，早在一百多年以前就发出了这样的感慨。今天士气消沉到如此地步，学术上重训诂轻义理的偏向是难辞其咎的。这算是一失。

其二是离开训诂去讲微言大义。那种重训诂重到忽略义理的程度，其害之大是如此的明显。道光以来的学者们则扔掉了东汉，师法西汉，先有常州的庄存与、刘逢禄以讲公羊学首发其端，其后便在学者群中风靡开来，其危害程度便日愈加深。到了光绪中叶，终于有人倡导素王改制之说（指康有为一伙倡公羊学图政治改革一事），为使诸经不危及自身主张，反而诽谤说是出之于刘歆伪造。此说惑众诬民，流毒一直影响到今天。这算是二失。

其三是疑古信今。在与国外交往未开通之前，学说统一，除了周公、孔子之外，并无其他学问存在。然而自从西方学说东渐以来，学术乃歧分为二。其实所谓欧洲新说，都不过只是中国古代的陈迹而已。《孟子》引用神农之言，说貉（北狄）无君臣上下，百官有司（见《孟子·滕文公上》），与今日欧人所倡有何不同？在中国早已扞格不可行的事情，在欧洲却当成崭新学说，这不过是当今的学者不信古圣先王尽善尽美的政治和学问，而去相信外来的新说，轻贱美玉而把球玞当成宝贝。这是三失。

统观三失，前者属百年以前之失，后者是近三十年之失。以今日之社会现状观之，或许该是学者们憬然醒悟的时候了罢！

译后记

　　这是一本记录罗振玉口述的书，是日本人用日文出版的，每章之后都附有松崎鹤雄加的注，具有一定的资料性。因为未曾见到此书的汉文本，故翻译过来以供研究学术思想史之参考。原书因为是从旧书堆里买回来的，已经破损不全，出版的来龙去脉未见端倪，只知发行所是社团法人中日文化协会，印刷所是（大连）满洲日报社，发行的时间是昭和六年（1931）一月十五日。此书对于研究清朝学术史不失为一本起索引作用的书，亦可为研究清朝学术思想提供参考线索。

　　查日本出版的人名辞典得知松崎鹤雄的生平："松崎鹤雄（1867—1949），是日本大正、昭和时代的中国文学研究者。出生于熊本县，号柔山，后改柔父，就读于国民英学馆，1881年以来又辗转在济济黉、德意志协会学校、熊本洋学校、英文学校就读。以后随竹添进一郎学经学及中国文学。1900年前在前桥中学校、1902年后在鹿儿岛师范学校任英语教师。1908年兼任大阪《朝日新闻》通讯员，赴中国长沙留学，随王闿运学文学及公羊学，随叶德辉学《说文》及目录学，随王先谦学《尚书》。1920年任大连满铁图书馆司书，设柔父会开讲中国文学。1931年因受思想事件之株连而辞职。1940年任北平华北交通公司总裁室嘱托。1946年回日本。著述有《诗经国风篇研究》（1942）、《柔父随笔》（1943）等。"

穆传金
2008 年 10 月
八十五岁

古今学术之递变

中国学术越三千年之久，固不能无变迁。论其大要，则由易简而日趋繁复，因繁复而渐昧本原；又世治平则政教一，政教衰则师儒兴。今讲本朝学术，当先述历代之变迁。约分六端，略陈如下。

一、古人之所谓学

古人为学，不出伦常日用，本易知易行，而上之施教亦至简至易，盖因物则民彝之所固有而裁成之。孟子称三代之学，一言以蔽之曰"明人伦"。非三代为然，三代以上莫不皆然。其在《尚书·尧典》所谓"五典"、"五品"者皆谓五常，即"父子有亲、君臣有义、夫妇有别、长幼有叙、朋友有信"五达道是也。古之所谓学，盖如是而已。

二、三代政教合一

古之治天下者，作之君，作之师，政教合一，载之《尚书》与《周官》。《舜典》记舜之施教也，曰命伯夷典礼、夔典乐。礼主敬，乐主和；礼以制人身，俾不流于放荡，乐以和人心，俾不入于邪僻。所施至简。有周之教，则制定家塾、党庠、术序、国学。小学之教，由数与方名书计幼仪进而学乐、诵诗、舞勺、舞象；大学则教以三德、六艺。《尚书大传》言入小学知父子之道、长幼之叙，入大学知君臣之义、上下之位。是有周之教亦非繁难。惟其政教合一，故其盛也，《菁莪》赋而人才兴；其季也，《青衿》赋而学校坏。于是孔子兴而师儒起矣。

三、儒教勃兴

孔子生周室东迁以后，于时王室式微、政教陵替，臣弑其君者有之，子弑其父者有之。孔子有德无位，然伤人道之漓，乃祖述尧舜、宪章文武，删《诗》、《书》，正《礼》、《乐》，以待后王之取法。又因鲁史而作《春秋》，褒善贬恶，以垂法戒，因褒贬为天子之事，自嫌于僭，故有"知我"、"罪我"之叹。设教洙泗，从游三千，通六艺者七十二人，俾先圣之大经大法不坠于地。其教人也，以文行忠信，而一准之以中庸。孟子嗣兴，复昌孔子之说，后王法之，乃卒拨乱世而反之正。二千年来，有天下者循孔孟之道罔不兴，背之罔不亡。于是儒教遂为万世准则，为治天下者所莫能废矣。

四、周秦间诸子学说

春秋以降，逮于七国，世衰道微，学者竞起，谋矫社会之弊恶，以时君苛暴扰民，而庄老清净之说兴；因世风薄、贼民兴，而申韩刑名之说起；愤世人之自私自利，而墨氏倡博爱；愤世人之同流合污、徇人阿世，而杨氏倡贵我。在欧洲之治东方史者，以周秦之际为中国思想最发达之时期。而自儒教观之，则谓之异端。盖矫枉而过乎正，大《易》所谓"失之毫厘，差以千里"，极其弊害之所至，将大害于人类。故孟子拒杨墨，至以为无父无君近于禽兽，比之洪猛。至儒术则依乎中庸，不偏不易，万世由之而无弊，四海推之而皆准。是以周秦诸子之学或言而不能行，或行而不能久，至今仅存留一种之学说。儒者之道，则如日月经天、江河行地，人类一日不灭，圣道一日不亡也。

五、两汉至隋唐间儒学兴废

自嬴秦并六国、烧诗书、坑术士、重法吏，二世而亡天下。及炎汉兴，高祖十二年行过鲁，以太牢祀孔子，为两汉尊崇儒术之始。于时人民始离汤火，以黄老为治，务清净以息民。然黄老之治不可久也。孝文始置五经博士，武帝大合天下之书，表章六经，废黜百家，孝宣论六经于石渠，儒学一时称盛。然当世若公孙弘、张禹、孔光诸人，虽以儒学致三公，而脂韦阿世，袭儒之名而亡其实。至于刘歆，遂佐莽篡汉，班固《儒林传赞》以当时儒术之盛由于禄利，洵知言矣。光武中兴，首崇儒学，史臣称其东西诛战、不遑启处，然犹投戈讲艺、息马论道。建武五年营起太学，车驾临幸。明帝游意经艺，每飨射礼毕，正坐自讲，诸儒并听，多召名儒以充礼官。章帝东巡至鲁，祀孔子。于是教化昌明，朝野竞奋。虽桓灵之世，朝政昏浊，国是日非，而党锢之流、独行之辈依仁蹈义，舍命不渝，范蔚宗谓是时权强之臣息其窥盗之谋，豪俊之夫屈于鄙生之议，所以倾而未颓、决而未溃，皆仁人君子心力之为。其言至允。至魏武重才轻行，其下诏求贤，至欲得盗嫂受金而未遇者，于是风俗不变。三国鼎立，未遑礼乐，人心日漓。司马代魏，崇尚老庄，弃经典而尚清谈，卒致五胡之乱。逮乎六朝，南北分立，争伐不休，民生朝不保暮，乃乞怜于释老，儒学再厄。迄隋氏统一南北，而重文学、轻儒术，一传而亡。隋之末季，文中子讲学河汾，以儒为教。李唐之兴，其弟子多致卿相，遂启三百年文明之运。太宗御宇，命孔冲远等为五经正义，儒学再昌，得人称盛。元宗中衰，羯胡倡乱，天下土崩，而二颜倡勤王之师，张许奋死绥之节，卒致恢复两京、神器不坠，乌得谓非儒术之效哉？

六、宋元明之学术

李唐以后，中更五季之乱，置君等于弈棋，臣节于焉扫地。宋艺祖即位之初，首褒韩通，洎平北汉，复释卫融，以励臣节，是为尊崇名教之渐。至真宗咸平二年，命邢昺、孙奭等校诸经疏义。仁宗庆历四年，诏天下州郡立举，作太学于京师，于是周（敦颐）、程（颢、颐）、胡（瑗）、张（载），大儒辈出，以昌明正学为己任。故靖康之变，志士投袂勤王，临难不屈。南渡之初，朱文公复奋起于诸贤之后，讲道论学，盛极一时。濂洛之风，上承洙泗，及宋之亡，忠节相望。元世祖起朔漠，及主中夏，景慕儒风，以至元二十四年置国子监，设江南各路儒学提举司，召许衡为国子祭酒。成宗加封孔子大成至圣，虽享国不久，而亡国之际，忠义之士如李黻、余阙、泰不花、福寿之死绥，察罕贴木儿之义师，扩廓之始终故主，亦儒效所致矣。明太祖崛起草莽，因孟子有"草芥寇雠"之说，至删节《孟子》，欲罢其祀。成祖革除，屠戮忠良，至夷十族，而当世士夫则被濂洛遗泽，秉节不回，九死无悔，大儒辈出，若薛（瑄）、吴（与弼）、王（守仁）、吕（柟）、陈（献章）、湛（若水）、邹（守益）、罗（洪先）等，相承不绝。至于末叶，东林诸贤聚徒讲学，虽神宗之世，奄寺横行，流毒天下，诛锄正人，榜掠朝士，乃臣节愈励、士气益张。逮于亡国东南，义师蜂起，延十余年始定。昔怀宗殉国，自叹有君无臣。而平心论之，有明一代，君德除怀宗死社稷外，他无一可称，而士夫崇尚节义，先仆后继，则亘古所无。宋儒讲学之功，虽易代而效愈彰。儒术之功，顾不远且大哉！

以上所述历代学术之递变，可得概略。大率两汉以行取人，若孝弟力田、贤良方正、经明行修、孝廉诸科尚未失古制，至博士授业，一依家法，由训诂、名物、典制以求经义，为学亦未甚繁难。故《汉书·艺文志》所载典籍无多。至隋唐以降，典籍愈多，学愈繁复，士子束发受书，至于皓首，或尚不能穷一艺。又以文取士，去行益远，殊失古人为学之本原。宋儒崛起，一矫汉唐以后重文轻行之失，由博而反之约，流风所被，下逮元明，师儒之功，顾不伟哉！

明季大儒顾亭林氏有言："自古有亡国，有亡天下，亡国与亡天下奚以辨？曰易姓改号，谓之亡国，仁义充塞而至于率兽食人、人将相食，谓之亡天下。知保天下，然后知保其国。保国者，其君其臣肉食者谋之。保天下者，匹夫之贱与有责焉。"亭林氏所谓匹夫有责者，师儒是也。其界说本自明白，君子素位而行大义，名分不敢稍越，非天子不议礼、不制度、不考文。有德无位，不敢作礼乐，以孔子之至圣，亦祖述先王之道以法后王已耳。其因鲁史作《春秋》尚以褒贬有出位之嫌，而有"知我"、"罪我"之叹。后世妄人遂以孔子为素王改制，其犯上作乱者至引亭林氏"匹夫有责"之言为口实，皆名教之罪人，大悖师儒之义者也。并附识之。

扶桑两月记

光绪辛丑，奉新宁、南皮两宫保命，至日本视察学务。仲冬启行，新岁遄归，在东仅仅两月耳。此两月中，凡与彼都人士所考究，归寓辄籑灯记之。至此次调查宗旨，于教育外兼及财政，因财政为百务根元。财政不修，百为都废，教育亦无由而兴也。顾舟车所至，时日苦短，又语言不通，致多阂隔。其所叙述，词在达意，随得随记，亦无伦脊。草草付刊，自知弇陋，欲求详尽，尚俟续游。壬寅二月下浣，上虞罗振玉书于清溪傅氏水阁。

辛丑冬十一月初四日 渡日本视察教育事务，奉南皮、新宁两宫保命也。九时携刘生秩庭（大猷）登神户丸，同行者为刘君聘之（洪烈）、陈君士可（毅）、胡君千之（钧）、田君小莼（吴炤）、左君立达（全孝）、陈君次方（问咸）六人。刘君为湖北两湖书院监院，陈君等五人则自强学堂汉教习也。此行亦为视察学务，被南皮宫保之命同予前往者。

初五日 风略大，船颇颠簸，与同人至舱面稍坐。

初六日 晨抵长崎。入市闲览，山水清绝，仿佛山阴道上。午正归舟。晚间舟大颠簸，夜寝不安。盖东行海程，以由上海至长崎为颠簸最多之处，次则过长崎不远，将近马关之处也。此行幸未遇风，尚不甚苦。

初七日 晨抵马关。睡中因医士验病，促之起。邮船每抵一埠，即有医士上船验病。此时病者甚少，故检查颇草草，若值疫期，则必详密检查云。是日风静舟稳，眠食俱适，舟中浴海水，身体甚快。

初八日 晨抵神户。至领事署拜黄伯雨太守（以霖）。伯雨邀至改良亭午餐。馔中牛肉颇肥嫩，惜太生。案日本牛以神户为最，屠杀之前一月，必饲以精料，故甚美。午后六点七分钟，至三之宫火车栈，乘汽车发东京。夜间见大野有雪痕，知此间久见雪矣。

初九日 上午十一时到东京。范君子文、路君壬甫、王君惕斋在新桥车栈相待，因导至京桥区西绀屋町五番清净轩旅馆。午后至神田区购新书数种归。清净轩对古城址，老松罗列，风景颇佳。案日本之松，皆干短而枝长。其种植之法，于根下布石子，则直根不加长，而横根四出，凡树木直根长者干亦长，横根长则枝亦长也。旅馆亦极洁净，榻几楚楚有致，绝无纤尘。世界万国中，居宅极洁净者，不得不推日本矣。

初十日 午前至神田区购书，午后至上野公园博物馆。人出三钱买游券，乃得入。馆中列品甚多，以古化石及古陶器、古刀剑为最多。中有盲人西岛中丹以纸捻所制《道德经》，洵精绝。其余品物繁夥，目不暇给。中有予所赠之汉画石刻、晋砖、古盏、古陶尊在焉。公园左侧，有西乡南洲铜像，在彰义队义士墓前。彰义队者，忠于德川氏，以孤忠抗南洲而死事者也。归途过文行堂书坊，得《续高僧传》写本残卷一轴，白麻纸两面书，宋以前物也。并购旧书十余种归。

十一日 拜蔡和甫公使。购书过芝区，长松夹道，景色秀绝，古人所谓"十洲三岛"，仙人所居，洵不诬也。

十二日 作致沪上戚友书。日本文明之机关最显著者有三，曰铁路也、邮政也、电线电话也。此三事为交通最大机关，而文明由是启焉。故开民智以便交通为第一义。我国若三十年前即开铁路，何至今日尚否塞如是乎！

在旅馆中数日，每日必见邮便车络绎不绝，而电话则处处安置，数十里、数百里如觌面，便何如乎！电报价值极贱，此亦助文明开世运之一端。我国将来亦必仿行乃可也。

考日本货币之制分四种：曰金货，黄金九百分和铜百分；银货，银八百分和铜二百分；白铜货，铜七百五十分和镍格尔二百五十分；青铜货，铜九百五十分和亚铅五十分。纸币则政府流通者二百一十九万九千圆，国立银行者五十九万四千圆。（明治三十三年数）

日本议院之制，贵族议员分四等，曰皇族、曰五爵、曰敕选（即有功于国，天皇特旨用之者）、曰纳税多者。其纳税额最多者，岁至一万二千余圆。至众议院之议员，则不拘职业，凡官员、医师、新闻记者、辩护士、银行及会社员、农工商业暨矿山业、杂业与无职业者，均有之。其年岁在三十以上、六十以下者居多。

日本财政，于地税外，更征所得税。盖就国民每岁入款征之，岁入三百圆以下者不征。阅其统计表，明治三十二年所得税总额为六百零八万七千九百一十二圆。今中国财政困难，丁税已并入正税，既不能更出，则所得税可行也。但必须警察既立以后，乃能无弊耳。

十三日　至神田区购书。午后移寓曲町区永田町二丁目二十八番地。屋三楹，在山颠，颇净爽。

十四日　东友古城贞吉来谈久许。午后，拜蔡和甫公使。

十五日　购中小学用教科书，兼购日本古泉币数十枚。是日晚间东京市火，风甚烈，然不久即息。从前东京火患甚多，及消防局立，而火灾大减。消防局隶于警察部，司其职者，有消防士、消防机关士、机关手，其规模甚精密。

十六日　书林送各种教育书来，选留百余册。

十七日　体中大不适，腿软而酸，拟明日至箱根浴温泉以疗之。

十八日　午后至箱根，寓塔之泽福住楼。地极僻静，在山之腹。泉声如骤雨，令人心脾俱爽。是晚浴温泉，体略佳。途次遇中岛农学士（正四郎），现为农桑务省专卖局审查官。言日本全国烟草归国家专卖，每年平均之数，赢一千万圆，为日本国用岁入之一大宗。今中国方苦度支不给，此可仿行者也。

十九日　早起，见四山环抱，林木森郁，虽山骨壁立之处，亦有苍松翠箨，可见东人之不弃地利。若中国能仿行，其利顾不大哉！且查箱根之山，表土甚浅，往往见山骨。若中国之山，表土多丰厚，然濯濯如髡首，岂不可惜哉！午刻至玉帘之陇观瀑布，并至发电场。该场以瀑布发电，箱根至东京电车，即用此电也。闻西京用水电者甚多，中国则可兴此利之处不少，惜无起而图之以为民倡者。观览之余，为之浩然兴叹。

二十日　中岛君与其友真山（总三郎）、泽村（真）、大林（雄也）三学士，及其师佐佐木（忠二郎）来避寒，同寓福住楼，来拜。佐佐木博士为日本昆虫学山斗，现为大学教授。大林君现为西原讲习所长，精于制茶。与谈制茶事，渠允赠制茶报告，订于下月间在西原讲习所相见。意甚挚。早餐后入市闲步，购寄木小器及漆器数事归，皆箱根名产也。

二十一日　返曲町寓。晚至新桥博品馆购物。是日为阳历岁除，市上人家门首多插青竹三枚，斜削如马蹄状，而外面间以松梅。更以稻稿为绳，横系门楣，而悬稿纸累累于绳上。其岁景如此也。

二十二日　为阳历元旦，整理所购教育书籍。午间至左近日枝神社，见彼邦人来拜神者甚多。其礼式鞠躬鼓掌，口中喃喃默祝，祝已，施钱于神柜而去。宗教之力，能移人如此，五洲所同也。

二十三日　到此正值彼邦停学之时，学校不能往看，甚闷闷。午后至神田区购青渊先生《六十年史》而归。青渊先生，涩泽荣一号也。涩泽氏为东邦实业大家，凡银行、铁路、刷印、电车、邮船、电线、电话等，一切实业之发达，皆先生为之启发。经营三十余年间，而国家致今日之隆盛，洵伟人也。异日当摘译为小册，以劝我邦之实业家。

二十四日　闻客言日本去岁商船学校诸生毕业，学驾驶，舟行不远而沉没。学生数十人，皆无踪迹。此成绩大不良。然后来投考入校，乃较多于前。此可见彼邦人之勇猛励学，遭失败而不惧，可敬可畏也。

二十五日　读日本政书，载其开矿定章：凡矿物未经采掘者，属国家，不许外人采掘。本邦人采掘者，须呈请农商务省，核准矿区。每区面积，煤在一万坪（每坪六方尺）以上，他矿物在三千坪以上，均不得逾六十万坪云云。今我政府不能预定开矿章程，致外人之索开者纷至，动至指一省一府之地为限，吁可异也。为今日计，何不下令听民间开采，以敌外来之势力乎！是所望于当道者。

二十六日　至下谷区池之端仲町琳琅阁书肆看书。该店专售古书籍，然中土古籍不甚多，非若昔者往往有秘籍矣。购得梁李逻注《千字文》一册。灯下观之，实系伪书。其注中言宋帝刘裕取钟繇所书《千字文》，命王羲之次均云云。注中又有贞观年代，其文鄙拙可笑。曩于日本图经中见此书名，颇意为秘籍，今乃知是伪作，可发一噱。又购得《史记·河渠书》卷子本半卷，《欧阳文忠集》一部。欧集为三十六卷本，前有苏文忠序，熙宁五年七月公之子发所编定，中土所无也。

二十七日　选教育书中切要者五册，送陈君士可等分译之。是日脚病大作，晚间至不能步。

二十八日　读东籍，知彼邦制度，地方参事会员、市町村役场员等任地方之事者，或不给定俸，以名誉职遇之。曩读《周礼》，前人以为设官太多，禄不足以养之。今参之东制，疑《周官》所设之官，必有如东邦今日之制所谓"名誉员"，不给俸者。著之俟考。

二十九日　读日本统计书，载明治三十四年度岁入预计。印纸一项，收入计一千三百六十九万九千零六十九圆。以中国地方面积计之，不啻十余倍。若停厘金而代以印税，极少之数，亦不下三四千万。当道亦何所迟疑，而郑重于裁厘金一事，不顾民生之凋弊如此哉？今日言理财者，尚胶执"商为末富"之言，谓与其加农税，无宁取商税，此大谬也。农工商三者，同为国家财政之枢要。譬之人身，农犹咽喉也，工犹胃腑，商则大肠也。若咽喉无病，饮食入胃，而大肠室塞不通，则胃不消化，而咽喉亦不能独奏养生之功矣。此理浅近易知，而顾多昧昧者，不可解也。

三十日　因足病甚，至横滨乞医。医者汤君言是脚气，为处方。兼至露清银行贷金三百圆，因旅费已告罄也。

十二月初一日　贵族院议员伊泽修二君托公使蔡京卿介绍，欲订期相见，与定初三日。伊泽君为彼邦教育大家，初游学欧美，归任文部省编辑官，手订教科各书，已而为高等师范学校校长。今闻予来，故欲一谈教育事云。

初二日　连日服药大不效，举步皆艰。日本东京之土质甚松软，稍冻则膨胀，连日庭土坟起，而草木无瘁色。屋角茶花，含苞欲吐，与江浙气候大异。街道甚宽广，然满布砂砾，其广狭有定制。从东京达镇守府，从镇守府达师团所在地，为国道，广二十四尺至二十八尺。接续各县，及从各师团达分营，或从各府县本厅达支厅，及开港场，为县道，广十六尺至二十尺。贯通村落，及从村落达田野、河流、矿山、工厂、神社、佛阁之道，为里道，广狭无定制。此中国所当仿行者。又市间道旁有尘芥容器，贮积尘芥，以木制之。此亦与卫生有益，亟当仿行者也。

初三日　使署译员冯君，同伊泽君来拜，与谈良久。伊泽君言彼邦初亦不知教育为何事，至福泽谕吉君著《西洋事情》，于是国内始知"教育"二字。初创文部省，雇外国人为顾问员，并招集至欧美游学归之生徒充办事人。以旧开成学校改大学校，而聘美国人之留日本者，为师范教习。初授师范生三十人，徐而散布国中，渐次普及。合其上下三十年之经营，乃有今日云云。又详询此次来办教科书及视察学务之实况，并言彼邦教育家，甚愿助我国编定教科书。渠于新岁，亦欲至中国调查学务，意甚周挚。午后小村俊三郎君来谈，言近日各学堂已开校，可以阅看。然以脚病不能行步，大闷闷。

初四日　勉送客至新桥火车栈。晤津田农学士（仙），与谈农学久许，并同至偕乐园晚餐。前日季直有信来，属探询日本造闸之式，有用两扉、一人能启闭者。质之津田君，津田君言仙台左近之北上川闸形如此，乃荷兰工师所监造。允于内务省为觅图样云。

初五日　以足病日剧，小村君为介绍至小西医学士宅诊视。小西君言非脚气，乃水虫病，属静养，并给油膏。初疑是脚气，此刻心乃稍安。

初六日　以脚疾仍未稍瘳，延汉医浅田君（恭悦）治之。浅田君为名医浅田宗伯之子，乃东邦汉医世家。今举国皆西医，汉医仅浅田君，可谓晨星硕果矣。浅田君言予脚非脚气，如小西君言，为处方调剂。浅田君言此症宜浴温泉，但必须十四五日乃可，三四日无效也。箱根有七温泉，有芦汤者，与此症最宜云云。灯下读《日本史》，载今皇初纪，率公卿诸侯，誓于天地神祇：曰广兴会议，万机决之公论；曰上下一心，盛行经纶；曰文武一途，至庶民各遂其志，使人心不倦；曰破旧来之陋习，基天地之公道；曰求智识于世界，大振起皇基。案此五誓，字字警切，大哉王言。三十年来，遽臻隆盛，有以也。予尝与友人论人禽之界，在用外界之力与用一己之力之分而已。禽兽之力，仅恃爪牙之利，羽翼之丰，蹄足之捷耳。人则能以丝布为衣被，铸金铁为戈矛，服牛马以奔走，求知识于世界。盖取之于一身，其力有尽；借助于外界，其力无穷。世之欲成事业成学问者，皆非借助于外界之力不可，况于宰治天下者乎？兹因日本誓谕而触及之，以质之留心当世之故者。

　　初七日　与冯君回拜伊泽君。伊泽君复详论译书事，意欲合中日之力，译印教科书，而定板权之法制。并出教科书十余种见赠，为言中国习外国语，东文较简易，日本近来要书略备，取径尤捷，西文则非数年内所能精通。并言今日不可遽忘忽道德教育，将来中学校以上，必讲《孝经》、《论语》、《孟子》，然后及群经。其言极有理致。

　　初八日　近卫公爵、长冈子爵以书来，言后日同文书院移居，行开院式，请往观礼。以足疾辞，不克往。至小西君处就诊。读日本史，载明治初年，择功臣及大藩参政，命视察欧美，又遣嘉彰亲王、博经亲王，留学欧洲。此举极得教育枢要。近阅日本报，称暹罗太子现留学于英国牛津书院。蕞尔小邦，尚知自奋，我政府其留意于斯乎？

初九日 考日本强盛之机关，首在便交通，继在兴工业，三在改军制。明治五年，始修铁道，初起于东京、横滨，已而推之神户至京都，驯至遍及全国。又创马车铁道、电气铁道，又通海线，通电话，立邮船会社，设邮政，而道途于是无阻滞。明治六年，奥国开万国博览会，乃携品物及工商数人往，传习西国工艺。九年，美国开博览会，政府又率诸工商赴会。明年，开内国劝农博览会于东京，赏以四种赏牌。其后搜集茶、丝、茧、棉、麦、稻、糖、陶、漆等物及海产等输出要品，开共进会，内务省大臣临莅奖之。于是输出之品，超出输入。废藩以后，定天子亲为大元帅，改征兵之制，全国之民，不问士庶贵贱，以满二十岁为及岁，征合格者，服常备三年、后备三年之役，余服国民军。又创宪兵，立警视部。于是军政修明。而又加之以兴教育，国力乃日臻强盛。此固我国先路之导也。

初十日 脚病稍减，至宫城左近略散步，见御河之旁，杂植松柳，柳树悉以人工修翦，枝干如拳，仿佛吾浙拳桑，不复知为柳矣。都市招牌，多用古字古义，如卖牛皮者曰革商，卖假发者曰髢商，又多用商廛字，如某某商廛之类甚夥。

十一日 拜外务大臣小村君、总务长珍田君，及文部大臣菊池君。午后拜近卫公爵、长冈子爵。日本实业，多师法各国，如制茶哺鸡，则皆聘中国人为教习。铅字刷印机器亦萨摩藩遣人就上海所购者。今则其技并精，出中国之上矣。又闻医术中之按摩法，西洋初无之，后自荷兰人得其法于日本，始传入欧洲。今西人按摩术，乃远过东邦。冰寒青胜，前事可师，我邦人其勉旃，勿耻学步也。

十二日 外部来知照，从十五日起，看各处学校，送排日单来。午后，至上野动物园游览。物品不甚多，有西乡隆盛狗一，甚狞猛。又有福岛少将（安正）马二，乃游西比里亚时所乘者。园中新到狮子二，故游人如织。归途过上野博物馆，路侧安置体量计，投铜币一，则指针自动。予就检体量，得十六贯五十目。

十三日 作译书章程。午后，至神田区购理化器具及学校用标本。灯下读日本文部省第二十七年报告，载明治三十二年，全国学校数凡二万八千七百十七所，教员凡十万零一千零零六人，学生及生徒四百五十一万三千三百三十四人，卒业生六十四万四千七百六十七人。比之前一年，学校增二百零六所，教员增七千一百四十三人，学生生徒增二十六万五千九百九十三人，卒业生增五万八千六百二十四人。一年之内，其进步之速如此。又考全国至就学年岁儿童中，就学之数，因地方而异，其最多者为岛根，居百分中之八十五以上，次之者为福冈，百人中至八十人以上。其教育之进步，洵可惊矣。

十四日 午后往高等师范学校，见校长嘉纳治五郎君，询教育下手方案，外务省译官小林君为通译。嘉纳君为讲普通教育之大概，言极详明。嘉纳君为日本教育家之山斗，近担任中国留学生事务，于东方教育极留意，可敬也。考日本教育，分隶各省，文部省所属，曰东京大学，曰农业教员养成所，曰京都大学，曰高等师范学校，曰女子高等师范学校，曰札幌农学校，曰高等商业学校，曰商业教员养成所，曰高等学校（凡六所），曰东京工业学校，曰工业教员养成所，曰东京外国语学校，曰东京美术学校，曰东京音乐学校，曰大阪工业学校，曰东京盲哑学校，曰小学校。宫内省所属，曰学习院，曰华族女学校。陆军省所属，曰大学校，曰炮工学校，曰士官学校，曰中央幼年学校，曰地方幼年学校，曰户山学校，曰骑兵实施学校，曰野战炮兵射击学校，曰要塞炮兵射击学校，曰军医学校，曰兽医学校，曰经理学校，曰教导团，曰炮兵工科学校，曰军乐学校，曰陆地测量部修技所。海军省所属，曰大学校，曰兵学校，曰机关学校，曰军医学校，曰主计官练习所，曰造船工练习所。递信省所属，曰东京商船学校，曰商船学校分校（大阪一所，函馆一所），曰东京邮便电信学校。

日本图书馆，明治三十二年设立之数，官立者一所，公立者十二所，私立者二百五十所。

十五日 外务省译员堺君（与三吉）导观高等师范学校附属之小学校。该校创于明治五年，初就旧昌平校遗址造之，名师范学校。翌年设附属小学校，供师范生实习下等小学课程。已而增设上等小学课程，今校长为嘉纳治五郎君，主事为森本清藏君。导阅各教室及讲堂与体操场等处，观诸教习讲授时，极和蔼周至，生徒礼貌，亦极整肃。校中分二部，皆为多级编制之高等小学及寻常小学。教室十有一，曰第一部寻常科一年生教室，曰二年生教室，曰三年生教室；曰第二部寻常一年生教室，曰二年生教室，曰三、四年生教室；曰高等第一、二年生教室，曰第三年生教室。又别有裁缝教室、器械标本室、应接所、职员室、会议室、体操器械置场、雨中体操场，布置井井。日本义务教育定为四年，高等小学年数则不一。此校第一部高等科为二年，第二部则为四年。学生定数，第一部寻常科一百六十名，高等科八十名，其编制以四十人为一学级。第二部寻常、高等两科各百二十人，其编制寻常一、二学年，均三十人为一级，第三、四年合六十人为一级；高等科第一、二年，第三、四年，均合六十人为一级。第一部之教科目，在寻常科为修身、国语、算术、历史、地理、理科、图画、唱歌、体操九项，高等科则增入英语，为十项。第二部之教科目，在寻常科为修身、国语、算术、体操、图画、唱歌、手工七项，高等科则增入日本历史、地理、理科、英语、裁缝（男儿则无此科）五项。第一部之授业费，寻常、高等皆每月一元五角，第二部则寻常科不收授业费，高等科每月五角云。

十六日 至女子高等师范学校。此校明治七年创设，初为女子师范学校。八年，皇后赠帑金五千圆，并临幸。九年，设附属幼稚园（此为日本幼稚园之嚆矢）。十一年，设附属小学科。十六年，置高等女学校。二十年，始改本校为高等师范女学校。今此校直辖文部省，校长为高岭秀夫君。先至幼稚园，此园为本校生徒练习幼儿保育之所。凡幼儿满三岁至六岁者，得就学，定额百二十名。其保育课目，为游戏（即体操之预备科）、唱歌、谈话、手技四者。其保育时数，每周二十五点钟，保育费每月一圆。更有幼稚园分室，则无保育费，皆贫民子弟。于前项四科中，增入洒扫等事。其幼儿皆秩然有序。考日全国幼稚园，官立者一所（即本校所附属），公立者百七十二所，私立者五十六所，共计二百二十九所云。旋看附属小学校，校中分第一、第二、第三三部。第一、二两部为多级编制之寻常高等小学校，第三部为单级编制之寻常小学校。第一部寻常科之课目，曰修身，曰国语，曰算术，曰体操，曰图画，曰唱歌，曰裁缝。高等科之课目，则增入日本历史及地理与理科三项。第二部寻常科与第一部同，而省图画一项。高等科则全与第一部同。第三部之课目，与第一部寻常科同，而增入手工。生徒定额第一部二百四十人，第二部三百二十人，第三部六十人。其学级编制，第一部以一学年为一学级；第二部编制，第一、二学年合为一级，其他男女分各二学年为一学级；第三部为一学级。每周教授时数，寻常小学科为二十一点钟至二十八点钟，高等科为二十八点钟。三部修业年限，寻常科均四年，高等科则第一部二年，第二部四年云。继至高等女学校，该校以资研究女子高等教育，为本校生徒练习女子教育方法之处。生徒定员三百人，修业年限为五年。其学科目，为修身、国语、外国语（英）、历史、地理、数学、理科、图画、家事、裁缝、音乐、体操十二科。授业金每月二圆。更置专攻科，分第一、第二两部。第一部之学科目，为修身、家事、教育、国语、外国语（英）、数学、理科、体操八科（外国语亦可不习）。于前项科目中，得随志愿增裁缝、手艺、习字、音乐、割烹三科目以内。第二部则于第一部诸学科中，省数学、理科，而增历史、地理二科，其随意科同第一部。凡选修前二部中各科内六科目以上者，为选科生（但修身则为必修科）。其修业年限凡三年。其生徒定额为百人，其授业费每月二圆五角云。继至高等师范本科，此科所以养成师范学校及高等女学校教员，兼研究女子普通教育及幼儿保育方法。学科分文、理、技艺三科。文科之学科目，为伦理、教育学、国语、汉文、外国语、历史、地理、家事、体操九项。理科之学科目，为伦理、教育学、国语、外国语、地学、数学、化学、物理、博物、家事、图画、体操十二项（于前项科目中得随意增习字、音乐科）。技艺科之学科目，为伦理、教育学、国语、外国语、家事、习字、图画、体操八项。其修业年限为四年，生徒定额三百人，以卒师范学业及官立公立之高等女学校业，年十七以上、二十二以内者为合格。又有专修科，分官费、私费二种。凡师范学校女子部及高等女学校教员缺乏时，特别立之。其学科目与修业年限、募集等事，由文部大臣临时定之。官费生须由地方官荐举，私费生由己上愿书求请。又有选科，系于文科中，选国语、汉文、历史、地理；于理科中，选地学、数学、物理、化学、博物；于技艺科中，选家事、习字、图画。诸项中，习一科目或数科目者，为选科生（但伦理、教育学则为必修科）。在学期为二年以上、四年以下。又有保姆练习科，以研究养成保姆为宗旨。其学科为修身、教育学、理科、图画、音乐。其修业年限为四年，以卒高等女学校业，年十七以上、三十以内者充之。其定额二十人云。

午后，长冈子爵邀饮于华族会馆，为言宗教有害于教育。西人中耶稣教士及东人中之本愿寺僧，在中国设立学堂，均不宜优待云云。

十七日 因日曜日停校，故不能阅看学堂。至琳琅阁购得《梵唐千字文》（僧义净撰）、《景宋本三因方》、《祖庭事院》、《食医心镜》（唐昝殷撰）、《景元本儒门事亲》、《景宋本本事方后集》、《济生续方》、《唐六典》数种，并为中国难得之书。午后，河井君（仙郎）、日下部君（东作）来拜。两君为东邦雅士，研究汉学。日下部君书名久震，须眉甚伟。河井君赠《穗积亲王碑》拓本，甚嘉。日下部君赠精楮。共谈金石学，久许而去。河井君即赴西京，闻予将往，因订于西京再见之约。

十八日 至高等师范学校，该校校长为嘉纳君（治五郎）。此校以明治五年，就旧昌平学校遗址创设，称师范学校。十九年，改称高等师范学校，附属多级小学校二部，单级小学校一部（二十年所设），寻常中学校一所。先至单级小学校观览。此校用单级编制，生徒定员，寻常科七十人，高等科六十人。修业年限，两科均四年。每周授业时数，在寻常科，二十二点钟至二十八点钟；高等科，男儿二十八点钟，女儿三十点钟。附属之小学校，虽供师范生习练教授之用，然必既授师范三年，至第四年，乃从事教授，至平时则另有正教员云。寻常小学科之教科目，为修身、国语、算术、体操、图画、唱歌、裁缝（专属女儿）七项，高等科增入日本历史、地理、理科三项。此校合四年级生徒，在一教室教之。闻德国间有合寻常、高等级并教者，日本尚无之。继至中学校，该校生徒定员三百五十人，编制十学级，修业年限为五年。其教科目，为伦理、国语及汉文、英语、历史、地理、数学、博物、物理及化学、法制及经济、图画、唱歌、体操。授业费每月二圆云。午后三时，乃看高等师范本科。此校学科分文理二部，文科又分教育及国语、汉文、英语、地理、历史四部，理科分理科、数学、博物学三部。其修业年限各部四年。又有研究科、专修科、选科，其年限，研究科一年以下，选科二年以上、四年以下，专修科则临时定之。本校所以养成师范学校、中学校及高等女学校教员。此科因时晏，不及细观。本校内又附设教育博物馆，陈列教育用品，以供参考。其陈列分三部：第一部为家庭教育及幼稚园、小学校用具与其成绩品；第二部为物理学、数学、星学、地学、化学、动物学、生理学及植物学之教授用具、器械、标本、挂图等；第三部为实业教育用具及成绩品，图画、音乐教员参考书、杂志之类。设几案以供来观者阅看。闻每岁来观者及中学校、实业学校、专门学校生徒携书籍来对照实物者，至六七万人，其有裨于教育界甚巨云。

十九日 至东京府立师范学校。此校明治八年立，校长为陇泽菊太郎君。现在之校，乃三十二年改造，三年乃竣功，建筑闳大，布置极精密。建筑之费，二十八万六千余圆，常年经费，约五万四千圆。生徒四百余人，分本科、预备科、讲习科三部。讲习科、预备科修学年数均二年，本科为四年。预备科所以预为入本科地步，其学科目为修身、教育、国语、汉文、历史、地理、算术、理科、习字、图画、音乐、体操、英语十三项。本科不出学费，预备科则本生自出学资，而每月以官费补助三圆。若中途退学，则追还之云。

二十日 至高等工业学校。此校明治十四年文部省所创，初为东京职工学校，以后几经更改，二十三年改东京工业学校，三十四年改今名。中分二部，一本科，一工业教员养成所。校长手岛工学博士（精一）亲导观各处。先至本科，学术分六科：曰染织，曰窑业，曰应用化学，曰机械，曰电气，曰图案，学期为三年，每科皆有实修工场。本校内又附职工徒弟学校，授金工、木工两科，生徒学期亦三年。继至工业教员养成所，此校所以养成工业学校、徒弟学校及工业补习学校之校长及教员。教科分本科及速成科二者，本科分金工、木工、染织、窑业、应用化学、工业图案六科，速成科则分金工、木工、染色、机织、陶器、漆工六科。生徒每人补助学费六圆。本科学期凡三年，速成科则一年。本校有附属工业补习学校，乃三十二年所创设，分金工、木工二科，卒业年限二年，依学力得增减之。此校为工业教员养成所练习实际授业之处，兼以谋工业之进步。合观全校，规模闳大，全国工业导源于此，其教习皆工业家之著名者。手岛君为言工业关系国力之增长，贵国极宜振兴此事。若政府或疆臣愿创立学校时，本校愿选最高等之教师送往贵国。意甚殷挚。是日，文部省饬属官中村君为导，即校中卒业生也。

二十一日　回候日下部君（东作），出示所藏宋拓《书谱序》，刻本极精。后有"元祐二年河东薛氏模刻"十字，校之停云馆安氏诸刻，迥不相侔，洵至宝也。君之友三井氏拟刻之木，以广其传。又出示所藏唐人写经及神代古器、金镮、石镞等，并言其内府藏宋拓东坡宸奎阁碑一，后附高宗御碑一、参寥碑一、范石湖诗碑一，乃圣一国师至宋赍来者，亦宇内有数之名迹也。日下部君又言日本收藏汉籍处，以足利文库为最，劝往观。且言该地去东京不远，由上野乘汽车，二三时可达。以事冗不果往，甚以为憾。晚至嘉纳君处，谈教科书编辑事，至十一点钟乃归。考日本全国每岁国用出入之款，以明治三十四年分考之，岁入二亿七千七百四十九万七千零零三圆，岁出二亿七千五百八十八万七千四百二十三圆。核之中国国用，据刘黻卿主政光绪会计表所载，光绪二十年岁入之数，仅八千一百零三万三千五百余两，岁出之数，仅八千零二十七万五千七百余两者，其数大相径庭。即加入洋债赔款及各省用费，亦不及日本甚远。然则中国今日欲振兴一切，非讲求财政，从何下手乎？日本地租，田地税百分之三三，街市宅地税百分之五，矿区每千坪岁税三角，千坪以下不征税。卖药印纸税，就药价征十分之一；造麦酒税，每石七圆，造他酒（清酒、浊酒之类，按含酒精之多寡为税之重轻），则每石自十五圆（清酒、浊酒含酒精二十度以下者）至十六圆（含酒精四十五度以下之烧酎）。

日本递信省每岁出航海业奖励费，由国家助金，以诱航海业之发达。明治三十一年，所费至二百五十八万零八百零二圆，其奖诱航业，可谓至矣。商力日益开拓，有以也。

考中国度量衡与日本对照之数，中国一尺当日本一尺一分一毛，中国一里当日本五町六间，中国一斗当日本四升二合五勺二杪（此疑有误。因中国斗制各处小异，恐比较偶差也），中国一钱当日本一勾八毛，一斤当日本一百六十一勾二分八厘。

二十二日 中村君导观私立女子职业学校。此校乃明治十九年服部一三等合同志者所创，至今卒业生至一千一百七十六人。明治二十一年，文部大臣森有礼以学生制品呈皇后御览，蒙赍金奖励之。其学科分裁缝、刺绣、编物、造花、图画、割烹六科，每习一科，二年而卒业；兼习二科，则三年卒业。有成绩品陈列处，皆精妙绝伦。其剪彩为花，尤精极，与天然者骤不能别。此校制品，输出海外者日增，大为西人所重。其得价半以酬制品者，半充本校之经费，今日见进步云。考日本农产之大宗，曰米，曰麦，曰大小豆，曰稗，曰黍，曰荞麦，曰甘薯，曰马铃薯，曰棉，曰大麻，曰蓝，曰烟草，曰桑，曰茶，曰蔬。其米、麦产额，以明治三十三年考之，计米四千一百四十六万五千石，麦二千零三十八万六千石（日量）。其价值，米每石约十圆余，大麦每石四圆余，小麦每石七圆余（明治三十二年价）。日本蚕丝业年盛一年，为其输出品一大宗。三十二年所产之丝，一百七十五万四千二百四十二贯。其织物之进步尤速，三十二年一年中，织物所得价值至一亿七千四百九十六万七千八百五十五圆。日本森林，分国有、民有二者，明治三十三年一年中，国有林野收入之数为一百三十五万七千八百八十四圆。若中国官山悉种植，数十年之后，其利可胜计哉？

二十三日 回候小村君（俊三郎），谈久许。于书肆中购得宋闻人耆年《备急灸法》，内载妇人难生，宜灸右脚小指尖三炷；如妇人扎脚，则先以盐汤洗脚令温，气脉通疏，然后灸之云云。据此，则宋代妇人尚非人人缠足可知。考日本婚姻之制，大约男子三十而娶，女子二十而嫁，但离婚者多，故夫妇之道颇苦。核其统计报告，明治三十二年间结婚之数，凡男女二十九万七千一百一十七偶，而是年中离婚者，男女六万六千四百一十七偶。又其国苟合生子之数亦不少，就明治三十一年考之，其公生男女各六十余万人，而私生之数，男女各五万余人。此皆其风俗缺陷之处。日本人家及客邸多用女奴，中国人多以为诧，窃谓是中国古制也。汉王君公以通官婢去官，唐人诗"春风侍女护朝衣"，知唐以前官寺亦用女奴，不知何时此制乃废耳。

二十四日 日下部君赠所书《论书绝句》刻本一册，写作俱精。

考日本监狱之制，在监人作业，每年收入六十万内外，以三分之一给作力者，其二分则充公费。其作业之种类，曰舂米，曰瓦工，曰木工，曰炼化石工，曰石工，曰碎石，曰锻冶，曰绞油，曰耕耘，曰锯木，曰造纸，曰桶工，曰稿工，曰炊事，曰扫除，曰开垦，曰采矿，曰搬运，曰纺绩，曰机织，曰裁缝，曰洗濯。此事颇与中国古者"鬼薪"、"城旦"之制有合。既以惩罪，亦以兴利，此最宜效法者也。

二十五日 回候古城君（贞吉）于日日新闻社，不值。晚至嘉纳君处谈教育行政事，至亥初乃归。今日闻客言，日人某君为盲哑学校教习，其生子一盲一哑，观念之感应如此，亦异闻也。读教育史，考教育学为独立之学科，盖始于德国之心理学大家海尔巴脱及贝乃楷。德国大学本之，而专教此学，继而英格兰大学仿之，此欧洲教育学为专门之权舆。教育普及之说，始发明于瑞士教育家柏析他罗其氏，其言曰："教育者，非为某一阶级之人而设，为一切人民而施者也。"专著书明此意，于是普鲁士仿之。诸教育家佥谓图自强、维国粹，非教育一切人民增长其智不可，此教育普及说之始基。今则真理日明，其说遍世界矣。

盲人教育，始于德国，一千七百八十三年至一千八百零八年，遂遍及全国。哑人教育，始于谐尾开，至一千八百十八年以后乃大盛。废人教育（谓身体不全及有痴疾者），始于瑞士人顾孔必由，于一千八百四十一年顷始专立学校，翌年柏林哑人学校长冉爱格特仿行之，以后遂日普及矣。贫人及罪人学校，为反连拜耳玺所创，时在一千八百零四年之顷，设学校于威耳阿甫，收养贫儿及罪人，课以耕作及手工，兼教宗教、读书、习字、算术等，此为贫儿罪人教育之嚆矢。幼稚园之滥觞，实启于保儿院。保儿院者，一千七百八十年顷奥柏灵氏创之，代保农工佣力者之婴孩。已而英法仿之，一千八百二十八年之顷，德又仿之。一千八百四十一年，有胐立哀白者，本此义以立幼稚园。其宗旨，在健小儿之身体，练其官能，厉其精神，导其性情，以立他日生计之始基，以补家庭教育之不足。后惑于他说，禁之，至一千八百六十年乃弛禁，嗣政府于国民学校亦附设之。于是日渐推广，英法诸国争效法，世界各国靡弗设之矣。

二十六日 至书肆购书，得林希逸《列子鬳斋口义》（此书中土甚少）等数种，森氏立之藏书也。

考日本海军，立镇守府五所：横须贺第一，吴第二，佐世保第三，舞鹤第四，室阑第五。军舰之数计百有三（甲午以前，东洋兵舰仅三十艘，排水吨数五千七百七十吨。今舰数遽增数倍，排水吨数今亦增至二万六千二百八十五吨矣），海军现役军人二万八千三百零八人，预备军人二千九百九十五人，后备军人一千六百七十八人。其职，有事时防海攻敌、护送陆军，无事时保护海外商民及国内渔猎人等，并测量海湾，警卫沿海，凡海崖及岛地悉管理之。陆军则分近卫兵、戍兵二种，近卫兵拱卫皇室，戍兵保卫全国。近卫师团分驻东京，戍兵立十二师团，分驻内国要地。全国男子悉服兵役，分常备、后备、补充、国民四种，更分常备为现役、预备二种。现役三年，预备役四年零四月，后备役五年。陆军兵人分五类：曰步兵，曰炮兵，曰骑兵，曰工兵，曰辎重兵。

日本赤十字社规模甚宏大，近年社员已至五十七万，此其国家文明之一大征证也。案之中国古代，似已有此制。《司马法》曰："敌者伤之，医药归之。"又宋襄公言："君子不重伤，不擒二毛，不鼓不成列。"（此必《司马法》中语，襄公引之耳。古人引书多不明著出典。襄公非仁者，观其平生，至以人为牺牲，安能为尔许语乎？）此均古代亦有救护军人一视同仁之据。彼执俘献馘之制，殆出之三代末季也。著之以质之历史家。

二十七日 至文部省，拜普通学部局长泽柳君，谈教育事。泽柳君言中国小学教育，以读书为最难。缘汉文太多，小儿识字颇苦，必创为切音字，以谋教育之普及乃便。但切音字用之初等教育较易行，若高等则仍用汉字可也。予叩以近日东人多倡废汉字之说，能实行乎？泽柳君言国人因识汉字颇苦，故为此说，然颇不易。从前文部省订初等教育须用汉字三千，后省至二千，今省至一千二百。然若全废，实未易易。因废去汉字而以假名代之，则一切法令著作，皆须全行改用假名乃可，殊未易易。且汉字已经用千余年，决难一旦废去也云云。泽柳君又赠文部省年报及明治五年所订学制各一册。

考日本银行之最大者，曰日本银行，资本三千万圆。次之者正金银行，资本一千二百万圆。又全国中农工银行凡四十五所，资本共一千五百九十八万圆。普通银行一千五百二十六所，资本共二亿零七百五十六万五千圆。贮蓄银行五百三十一所，资本共一千九百九十七万九千圆（明治三十二年数）。案银行为国家财政及实业发达之根本，中国欲整财政、兴实业，非从银行下手不可。但欲使富户各出资财，流通市面，又非国家先出内帑金以为民倡，并妥订银行规则不可。此事关系甚大，政府亟宜起而图之，不能再缓矣。

二十八日 与堺君看农科大学。学分四部：曰农学科，曰农艺化学科，曰兽医科，曰林学科。先至兽医科标本室，罗列种种标本，中有毛球，乃得之牛胃中者。又有圆石，云得自马肠中者，此疑中国所谓"马宝"矣。继至林学科标本林，列植各国树木，松之种类最多。美国之松毛最长，至一尺许。已而至农艺化学科，有德国教师出示玻璃瓶水中试植之麦数种，各瓶水中养分不一，故麦之肥瘠有差。已至农学实习场，观诸生实习。阅毕，至校长室午餐。校中规模闳大，本科之外，有教员养成所，以养成农业补习学校教员，修业为一年，以诸生之卒师范学校中学校业者充之，不征收授业费，每月且补助金六圆，凡师范各科皆然也。晚饮日本教育家嘉纳（治五郎）、长冈（护美）、伊泽（修二）诸君于帝国旅馆。日本从事农作者之工价日渐加增，就现在之数考之，耕作佣男子每日工价二角七分五厘，养蚕男工价每日二角九分五厘（女工价较减），缫丝女工每日工价一角九分七厘，制茶男工每日三角九分六厘，渔夫每日工价三角三分七厘；工厂人夫之工值则倍于农，或再倍。今中国佣力之值甚贱，若处处兴农工业，其利更溥于日本矣。

二十九日 同小村君（俊三郎）拜杉浦君（重纲）于日本中学校。杉浦君为日本民间教育大家。以前日本民间教育家为福泽、杉浦二派，福泽主实用，杉浦主道德。杉浦君气象温厚，望而知为有德之士，现为日本中学校校长。本校初为东京英语学校，明治二十五年改称今名，修业年限五年。本文部省令寻常中学校学科程度，入校金一圆，授业费每月一圆二角至一圆五角。其布置井井，为私立学校中最整善者。坐有汤原君，任某县视学官，出所著教育书见赠。杉浦君并为置馔，殷勤可感，以有他事谢之。坐谈甚匆匆，闻杉浦君行将至上海，为同文书院校长，异日当与畅谈教育各务，以弥今日之憾。晚与嘉纳君谈教育事，至十一点钟。

壬寅元旦 诣公使及同人处贺岁。午后看伊泽君，谈久许。

初二日 伊泽君介东京刷印株式会社社员斋藤、木户两氏来拜，导观刷印工厂。先至深川支厂，规模甚阔大，计铅印部、石印部、造字模部、造铅字部、铜板制图部、写真制图部。周览一过，工作四五百人。此社尚有本厂在京市。当社员导予等至写真室，特留予一影相，以为异日纪念。又赠写真画数帧，并约至日本桥偕乐园晚饮，意甚殷挚。案印刷一事，与国家之文明有大关系。观日本印刷之精妙，即日本文明进步之明征矣。斋藤君为言，初日本人得活版术于上海之美国商人，既归长崎，于学堂教业之暇，兼课排字刷印之事。此事在明治初纪，今则技术日精，几不让欧美矣。予考中国活字，原用木刻，毛子晋刻《津逮秘书》，实是用活字。儿时读《毛诗陆疏广要》，见其中有横植之字，始悟毛氏刻书原是活版，特排印精工，与刻板骤不能别耳。又近日欧美工业家以石膏为一切雕刻等物模型，中国亦自古已然。予尝得汉高祖榆荚半两钱范，似石非石，细考之，知确为石膏。而中国古泉学家有藏齐货石范者，知亦是石膏所为，是三代时已然，即此可见中国文明开化之早矣。以语二君，二君亦谓然。饮毕已八点钟，冒风雪而归。是日，蔡公使饮中国留学生于富士见饭馆，籍之得二百七十余人。考日本统计表，我邦在东人数凡二千四百余人（前年之数），是学生居十分之一有奇矣。

初三日 检点行装，至公使馆辞行。午后，中东诸友相送至新桥火车栈。六点十分钟，乘急行车赴西京，并预发电至西京友人河井君（仙郎）。前者与河井君别时，相期于京都车栈相迓，为照料一切也。

初四日 午前九点十分钟抵京都，河井君已在火车栈相迓，至柊家客寓。小村君（俊三郎）奉外部之命，同行为介，看京都、奈良等处学堂。早膳后，拜视学官田中君。田中君谓本日为国祭日，不能看学校，因由河井君导看疏水。疏水者，导琵琶湖水，洞三山、逾高地而溉田，凡长十余里。其高地两水断绝处，用电力引铁索，曳舟遵陆而上，由此水达彼水，如中国之过坝然，往来不绝。闻初倡此议者，为西京府知事某君，当时嘲谤交腾，及渠成而利大兴。今农民拟铸金为某君像，以为纪念。凡民可与乐成，难与图始，中外古今一辙矣。归途过神社，见神官行祝祭礼，衣冠奇异。东人好神佛，通国人家门首，多有木札，上书临济宗、曹洞宗、真宗等字样。而男子之老者，多取名某某居士，女子之老者，多取名某某尼，古俗之难废如此。晚间，藤田君（源之助）来，吾友剑峰学士之兄，现为第三高等小学校教习。前次火车过西京时即在西京相遇，兹再来见，与畅谈一切，并以风景写真为赠，情殊可感。西京博物院有西魏陶仵虎写《菩萨处胎经》为世界奇迹。因是日为其国祭日，不得往观为怅。

初五日　九点钟，田中君遣郡视学盐崎君来，导观各学校。先至高等女学校。校中置四科：曰本科，曰补习，曰专攻，曰裁缝。本科修业年限为五年，补习科一年，专攻科二年，裁缝科三年。本科学科目，为修身、国语、英语、历史、地理、数学、理科、图画、家事、裁缝、音乐、体操十二项，补习科则省历史、地理、理科，而增手艺、教育，专攻科限国语汉文及家事裁缝二项。其国语汉文之学科，为修身、教育、历史、国语、汉文、体操六项，又习字、图画、音乐三者，为随意科。其家事裁缝之学科，为修身、裁缝、国语、数学、家事、音乐、体操七项，又图画一项，为随意科。其授业费，本科及补习科，管内生每年十五圆，管外生十八圆（本科生有愿习手工者，则授业费每月增银三角），专攻科每年二十圆。裁缝科，管内生每年十二圆，管外生十五圆。此学校甚整齐，更优于东京。阅毕，至第一高等小学校。该校生徒千人，计教室二十又五，有书籍室，有标本室，有理科室，有植物园，有习礼室，规模甚完备。午后至染织学校，此校专教染色及机织，从事于实验，分本科、预科，预科所以为本科之预备。本科三年卒业，预科二年卒业。本科之学科目十有五：曰修身，曰读书作文，曰数学，曰物理，曰化学，曰分析，曰图画，曰机械制图，曰染色配色法，曰机织法，曰花样，曰英语，曰簿记及理财，曰实习，曰体操。预备之学科目十有一：曰修身，曰读书，曰算术，曰作文，曰习字，曰地理，曰历史，曰图画，曰理科，曰英语，曰体操。更有别科，以教已从事染色机业一年以上之子弟，其卒业期为一年。其学科目凡七项：曰读书，曰算术，曰理科，曰染色法，曰机织法，曰花样，曰实习。预科之学生限年十二岁以上，本科则十四岁以上，别科则为十五岁以上。各科皆不收授业费，仅收食宿费，每月六圆至七圆，书籍及杂用一圆，衣服等二圆。阅毕，至制品陈列所，购得布三端、丝巾一枚。凡工业诸学校制品，观者例得购买也。又至美术工艺学校。此校创于明治十三年，初为画学校，二十四年改称美术学校，于绘画科外，增工艺图业科。二十七年，增雕刻及磁器绘画科，而改称美术工艺学校。翌年，增漆工科（分莳绘、髹漆二部）。今计学科四：曰绘画，曰图案，曰雕刻，曰描金。每科修业年限为四年。本科生卒业后，得更留学三年，专攻实技，为专攻科。校中计校长一人，正教员九人，助教五人，书记二人，助手五人，技师一人，技手二人。午后三时归寓，藤田君约至祇园中村楼小饮，地颇精雅，坐客为第三高等小学校长的场君及刘生大猷与予三人而已。

  初六日　至第三高等小学校。校长的场君导观各教室，纵览一周。该校略同第一高等学校，生徒凡八百人。看毕，的场君送予等至车站，郑重而别。河井、藤田两君送予同至奈良，意殷拳可感。到奈良，主对山楼旅馆。本日县知事他出，且时已稍迟，不得观学校。因与小村、河井、藤田诸君入市游览。风景幽绝，不数（输）吾乡西子湖矣。先至博物馆，其中古佛像最多，有唐招提寺榜，字劲挺似二王书，乃其国孝谦天皇笔也。又有筚篥，为长六七寸之管，上髹以漆，上有七孔，状略如箫，狭上而修下。此物中国久无有，乃于此见之。其他古物甚多，又有古写经数本，并精绝。既出院，至春日神社。沿途驯鹿极夥，买饼饵饲之，则相随不去。相传此鹿自唐代孳生，至今多至七八百头，人不之害，故亦不畏人。道傍石灯台，多至千余。至神社前，东人皆脱帽为敬。出社过小市，购唐招提寺残瓦一枚，千年物也，文字颇清劲。

初七日　县视学清水君（笃太郎）来导观各学校。先至师范学校。该校本科生徒一百六十人，其规制略与东京府立师范学校同，别有简易科，生徒八十人，学期为三年。校中校长一人，教员九人，助教三人。又有小学校教员讲习科，分甲、乙二种。甲种习小学校教科全部，其讲习期为六月以上、一年以下。乙种习小学校教科之一科或数科，其讲习期为二阅月以内。甲种讲习员毕业后，于管内修师范职五年，乙种则于町村内修职五年。其讲习之学科程度及人员资格等，于一月前宣示。案师范讲习科为速成师范起见，此与中国今日颇宜，当师其意，先创立之，以济目前之急。特该科无详细学科条目，为可惜耳。既至高等女学校，校中分为本科、技艺专修科及补习科三者。其修业年限，本科四年，技艺专修科三年，补习科一年。本科之教科目，曰修身、国语、历史、地理、数学、理科、家事、裁缝、习字、图画、音乐、体操十二项，更加外国语、教育、汉文三项为随意科（但有愿充小学教员者，则教育、汉文为必修科）。技艺专修科则为修身、国语、裁缝、算术、家事、习字、图画、音乐、体操九科。补习科则选习前列学科中修身、国语、裁缝等之一科或数科。本校生徒四百人。授业费，在管内者每月七角五分，在管外者每月一圆。已至济美寻常小学校，校长森泽孝行君导观各处。此校乃私立，规模略小，而管理尤整齐，不异官立者，令人赞叹不置。阅毕返寓午饭，饭毕乘火车至大阪，寓北川旅馆。

初八日　晨由大阪发神户。河井、小村两君，送予登博爱丸而别。是日风静，波平如砥，身体大适。

初九日　读《女子教育论》竟。此书载美国女子教育，为世界第一，师范生大半为女子。又言女子者国氏之母，其语尤精切。今日中国教育初造基，女子教育，人多忽视，然实不可缓，是宜亟图也。是日风雨大作，舟极颠簸，夜抵长崎。

初十日　晨兴登岸，持吉田农学士（永二郎）介绍书，至长崎农事试验场。场长适他出，由事务员导观各处。时正试植大小麦，分畦列表，部署井井。并观柑橘园及暖房、分析室等处，赠试验成绩报告及养蚕讲话、昆虫讲话笔记数种。返舟风大，体甚不适，卧半日。

十一日　舟中遇日本陆军大尉小岛君（米三郎），此君就鄂督之聘至湖北者。与之接谈，叩以陆军留学生学业。小岛君言，贵国诸生，因未修普通学，而留学只三年，骤归可惜，若期满再留学一二年，当可用。其言甚确，归国后当为南皮、新宁两宫保言之。

十二日　午刻抵上海。藤田学士（丰八）及田宫教习，已在船埠相待，儿子福成、福苌亦来接。饬仆辈检点行李，一点钟乃抵沪寓。

五十日梦痕录

予自辛亥冬携家浮海，瞬逾三岁。朝市既非，松楸日远，故国之思，时形归梦。去年春返国，拟展视先人垄舍，比至沪上，以漕渠水浅道阻而止，乃以今春复归祭扫。又以平生诵习孔子，今发垂白矣，尚未得一瞻阙里；频年考究殷虚遗文，而足迹亦未尝至洹曲，乃于展墓后，至曲阜展谒至圣林庙，复涉洹、济、洛，吊殷虚，登龙门，仍遵海而返东山寓庐。此行殊匆促，往返仅仅五十余日间。比长夏忽已过半，盖返海外寓庐者，又两月矣！追思此行，山川亲故曾历历在目中，而倏焉已失，固不异往昔之归梦也。因述此五十余日中之闻见，为《梦痕录》。岁在乙卯，六月十有八日，仇亭老民记。

春二月二十四日 携儿子福成归国祭扫先垄。是日下午,乘汽车赴神户,寓西村旅馆。

二十五日 辰刻登春日丸,巳刻开行。舟中校补《殷墟书契考释·卜辞篇》。

二十六日 巳初舟入门司港,午后出港。骤热且雨。风急,舟甚颠簸,幸眠食尚如常。

二十七日 风雨益甚,舟益不稳,早餐后乃偃卧。酉刻雾作。起坐二时许,复卧。

二十八日 晴霁。午初入吴淞口,比登岸,已未正矣。主白尔路妇弟范纬君家。

二十九日 晨起访沈子培方伯(曾植)。距去年相见,时已匝岁矣。予以岁首得方伯手书,言近多食嗜卧,记忆尽失,欲将平生文字作一结束,予深为忧之。既相见,则健谈如昔,为之差慰。予前请将诗稿先付手民,答书谓当录本见寄,但三年羁旅,和韵居多,庞参军、殷晋安触目皆是,未免有惭晞发耳。至是复申前请,且告以此自有泉明先例在,方伯乃笑而许之。方伯学行巍然,为海内大师,长于予十余年,与予订交在光绪戊戌,屈指十有八年矣。宣统庚戌,以时事日非,挂冠誓墓。辛亥以来,侨居沪上,冰霜之节,岁寒弥厉。读书以外,惟与竺典相伴。予避居海外,踪迹不得合并,今再见无恙,忻慨交集,不觉长谈抵暮。予与王静安徵君(国维)交亦十有八年,君博学强识,并世所稀,品行峻洁,如芳兰贞石,令人久敬不衰。前返里过沪,初与方伯相见。方伯为予言,君与静安海外共朝夕赏析之乐,可忘浊乱。指案上静安所撰《简牍检署考》曰:即此戋戋小册,亦岂今世学者所能为?因评骘静安新著,谓如《释币》及考地理诸作,并可信今传后,毫无遗憾,推挹甚至。老辈虚衷乐善,至可钦也!予问方伯,沪上为四方人士所辐凑,所识潜学未彰之士几何?方伯对以有吴人孙君名德谦者，尔雅能文章。予曾于杨子勤太守《雪桥诗话》中读孙君序，雅驯有法度，洒然异之。今方伯亦云然，与予意正同，惜行程匆迫，不获与孙君一见也。

三月朔 上午培老来谈，并约至古渝轩午餐，座客为李梅庵方伯（瑞清）。午餐后同至李君博生（翊煌）寓舍，观所藏宋拓《淳化阁帖》残本三册，后有宋人王淮跋，并有"中书省"、"门下省"、"尚书省"三官印。又观王弇州藏本宋拓《大观帖》三册，均极精。又见所藏文湖州山水卷，后有山谷老人跋，画法从巨然出，极佳。李君为春湖先生后人，初以京曹改外秩，国变后寓沪上，以医术自给，可谓不愧门第者矣。是日又闻王聘三方伯（乃徵）、胡枢堂侍御（思敬）近并在沪上，隐于黄冠，皆予旧识也。予曩岁视学西江，王方伯方守南康，署斋寥寂如僧舍，约予游匡阜，以雨不果。方伯为言官时有直声，枢堂侍御往在谏垣，亦以悻直不容于金壬，乞养归，予曾作诗送其行。今均遁迹江湖，恨不得与之握手，一话沧桑也。是日，遣儿子至苏，接程氏女及外孙家莆至沪。程氏女早孀，所遇至苦，灯下相对，惨然不欢。

初二日 夜子初乘火车赴京口，车中不得眠。

初三日 晨抵京口，易小轮船赴淮安。轮船左右小舟麇集，皆山左避青岛兵祸及被水灾穷民也。皆携家聚一小舟中，人与以铜币一，顷刻至千余。有已与而更强索者，理喻之，辄忿骂不已，舟行乃免。京口为赴淮安所必经，往年在沪，一岁或四五归，未尝见此。今民生日益凋弊，民德亦日益丧，释氏所谓"地狱"、"饿鬼"、"畜生"诸景象，一时乃毕现于吾目中，可哀也！是夜雨甚，停轮数时，昧爽乃复前进。

初四日 夜子正，舟抵淮安西门外。关门下键已久，乃呼门入。抵城南老屋，则已丑初矣。

初五日 晨兴，则姊夫何益三孝廉（福谦）、妹夫范湘谷文学（云）诸君已在厅事。去岁益三东游，主予家逾月，今将一岁。湘谷则八年不相见，须发斑矣。年已四十有九，屡丧偶，膝下仅一女，茕茕可念，无以慰之。湘谷为予外王父咏春先生（以煦）之孙。咏春先生藏书多善本，甲于一郡。所著《淮壖小记》、《淮流一勺》、《楚州石柱题名考》，皆言淮故，均至精密，其他遗著多未就。予生晚不及见，儿时曾见手稿数十册，每册或手书十余叶，多者二三十叶，皆随笔疏记者。中一册记崔立事，蝇头细书至五六叶，其博览可知。先生受知于祁文端公，尝见文端与先生手札至多，以先生拟何愿船、张石州。今何、张名满天下，而先生名不出于乡里，士之遇不遇，相悬有如是哉！当涂马鹤船（寿龄）曾为先生撰墓铭，其稿本先太淑人藏之箧衍者四十年，欲待湘谷长而付之，今尚在予家。因告湘谷，可刻之《淮壖小记》之端。然马氏所撰墓志，于先生学术实未能阐发，异日当别作一传以章潜德。早谒姑母何宜人及李氏妹。何氏姑今年七十七矣，去岁卧病，数月不能兴，因就卧榻见之。姑勤俭有淑德，姑丈竺卿广文（其厚）中寿弃世，姑中年得二子，长子子枢文学（福辰）尤贤且才，乃先后丧。今抚两孤孙，遭际至酷，历更百苦，故每见，辄汍澜。今值国变，且卧病，念予甚切，相持悲恸不已。予无以相慰，为之肠痛。其长孙楚侯已授室，彬彬有故家子弟风，此则差可慰者也。李氏妹亦数年不见，有孙男、女各一矣。境遇至艰，辛苦支持，垂二十年。予同母女兄弟六人，今仅存此妹，所遇又如此，愧无以助之。又见汪氏妹遗男二人，曩别尚幼，今均长大矣。

初六日 雨。至南郊外五里松扫先伯兄及予首妻范淑人墓。坟盘颇塌卸，墓柏亦遭攀折，枝柯不茂。闻是革命时取以札绿门，故近郭冢树多被摧折，而予家尤甚。呜呼！辛亥之变，不止倾危朝社，毒流苍生，且祸及墟墓矣！岂不痛哉！因戒守墓者重修坟盘，约期往复看。归途过龙光阁东北，展视幼妹墓。妹幼端孝如成人，以光绪乙未冬卒，年甫十六。先太淑人时患沉疴，妹侍疾三阅月，昕夕不懈，以劳瘁染疫。太淑人幸无恙，而妹竟夭折，今且二十年矣，伤哉！午后谒叔母方宜人，年已七十，视听不衰。见从姊妹则转斑白，有老态，有不能相识者，则予之须髯斑白，固其宜矣！

初七日 扫先王父通议公、王母方太淑人暨先考通议公、先妣范太淑人墓。墓地在西黄庄，距城七十里。黎明乘舆往，抵夜乃入城。垄树完好，未得省视者八年矣。今海外归来，世事已非，展拜之余，曷胜呜咽？归途过田家湾，展何氏姊墓。

初八日 雨。吊范弁英先生丧。先生为先太淑人叔父，今年政八十，无疾而逝。予三十以前所遇至穷，备承慈庇卵翼之德，没齿不能忘。今归来则德音已渺，展拜之余，感痛交集。午后诣朋旧答谒。三十年前旧交大半不存，其存者仅仁和姚又巢丈（琛）及其嗣君镜芙茂才（兆）、章邱章君庸夫（杰炤）等三数人耳。剪烛话旧，有如隔世。

初九日 前岁为先太淑人十周忌年，今岁为先大夫十周忌年，去岁为范淑人五十冥寿，爰延僧于三界寺补诵经一日。是日，衣冠肃客至夜分。宋以来儒者，每以不延僧诵经为有家法，甚至谓诵经所以忏悔，是认其先人为有罪也。此说予不谓然。古者遇祭日致斋致思，今之诵经，亦致斋致思，追远不忘之意也。且鬼神有无之说，在今日虽尚为疑问，而圣人则言之已明。一则曰："祭如在，祭神如神在。"再则曰："视之而弗见，听之而弗闻，体物而不可遗。"夫曰"如在"，曰"弗见弗闻"，其非确谓有鬼神可知。而又曰"体物而不可遗"者，物者，事也，谓征之人事而不可忽忘也。盖鬼神之有无，于人子之心断之，使人子而有追远之念者，则无鬼神之说，非所忍言也。礼家言夏人用鬼器，商人用人器，周人兼用之，所以使民疑也。疑也者，

"如在"之旨也。今之诵经，必致祭奠，所以用人道也。诵经，则鬼道也。与周人兼用之意、圣人追远之旨，未尝悖也。故予不以禁延僧诵经为家法。二十年来，吾国人非薄宗教太甚，此亦非人类之福。古圣人所以宰制天下者，道德与刑法。二者以道德立其本，以刑法齐其末，俾相辅而相成。然顽梗不化之徒出于道德，即入于刑法。夫箪食豆羹得之则生，弗得则死，于斯时也，父不能保其子，君不得有其民，必欲使蚩蚩之氓顾义而怀刑，势有所甚难矣。予尝谓人生最悲痛之境，莫过于希望断绝。为希望断绝之人而造出希望，使有所顾忌、有所忻慕者，则舍宗教家之天堂、地狱、轮回、果报之说末由也。故宗教者，实可济道德、刑法之穷，而收互助之益，于中人以下化导之力为尤。宏彼世之非薄宗教而必欲摧陷之者，果能知宗教之微旨与其功用否耶？

初十日 晨出东门，至黄土桥展汪氏妹墓。返城后，诣戚友致谢。

十一日 约范湘谷妹丈出南门，渡漕河，至常庄展范氏舅及范氏妹墓。午后赴河下，答拜王研孙太史（鸿翔）。前日来拜，予外出未得见也。太史与予有姻好，国变以后忍饥闭户，拟卖字作画以赡其生。予为订润格，并作小启云：研孙太史以木天之俊望，际桑海之余生，管床既穿，陶粟屡空，爰乞灵于管城，代采薇于孤竹云云。太史为道三年中近事，相对惟有嗟叹，谈至薄暮。入城纡道至五里松，复看坟盘。

十二日 启行返沪，亲友多留行者。予八年未归，乡思至切。此次与姻旧沧桑再见，相聚欢甚，日以酒食相劳。除初九日蔬食斋戒以外，殆无日无饮食之事，情殊可感。但以骨肉凋谢，与夫民生之憔悴，闻见之日非，则又去之惟恐不速，乃婉谢焉。午诣船步，戚友均来送，情绪黯然。至申初，小轮船乃发，夜间发热咳嗽，暗不能语。予邻旧多老寿，有至八九十者，惟贫窭日甚，鹑衣百结，日或不得一饱，至可悯念。因留三万钱托李氏妹，分给之。

十三日 午间抵京口。乘汽车，暮抵沪。

十四日 翁印若太守（绶祺）来。印若为吴愙斋中丞门生，曩予在沪，印若方设寄观阁古玩铺于泥城桥，故为十余年前旧识。叩以愙斋遗著未成者，云有一种在王胜之同愈许，不能举其名。问所藏存否，对以遗物尚十余箱，其嗣孙某尚能世守云。夕，静安偕樊君抗父（炳清）来。静安与予有同游鲁卫之约，先予返乡祭扫，约在沪相会，今到此已数日，主抗父寓中。谈至夜分乃散。是日，得陈松山给谏（田）消息于抗父。抗父言国变后，给谏不能归其贵阳故里，有弟商于常德，乃往依焉。鬻所藏书，始得成行。给谏博雅如乾嘉朝士，在谏院抗直不阿附，为权贵所侧目。庚辛间，累疏劾庆亲王奕劻误国之罪，誓必得请乃已。而国步潜移，所志未遂。又曩岁议京曹官津贴时，北洋大臣某欲以某官款为言官津贴，实欲贿买以杜口。给谏抗议，力持不可而止。其大节凛凛，有古人风。予交给谏最晚，每见谈必移晷，语及时局，义形于色。贫无以自给，乱后售其所藏明人集数百种，乃其作《明诗纪事》时辛苦搜集。都中无购者，乃归日本文求堂书肆，予亟斥他物购得之。倘给谏闻之，当以得归故人为喜矣。给谏介弟衡山大令曾刻影宋小字本《文中子》，其雕板旧在都中。予曾从给谏借印，给谏许之，乃以乱作未果。不知今尚在行箧否？

十五日 避风未出门。静安来谈，云病目已数日。请其加意调摄，俾不至游辙中阻。灯下校补《殷墟书契·卜辞篇》竟。

十六日 命儿子先返东寓，乘春日丸行。沪上近年盗贼横行，白昼杀人劫夺，日有所闻。前月静安命仆赴市以钞易钱，为人力车夫所劫。于时则上午，于地则通衢也。抗父赴越，中返沪，晨雇人力车，亦遭探囊夺金。予往居沪上且十年，未尝有此闻。革命之际，某绅主沪南制造局，凡有肘系白布者，皆得到局领铳，于是浦东匪徒人人有利器。又某国小商于商埠密售短铳，于是租界宵小亦人人有杀人之具，沪上侨民乃不得安枕矣。

十七日 外感渐退，往看静安，则目疾又加剧，已至西医处诊视。予乃拟只身为访古之游，属静安加意将息，俟予由豫返沪，再连襼东渡。西医言病势甚猛，予不能放怀，爰缓行期数日以待之。午间，梅庵来谈一时许，为予言辛亥之乱，南京王统领（有宏）死难事。云革命军初攻围督署，时高揭革命旗，声势汹汹。王君时领卫队，闻变，徒手出夺乱党铳，先仆革命旗。又连发毙数人，围立解。后以所部兵士至少，卒以战死。梅庵谓王君人颇粗率，而忠勇敢战，口操北方语，惜不得其乡贯。予属梅庵访询，拟为一文以表彰之。又闻关中变作时，渭南令杨公（调元）殉国。乡绅有武进士韩君（有书）者，练乡兵与革军战，戮党首张士原而葬杨公。后革军麇至，韩力战死之。又吾浙革军既焚官寺、囚抚臣，有抚军卫队管带赵君（干阶），直隶人，与其犹子卫兵赵锦标忿甚，各怀利刃，谋剚党魁某，未发谋泄，慷慨就死。呜呼，时至辛亥，人伦之道尽矣。幸尚有挽两石弓者，略存纲常于一线。若王若韩若赵诸君子者，予将铸金办香以事之。午后，访子培方伯，以返嘉禾祭扫，未得见。

十八日 晨诣抗父处，看静安，目疾势又稍进，为之焦灼。午诣缪艺风姻丈（荃孙），丈闻予将编《西陲石刻续录》，以叶学使（昌炽）所藏甘肃及新疆诸碑墨本见假，谊殊可感。午后张君菊生（元济）来谈，并约观涵芬楼藏书，期以二十一日午前往。

十九日 看静安，目疾仍未见减。至梅庵处答拜。

二十日 送程氏女返吴门。得培老手札，言已自嘉禾返棹，因订以明日下午往谈。晚，诣刘婿季缨。季缨出其尊人所藏殷墟龟骨相示，选得一"乂"字，因弆之行箧，以补囊藏之阙。

二十一日 晨，看静安目疾虽未减，然势不至增进，乃定以二十三日启行。午间至涵芬楼看书，佳本不少，而宋椠《通鉴考异》尤佳。又有洪武本译《回回星命书》，藏书家所未有也。下午诣培老处，谈至暮。予欲撰段茂堂、程易畴、汪容甫、王怀祖、王伯申诸先生年谱，从艺风丈借得汪孟慈所撰《容甫先生年谱》、《年表》，杂乱无法，不得纲要，因移录一册，以供采择。又从培老假得《王文简行状》，乃桐城萧君敬孚（穆）所藏。敬老身后遗书多归子培方伯，此其一也。回忆十六年前，敬老寓沪上，曾与予约，他日将以所藏各种古地志归予。及敬老物化，遗书一时星散，前约乃不可复寻。今见所藏书，如见敬老矣。

二十二日　培老约午饮，座客为杨子勤太守（钟羲）、震在廷主政（钧）、李君审言（详）、赵伯藏太守（于密）。杨君往守江宁，曾相见于端忠敏公座上，别且数年矣。品学端粹，为吏廉静。国变后，居沪上，境至艰苦，闭门却聘，近著《石[雪]桥诗话》十二卷，载三百年间遗文逸事至详博，实外史也。震君曩教授文科大学诸生时频相见，今亦隐居沪渎，忍饥为人校刊书籍以自活。李君兴化人，工骈俪之文，所注汪庸甫先生文至精密，相知已久，去年始相见于沪上。赵君武林人，邃于金石文字之学，三十年前即耳其名，平生见其手拓金石墨本至夥。相见欢甚，纵谈不觉移晷。在廷言光绪间，汉汾阴后土祠遗址，土人耕地得黄金板，大如箪，上敷朱砂数寸，再上有古礼器十余，仅一字，笔画至简，为盛伯羲祭酒所得。此言古礼器故事者，所未知也，惜在廷不能举其器名及其文字耳。薄暮诣抗父处，看静安目疾似少减，意数日后当锐减矣。因留抗父处晚餐，乙夜乘沪宁汽车赴浦口。

二十三日　晨兴，易津浦车发浦口。天气燥热，车中读《河朔访古记》竟，抵兖州。下车寓宝元栈，已夜深矣。由宁至津之途，为予平昔所未经。车过滁州时，冈阜甚多，然率低平，欧阳庐陵谓"环滁皆山"是矣。而又云"西南诸峰，林壑尤美"。以予之所经过，实未见一峰也。知文章家赋物多不确，大率类此。

二十四日 晨兴，入市闲览。过九仙桥入城，荒凉如乡镇，无可流览。午间，乘汽车发兖州。一时许至曲阜，驿距城尚十八里。乘步辇行八里，临泗水，乡人负予而济。既渡，积沙弥望，人行沙上，至艰苦，如逾小碛矣。下午入延恩门，寓连升栈。晚餐后访劳玉初侍郎（乃宣），漏三下乃返寓。侍郎与予有戚谊，且与先大夫有昆弟之盟，予丈人行也。同治丙寅，劳丈过淮安至予家，予时生未弥月。后劳丈宰近畿，至辛丑始相见于沪上，则予年三十有六矣。又十年，辛亥冬任京师大学总监督、学部侍郎，予则已避地海东。此次劫后重逢，不觉悲喜之交集。劳丈于乱后侨居青岛，青岛破，移家曲阜，近于世情益灰冷，方为女公子阅视算草以遣日。但精神甚健，云能行二十里不疲。殷殷询予海外近况，至可感纫。劳丈言曲阜民俗朴僿，士夫罕知学术，然数易代而兵燹不及，物价亦廉，此可居也。近来世家日贫，乡绅多鬻田宅者。孔红谷先生所居微波榭，今亦悬价待售。又言寓此年余，罕可与言者，近商云汀太史（衍瀛）将来此卜邻，可稍慰岑寂。云汀为予旧识，予监督农科大学时，云汀亦监督大学附属高等学堂。国变后音问遂绝，今见劳丈，始知云汀初应德人尉礼贤之聘，寓青岛。青岛陷，寓青州，今将由青州徙此。其介弟藻亭太史（衍鎏）则在德京教授东方学术，是能不辱科第者也。劳丈又言国变时，陈贻重京卿（毅）以辛亥冬乞假归，濒行，谏止逊让，言甚切直，今遁世不出。陈君为舫仙廉访（湜）之孙。廉访领湘军，有战迹，今贻重皎然于浊乱之世，可谓能绳武矣。左文襄公之孙子异廉访（孝同），当江苏倡乱时，挂冠亟去。胡文忠、彭刚直、刘忠诚后人闻均有清操，能自守。诸勋臣有后，亦我朝待乔木世臣有加礼之报也。

二十五日 辰刻诣劳丈，徒步同谒圣庙。庙就阙里遗址立之，相传创于鲁哀公十七年，初在曲阜城外十里。明正德辛未，盗略山东，县城毁，诏守臣移县于阙里，筑城并包之。故县之南门即庙门。城外神道长里许，夹道古柏森然，乃元时植也。入庙门，诣大成殿，行三跪九叩礼。礼毕，瞻仰圣像，并见案上置牺、象、山、雷四尊，上有"汉元和贰年制"等字小篆阳识，书"二"字作"贰"。其雷尊上画雷神形，又以文字及书体断之，确为后世仿造，非真汉物也。案前复有一案，以置乾隆三十六年颁赐之十器者。案上刻十器名，曰周木鼎、曰周伯彝、曰周蟠夔敦、曰周亚尊、曰周册卣、曰周宝簠、曰周夔凤豆、曰周牺尊、曰周饕餮觚、曰周四足鬲。陈列时，依所刻之名列之，其器则藏于衍圣公府，不得见也。汉四尊之侧，有陶尊一，相传是有虞氏著尊。其制如圆筒，敛口而三足，今齐、鲁、秦、豫出土者甚多，乃秦汉间物，亦非有虞氏制也。庙廷屡灾，所传古器多非其朔矣。因遍观杏坛、诗礼堂、鲁壁、金丝堂（金丝堂即鲁恭王毁壁，闻金石丝竹之声处。明代修庙已迁徙，非初地）、圣迹殿（殿上刻《圣迹图》百十有二石，乃明代以枣版拓本上石者，今漫灭不可复拓。流传者又为枣版本矣）、奎文阁（阁为历代藏书之所，今不存一卷）、故宅井（井已渐涸。圣祖谒庙时，尚汲水饮之。然观其井阑，乃数百年物耳）、手植桧（桧色黝黑如古礼器，扣之作金石声，不朽腐。相传树萎于晋而复生于宋，唐高宗时再萎，宋仁宗时再荣。金贞祐间兵入曲阜，庙灾树焚，枝干不存，元时复萌蘖。明弘治间庙焚树复被焚，遂不生不死，以至于今）。复至同文门观诸汉刻，则每石皆加封禁拓，即圣迹殿吴道子所绘圣像，亦加封于肩项间。骇其无礼，手揭去之。噫！世禄之家，鲜克由礼，自古为然，然不谓遂至于此，为慨喟不已。他一门庑下，有汉画数十，闻系数年前治地时得之土中，则尚未加封，异日当遣工拓之。出庙门，诣劳丈处午餐。午后雨大作，薄暮冒雨驱车返寓，过庙门时，下车徒步，足胫皆没水中，如徒涉然。本朝崇尚儒术，尊崇圣教，远逾前代。自康熙甲子，圣祖躬诣阙里祭奠，行三跪九叩礼，礼数之隆，为前代所未有，并命有司□新庙貌。雍正二年，阙里不戒于火，发帑兴修，命大臣专董其役，殿庑规模悉准宫阙，备极崇奂，至八年乃告成，即今庙也。乾隆十三年，高宗东巡，躬谒林庙，厥后亲诣阙里者凡八次。所以崇先圣者至矣，故能成三百年文明之治。今名教式微，邪说充塞，彼曲学阿世者，附会公羊家说，以"大同"为孔子教旨，此固不足以损圣教之毫发。然郑声紫色，渹视听而乱正学，安得有以斯道自任如孟子者辞而辟之，生民之害，庶可已乎？

二十六日　晨起偕劳君笃文（健）同至陋巷，谒颜庙。庙中树木森然，庙貌颇圮。出庙谒孔林，出北门即为神道。古柏两行，至林而止。林墙四匝，创于明永乐间。入林过洙水桥，洙水今仅如带。前为思堂，圣墓在林之中央，周以短垣。墓前有翁仲石兽，为宋时制。圣墓南为伯鱼及子思墓，墓侧为子贡庐墓处，今有室以存故迹。林中树木丛翳，其中楷木至多，其材可为杖，萌可茹，子可榨油。伯鱼墓东南有古楷一，相传为子贡手植。短垣外为孔氏族葬处，泰山都尉宙、博陵太守彪、郡曹史谦墓皆在焉，三碑则已移至同文门。又有二冢，已倾损，其制甓砖为坟，如覆釜然。砖外覆以土，中空为圹，圹内有隧，亦以砖甓之，棺遥在隧以内，隧中必尚有室，不可得而见矣。其一前有小碑，半埋土中，仅露篆文，曰"四十七世池□□"云云。左侧楷书小字，曰"公讳若初，字公育。曾祖讳自牧，赠吏□□"云云。右侧曰"宗毂公元符三年登进士第，享年□□"云云，乃宋代冢也。他一圹中有志石及盖，盖书"宋故乡贡明经阙里孔君墓铭"，其志字细不可辨，闻曾有拓之者，乃元祐厶年也。二冢闻倾损久矣，至今不修整，可异也。出林后，至元公庙，庙尤圮废。殿后断垣上有汉画石一，上刻"周公"二字。《山左金石志》曾著录，云此石初在元公庙废墙上，今移至四氏学。故王文敏公《汉石存目》及近人《山东省保存古迹表》并谓石在四氏学，不知其至今初未尝迁移也。入城过鲁泮宫遗址，积水清沚，木石幽静，其地在行宫之侧，闻鲁灵光殿故址亦在此。车过学宫，至夔相圃，观二石人，一题"府门之卒"者尚植立完好，其题"乐安太守麃府君亭长"者，则已断折横卧菜圃中，为之摩挲太息。闻颜氏乐圃虽荒废，所藏竹叶碑烬余残石尚存，以时既晏，未暇往观。与笃文同归午饭，笃文出古陶登断截见示，询为何物，且云得之郭外某处废圹中，累积盈数亩，皆断缺无完整者。予乃悟其地当为古之废窑。二十年前，临淄出三代古陶登及量缶等至多，其有文字者，陈受卿太史（介祺）簠斋中藏弆不少，予所蓄亦数百。陈氏不言出土之状，其地殆亦废窑也。惜不及与笃文同往郭外一观，必有有文字如临淄所出者，异日当移书请劳君访之。申初与劳丈及笃文别。欲出城乘汽车，则以连日盛雨，泗水涨，不可涉，乃赁车返兖州，酉刻抵宝元栈。丑初乘汽车往天津。由兖州乘汽车却行至邹县仅一驿，初意谒至圣林庙后，至邹谒亚圣林庙，复由邹至泰安登岱，然后赴津门。乃连日盛雨，濒行时尚时作时止，孟庙在城内，林则距城且二十余里，道泥泞不可行，遂止。汽车夜过岱岳时已入睡乡，即岳色亦未得见，至为憾事。名山之游，殆亦有定数耶？

　　二十七日　晨起，于车中晤张君研云（祖廉），学部旧同僚也。三年余不见，殷殷慰问。研云自言今隐于路局，糊口以忍死，不忍为今之士夫所为也。知予将为中州之游，因作书致汴洛铁路局友，以利行旅，意至可感。中途闻车中客互谈北方近事，谓都中赌风大炽，某政客以一夜负万金，某某以半日负三十万金，又某某以一时间负二十万金，闻之骇绝。此外，凡不愿闻、不愿知之事，则皆闻之知之，方寸为之作恶。下午车抵津门，与研云别，寓河北中西旅馆。访同乡方君药雨，观其新得古泉货，佳品不少，有文在穿左右之隶书"汉兴"，及东周、西周半睘等诸圜金。又见一圆足大币，背文曰"一罕"，与予所藏小圆足币背文正同（即李竹朋旧藏载入《古泉汇》者）。"罕"字有从羊作，仅见于殷墟遗文，从不见于金文字中，不意曾见于古币也。又见药雨新得铜权，文曰"官累重一斤十两"，文字甚精，乃汉人迹也。秦权无言几斤几两者，为汉物无疑，其形制则与秦同。以前传世古权量，秦权以外，有新莽权，未见汉权，是可珍也。薄暮阅古董肆，见铁权一，文与方君所藏正同，亟购得之。又见汉残碑墨本三，乃近日中州出土者。其一存字十二行，每行存八字，其首二行存七字，末行存六字，首行有"贤良方正"等字，中有"元初二年六月卯卒"云云，乃安阳学□孙残石之上截，墨本上钤"姚氏贵昉藏石"六字印，姚氏不知为何许人也。安阳残石初不能晓为何时立，今知为元初二年矣。其一存字十六行，末行及第十二行无字，乃碑文下截。行十五字，首行"□朝侯之小子也"云云，上钤"爱古山房初拓"印，亦不知为何人。其又一则为残碑，阴题名存字五行，第一行存一字，次行存全字一半字，二三行至五行则皆云故吏某某，均汉刻之佳者。又一墓碣文曰："故左郎中邓里亭侯沛国丰张盛之墓"，分书亦佳。以署"沛国丰"考之，知为晋石矣。诸墨本索值奇昂，不得已如其价许之。往予在都中，中州出土诸石均不肯售墨本，予悬高价求之，乃十得二三。今乃自知拓墨虽索值昂，究可稍稍流传，此近事之差可慰者也。骨董客某，往在都时旧识也。为予言：自予出都后，凡发见之古物，无过问者，西人亦不能尽知。购者十二三，存者十尝七八。请予入都一行。予实不忍重见国门，乃重谢之。

二十八日　药雨来，约午餐。闻王孝禹观察（瓘）以去年卒，往日谈金石学旧交也。闻所藏书画，佳者鬻之垂尽，诸墨本中则魏《崔敬邕墓志》得之丹徒刘君者，今以千金售之都中，其余尚存箧衍。予往欲借观其旧拓《昭陵》诸碑，孝禹诺之，然未果见示。今墨本虽在津门，而道途匆匆，不能往观，至为怅惘。午后至骨董肆，见老友高君翰生（鸿裁）所藏六朝墓砖三，一为"武定三年张定女阿兰"，一为"齐天保八年高僧保"，一为"大业三年刘茂妻许"，存肆中。求墨本不得，因于肆中借毡墨手拓之。翰生，潍县人，嗜金石之学，老而弥笃，所集《齐鲁古印攈》，选择甚精。辛亥秋始相见于都门，比来海外，书问不绝，时以墨本互通有无。所藏元大字本敖继公《仪礼集说》，闻至精，未得一见。藏古砖、瓦当至富，予辑《唐风楼瓦当文字》，采翰生所藏多至数十品。其藏砖则允赠墨本，至今不能得。安得至翰生家，一一手自拓之耶？

二十九日　将赴彰德，不欲经都门，乃取道保定以往。卯刻乘慢车，午后至保定。京汉车夜间始至，乃入城闲览。往岁予视学至此，曾留数日，今则廛市全非旧观。盖壬子春，乱兵由京来，焚掠殆尽。询之土人，怨咨之声盈耳。于骨董肆中得砖志一，曰"安憙丞刘"，分书至佳。又得砖印一，文曰"博陵郡之印"，阳文甚工，唐官印也。第以砖为之，殊不可解，然实奇物矣。又得断师比一，矢镞具铤者一。师比背有楷书"真定"二字，书体似隋人；师比有楷书，亦罕见。矢镞之铤多断折，铤短者或具，铤长无完者。《周官·考工》"冶氏为杀矢，刃长寸，围寸，铤十之"，今予所得全长，得建初尺八寸七分，刃之铦长一寸，与"冶氏"文略同。予往欲作《释镞》，就传世古镞以证《考工》，今得此具铤之镞，为玩弄不忍释手。乙夜，京汉车至，附之以行。

三十日　巳刻抵彰德，寓人和昌栈，亟进餐，赁车至小屯。其地在郡城之西北五里，东西北三面洹水环焉。《彰德府志》以此为河亶甲城。宋人《考古图》载古礼器之出于河亶甲城者不少，殆即此处。近十余年间，龟甲、兽骨悉出于此。询之土人，出甲骨之地约四十余亩，因往履其地，则甲骨之无字者，田中累累皆是。拾得古兽角一，甲骨盈数匊。其地种麦及棉，乡人每以刈棉后即事发掘，其穴深者二丈许，掘后即填之，复种植焉。所出之物，骨甲以外，蠯壳至多，与骨甲等，往岁所未知也。古兽角亦至多，其角非今世所有。至一乡人家，见数十具，角之本近额处相距约一二寸许，有环节一，隆起如人指之着指环者然，土人谓是龙角。往岁曾于此得石磬三，与《周官·考工》所言形状颇不同。《尔雅·释乐》："大磬谓之馨。"郭注："馨形似犁錧。"今殷墟所出与犁錧状颇似，意殷周磬制不同。郭注云"似犁錧"者，意是旧说，乃殷制，与《考工》所记异。《考工》所记，则与犁錧异状矣。予曩又得彫磬断片，两面及侧均刻镂，与古礼器同。宋人《博古图》载古磬二，甚类殷墟彫磬，亦与周磬殊状，当日定以磬名，殊精确。予尝与王静安徵君言，宋人考古之学不让于乾嘉诸老，如定古礼器之名，其误者固十一二，其确者则十恒七八。静安亦谓然。石磬，其一也。今于小屯更求断磬，不可得。予旧所得，又有骨镞，有象匕、骨匕，有象挮（以骨为之，即《诗》之"象挮"），有骨简，有石刀、石斧，其天生之物，有象牙，有象齿。今求之，亦罕见。然得贝璧一，其材以蠯壳为之，雕文与古玉蒲璧同，惜已碎矣，为往昔所未见。获此奇品，此行为不虚矣。予久欲撰《殷墟遗物图录》，今又得此，归后当努力成之。阅览竟，以天气亢燥思饮，亟归寓。少选，复入城观古董肆，得土偶四，乃辛亥年磁州出土，俗所称曹瞒疑冢中所出，朴而精，远胜芒洛所出隋唐诸俑。今晨车过磁州，见古墓如陵阜者甚多，皆俗所谓曹瞒疑冢，实皆魏齐王公贵人冢也。曾见一冢，顶已陷，又见一冢，有商人所树木榜告白。邦人不知护惜古迹至此，念之滋戚。又得古墓砖志五，曰"万擎"、曰"武定五年相里才"、曰"武平元年比丘尼道洪"、曰"天保七年魏世俊妻车延晖"、曰"天保八年□息奴子"。闻骨董家言古砖志多出彰德，洛阳以南则无有矣。逆旅主人李姓，颇知古器物出土之地。为言古骨贝、铜贝均出磁州讲武城，磁枕出彰德北关外颜家庄左近故窑中，磁人、磁马、磁狗之小仅寸许者,出彰德西六十里王家窑(二窑皆于土中掘出,为宋元间故窑),宋元磁酒瓮白地黑花者,出山西阳城,亦故窑中物,连布出卫辉以东,垂字币出彰德。古器物出土之地于考古至有关系,前人多忽之,良以古物多得之都市,估人展转贩鬻,致售者亦不知所自出,其尤黠者或讳言之。如龟甲、兽骨,潍县范姓估人始得之,亡友刘君铁云问所自出,则诡言得之汤阴。予访之数年,始知实出洹滨。使不知所自出,则殷墟所在,末由断定矣。详记之以告吾国之考古学者。逆旅主人又言,彰德南乡近有人家治舍,得古冢出土物甚多,中有二小碑及甲胄等物,载之盈数车,惧人讼其发冢,仍掩土中。言若往观者,愿为之介。予以行程匆迫,谢不往,而令购二碑,乃至今无消息,殆已入肆估手矣。逆旅主人少在军中,故辛亥殉国总兵谢公(宝胜)事迹知之甚详。言谢公剿贼至勤,御军尤严。以前中州盗贼纵横,公皆躬自捕治,剪其渠魁,民赖以安。其军士平日兢兢奉职,备御至密。公尝冬夜私巡部下,见某哨巡兵熟睡,取其铳以去。明旦招失铳者,诘质之,惶栗请命,乃严戒而遣之,于是巡夜兵不敢稍怠。其他事多类此。亡友汪穰卿舍人(康年)曾作公传在国变前,公尚未授命也。逊国诏下,公北面饮弹以报先帝,可谓慷慨烈丈夫矣!家弟子敬曾访求公遗事,当会最作传,以昭示来兹。予之知有殷墟文字,实因丹徒刘君铁云。铁云,振奇人也,后流新疆以死。铁云交予久,其平生事实不忍没之,附记其略于此。君名鹗,生而敏异,年未逾冠,已能传其先德子恕观察(成忠)之学,精畴人术,尤长于治河。顾放旷不守绳墨,而不废读书。予与君同寓淮安,君长予数岁,予少时固以识君。然每于衢路闻君足音,辄逡巡避去,不欲与君接也。是时君所交皆井里少年,君亦薄世所谓"规行矩步"者不与近。已乃大悔,闭户敛迹者岁余。以岐黄术游上海,而门可罗雀。则又弃而习贾,尽倾其资,乃复归也。光绪戊子河决郑州,君慨然,欲有以自试，以同知往投效于吴恒轩中丞。中丞与语，奇之，颇用其说。君则短衣匹马，与徒役杂作，凡同僚所畏惮不能为之事悉任之，声誉乃大起。河决既塞，中丞欲表其功绩，则让与其兄渭清观察（梦熊），而请归读书。中丞益异之。时方测绘三省黄河图，命君充提调官。河图成时，河患移山东，吾乡张勤果公（曜）方抚岱，方吴公为扬誉，勤果乃檄君往东河。勤果故好客，幕中多文士，实无一能知河事者。群议方主贾让不与河争地之说，欲尽购滨河民地以益河身。上海善士施少卿（善昌）和之，将移海内赈灾之款，助官力购民地。君至，则力争其不可，而主束水刷沙之说，草《治河七说》上之，幕中文士力谋所以阻之，苦无以难其说。时予方家居，与君不相闻也。忧当世之所以策治河者如是，乃著论五千余言以明其利害，欲投诸施君，揭之报纸，以警当世。君之兄见而大赞之，录副寄君。君见予文则大喜，乃以所为《治河七说》者邮君之兄，以诒予。且附书曰："君之说与予合者十八九，群盲方竞，不意当世尚有明目如公者也！但尊论文章渊雅，非肉食者所能解。吾文直率，如老妪与小儿语，中用'王景'名，幕僚且不知为何代人，乌能读扬、马之文哉！"时君之玩世不恭尚如此。岁甲午，中东之役起，君方丁内艰，归淮安，予始与君相见，与君预测兵事。时诸军皆扼守山海关以拱京师，予谓东人知我国事至熟，恐阳趋关门而阴捣旅、大，以覆我海军，则我全局败矣！侪辈闻之皆相非难，君之兄且引法越之役法将语，谓"旅、大难拔"以为之证。独君意与予合，忧旅、大且夕陷也。乃未久竟验。于是同侪皆举予与君齿，谓二人者智相等，狂亦相埒也！君既服阕，勤果卒官，代之者福公（润），以奇才荐，乃征试于京师，以知府用君。于是慨然欲有所树立，留都门者二年，谓扶衰振敝，当从兴造铁路始，路成则实业可兴，实业兴而国富，国富然后庶政可得而理也。上书请筑津镇铁路，当道颇为所动。事垂成，适张文襄公请修京鄂线，乃罢津镇之议。而君之志不少衰，投予书曰："蒿目时艰，当世之事百无一可为，近欲以开晋铁谋于晋抚，俾请于朝。晋铁开则民得养，而国可富也。国无素蓄，不如任欧人开之。我严定其制，令三十年而全矿路归我，如是则彼之利在一时，而我之利在百世矣。"予答书曰："君请开晋铁，所以谋国者，则是矣，而自谋则疏。万一幸成，而萋菲日集，利在国害在君也。"君不之审，于是事成而君"汉奸"之名大噪于世。庚子之乱，刚毅奏君通洋，请明正典刑，以在沪上幸免。时君方受廛于欧人，服用豪侈，予亟以危行远害规君，君虽韪之，不能改也。联军入都城，两宫西幸，都人苦饥，道殣相望。君乃挟资入国门，议振恤。适太仓为俄军所据，欧人不食米，君请于俄军以贱价尽得之，粜诸民，民赖以安。君平生之所以惠于人者，实在此事。而数年后，柄臣某乃以私售仓粟罪君，致流新疆死矣。当君说晋抚胡中丞奏开晋铁时，君名佐欧人而与订条约，凡有损我权利者，悉托政府之名以拒之，故久乃定约。及晋抚入奏，言官乃交劾，廷旨罢晋抚，由总署改约，欧人乘机重贿当道，凡求之晋抚不能得者，至是悉得之，而晋矿之开，乃真为国病矣。呜呼！卖国以自利，世所诟为"汉奸"者且不忍为，而当道竟悍然为之，势不至辛亥之变，举三百年祖宗之天下而并售之不止。君即受窃钩之诛，而彼卖祖宗之天下者，且安荣如故也！然则庄生之言，宁为过乎？至于君既受廛于欧人，虽顾惜国权，卒不能剖心自明于人，在君乌得为无罪？而其所以致此者，则以豪侈不能自洁之故，亦才为之累也。噫！以天生才之难，有才而不能用，执政之过也！怀才而不善自养，致杀身而丧名，吾又焉能不为君疚哉！书毕，为之长叹。

四月朔 晨束装将赴洛。乡人及骨董肆以古物乞售者麇集，得瓦鸮尊一，罍一，土偶一，乃山西出土者，三代物也。予向所见古明器，由隋唐逮宋元而止，今既得磁州所出六朝明器，又得三代土偶及礼器，合以曩所得关中出土之俑，历代明器备矣。往欲作《古明器图考》，久未就，若隐有所待者，为之狂喜。又见玛瑙觿一，许以重价，不肯售。巳正乘慢车，申初抵郑州，汴洛车已过，乃寓大金台旅馆。寓中挟瑟者比户皆是，彻夜为之不眠。

初二日 巳初乘汴洛车赴洛。午正至河南府，寓天保栈，栈在邙山之麓。邙山为一小岭，远观蜿蜒如长蛇，近视皆土阜也。古冢弥望，有大冢与馆门正相值者，司马文宣王陵也。午餐后入城阅骨董肆，古物寥寥。洛人言都中某势家子搜求古物，蓄洛阳估人数十辈于邸中，掘丘摸金，祸及枯骨，犹诛求不已。呜呼，此亦古物之浩劫矣！于会友斋得隋唐人墓志十一种，皆近年芒洛新出土者。又于骨董肆以厚价得"女年九岁"残碑一纸，仅存三行，分书极佳，当在魏晋间，出金墉城遗址。问石今在何许，秘不以告。洛阳人情颇倾诈，此行所经，保定民俗最良，天津次之，彰德又次之，洛为下矣。予以辛亥秋见周臣韩通及夫人李氏墓志墨本于翰文斋，书肆云石藏一张姓家，今方待价。予惊名贤遗陇之遭发也，欲至汴访遗址为封树之，以国变不果。此次到洛，访张氏于骨董肆，俾遂夙愿。乃佥云不知其人，为之怅惘无已。

初三日 晨卯刻赁车往游伊阙。南渡洛水，中途过关帝陵，下车入谒，庙貌尚完整，殿后为帝陵，周以短垣，壁上有刻石，记庚子两宫西狩曾于此驻跸，躬亲祭奠。寺僧为言往事，相对慨喟。午初抵龙门，崖壁间遍刻龛像，仰视既久，肩项为之酸楚。初至宾旸洞，有营兵驻焉，阻客不听入，与商良久，乃得逾阈。洞中驻兵数十，坐卧于是，饮食于是，并于像侧作炊，像黔如墨。数年以来，名山大刹半驻军士。予过京口，初拟至焦山游览，手拓《鹤铭》，并至海西庵松寥阁寻旧游之屐痕，探放翁之遗刻。乃闻诸寺均为军士所占，废然而止。乃又于龙门遇之，游兴为之顿阻。出洞后至老君洞，石级高且浅，不能安足，令导者牵曳而登。佛像首多失去，闻是厂估祝续斋等以钱贸乞儿于深夜私凿以售诸外人。前在彰德，逆旅主人为言南北响堂诸巨像皆失其首，亦彼等所为，令人目不忍睹。此诸洞者，以累朝官私之物力，越世数十而后成就，今为肆估一旦摧毁，贸钱几何，乃忍而为此？欲至九间房，因风烈日炎，路又高危而止。乃隔伊川望香山寺，颓圮殊甚。寺因山为基，其下像龛不少。是时因目之所睹，令脑中种种作恶，乃不复渡，遵前辙济洛而归。归途，便道入城，与会友斋商拓龙门造像全分二十部。予曩以龙门造像墨本多至四五百种而止，而号称五百品、千品者，皆以复品充数，且无详目可稽，故欲尽数精拓。今征之目验，始知无年代及仅二三字可辨者、文不可属读者，几居其半。因与定约，凡仅存二三字者屏之，其无年月而文字稍可属读者则亦拓之。至薄暮乃定议。惟二十分期以三阅月乃能竟，予不能自携归耳。返寓，已晚餐后。凡游龙门者，皆以篮舆，予初不知。以车往，道途倾危，颠簸如舟驶巨浪中。归寓惫甚，乙夜即就寝。

初四日　晨，碑估阎姓来，得隋唐志墨本九。询以藏韩通志之张氏，碑估谓是张十四，亦不能举其名。但又云张所藏尚有魏石夫人墓志及隋唐志，已携墨本赴都中觅售。其人今既不在洛，则此冢仍不可踪迹，为之闷损。午后欲至存古阁，畏尘畏热而止。乃访陇海铁路工程局长徐君端甫（世章），砚云所介绍也。面托以代收龙门造像拓本，兼谋访韩墓事。端甫言洛人有林荠原太史（东郊），留心乡土故实，明日当为介绍相见于局中。乃订以明午往。薄暮，有持魏宫一品张墓志墨本至者，云石在白马寺不远，近年出土。若欲得此石者，议价定即载以至。书体甚精，乃与议价。白马寺距城十五里，约乙夜以石至。至丙夜尚无消息，乃就寝。

初五日　昨售石人来，言石主佣力至他处，数日后乃归，故昨往不得石。洛人多诈，其言不可信，乃一笑而罢。购精拓本数纸。午间见荠原，告以访韩墓事，始知张固林之戚也。谓此石确已入都乞售，而墓址恐秘不肯言。予告以初非欲究发冢事，乃欲求埋碧之处封树之耳，费由予筹，不以累地方。且予濒返国时，东友有富冈君（谦藏）者，闻予将访通墓，捐银币三十以助封树之费。远人好义尚尔，望君与张氏协商，卒有以成之。又告以闻此石即出张氏田中，田中封树占地几许，其地价亦由予任之。林君唯唯，谓当有以报予。及夜膳时，端甫来，言顷又见林君及此间当道，已将韩志事协商，由当道购二石，存之署壁，并刻石述始末，不许移徙，再徐商封树事云云。于是韩志事稍有端倪，而全失予之初意。予意首在封树，购石其后也。今乃先购石，恐封树仍不可期。予之初衷恐终将付诸泡幻矣，为之长太息。洛下私掘古冢，约分三类：一曰贫民觊觎古物以贸钱；二曰势家购人发掘；三曰外人盗掘。端甫言铁道总医官欧洲某国人，所得古物甚多，得即寄归，不能知所得为何物也。闻司马文宣冢亦为所盗发。盗发之技，洛人操术至巧，乃于近墓处为隧道以通墓中，故圹中已空而崇封如故，人不觉也。今文宣墓虽已被掘，仍岿然高峙，恐汉代诸陵亦不免罹此灾矣。噫！刘估来，出所拓碑版乞售，拓墨尚精。因令拓崇高三阙题字，告以少室题字神龛以前尚有残字，神龛上一石亦有残字，二处共约十余行，予旧藏黄小松拓本有之，著录家皆未知也。又据黄小松《嵩洛访碑日记》"堂溪典《请雨铭》"，其言惟以下一石尚存二字，令并拓之，并令拓诸画像，与约拓三十份。刘估曾手拓嵩、少诸刻，故与言颇明了。此次洛游最减兴，惟此一事差可慰耳。予所藏黄小松拓本为端忠敏公乞取，今为补牢之计，不知能偿斯愿与否。近数十年间士夫藏石之风颇盛，此非古刻之福也。石入人家，禁拓墨，少流传，一也；子孙不知爱惜，或以镇肉奠柱，二也；转相售鬻，移徙无定，易于纷失，三也。然在公地，若关中之碑林、洛下之存古阁，其制善矣，而典守不严，仍有纷失。刘估言辛亥之变，存古阁所藏之墓志失去数石，又闻李超墓志曾为某学官携去，土人争之，乃得复反。予在学部时，丹马人何乐模谋窃关中《景教流行中国碑》，赝刻一石将以易原石。同乡方君者，其弟为何乐模通译，阻之不可，乃函告方君，方以告予。予亟白学部，电陕抚及学使，由金胜寺移入碑林，欧人乃运赝石以去。然此仅千百中之一二耳。其密输以出者，不知几许。予近时将我国古刻流入海外者为《海外贞珉录》，已知者凡数十石，其未知者尚不知何限，可为发深慨也。

初六日　晨，林君以所藏唐志石拓本二纸见赠，索予所撰《芒洛冢墓遗文》，允到沪寄赠之。乘汴洛车赴开封，端甫来送行，并为作书致陇海东路工程局长章君文通，且谓由汴至徐路且通矣。予初欲于游汴后，折回郑州至鄂，江行抵沪，至是乃拟改由汴、徐仍循津浦路以归。车中见嵩、少诸峰去人不远，恨不暇往游。午间抵汴，寓华商旅馆。诣同乡郭君荩臣许，荩臣出示乾隆《平安南战迹图》及《平西域战迹图》铜版二，乃近得之都中者。镂刻精细，画皆凹入，与日本所刻铜版同。《战迹图》人间流传至少，当时惟近侍大臣得蒙赏赐。往岁，在上海徐家汇藏书楼见之。壬子春，从恭邸许得乾隆时征小金川及廓尔喀、道光间征回疆三图，《平安南》及《西域图》则向所未见也。诸《战迹图》版及乾隆十三排地图版均藏武英殿，同治初年值铜荒，工部因诸图阴刻，不能刷印，请以鼓铸，相臣某止之，故至今尚存。不知地图版今在何许。因忆宣统初元内阁大库书籍奏归学部时，予曾至内阁阅览，见地图盈两架，欲取阅，某舍人言"此旧地图，无所用，待摧烧者"，予骇甚，属姑徐之，亟言于部，舆以归，后以庋之京师图书馆。又于大库庭中见题本堆积满地，亦奏明焚毁者。予随手拾取，得阿文成公言兵事奏，再阅他本亦然，依年月类次，颇井井，皆重要史稿也。亦亟告部中，载以数十车，权置国子监，今亦不知所在。此二者虽经予言得暂免劫灰，然终亦且沉埋散失而已，念之滋痛。

初七日 冒雨游书店街，得康熙《绍兴府志》。吾郡之志，乾隆以后即未续修，乾隆本间有传者，然已至少，康熙志尤少。予所藏有《嘉泰志》、明张元忭志、乾隆志，但少《宝庆续志》耳。十余年前在上海时，尝与吾乡徐仲凡丈（树兰）言修郡志事，卒不易观成。盍仿四明六志之例，先取宋二志、明一志及康熙、乾隆二志刻之，而附以会稽三赋，乾隆以后，当为续志，前志有疏失，则为补志。若至湘中刻之，所费不过四五千缗耳。徐丈欣然，谓"君如任校勘者，予将任筹费"。予欣然诺之。时徐丈方养疴沪上，乃不久归道山，事竟不果。至今日更无望矣。姑附前说于此，以俟来者。午后，诣章君文通许。章君在汉阳铁厂二十余年，辛亥之乱，章君尚在彼。为言当日情事及流离之状，有余痛焉。章君又言汴徐间仅数里未敷铁轨，现可乘货车往。晚间雨益甚。是日初欲至岳庙，访汴学石经《中庸》残石，以雨不果。汴学石经今仅存《周礼》数石，岳庙一石，乃近二十年出土者。亡友蒋伯斧谘议（黼）曾以手拓本见诒，云石在岳庙，今不知尚在否。又欲往访明代挑筋教诸碑，芑臣言今其地已成市廛，碑石已无可踪迹，恐亦为欧人载去矣。曩岁闻柯凤孙京卿（劭忞）言磁州高盛碑下截已出土，但未见墨本，予遣厂估求之，数岁不得也。前车过磁州时，不能下车亲访，及至洛，于骨董肆求之，亦不可得。今日在书肆中忽见一本，且有碑阴，为之差慰。又得隋唐志十余纸。一骨董肆有唐志石三，求墨本不得，因托郭君觅工拓之，约拓成寄海外。此行得芒洛新出墓志凡四十余种，异日当校录，以为《芒洛冢墓遗文续编》。

初八日 午间，乘货车赴徐州，芑臣至寓来送行，章君则至驿路相送。车中风烈，气候俄变，御三袷衣尚不支，乃易以棉。晚至距归德府十八里之朱集，路员邵君衡斋导入寨中一小店投止。与邵君闲话，知邵君之尊人与先大夫有旧，故相款至殷。

初九日 昧爽，邵君送予乘小汽车至牛王堌，易骡车行七里，复易东段货车。车中人言昨土匪数千人与防营战于此，互有胜负，匪所持皆新式快铳，其军械远胜于防营，故颇难敌。语未毕，见有兵士十余人来登车，又十余人送之，皆携军械。乃车甫发，送者将归，则丛树中铳声大作，此十余军士者亦以铳答之，盖又挑战矣。车行稍远，尚闻铳声。防营驻扎牛王堌，意此十余军士者，殆将歼于匪矣。近日报纸不载汴中土匪尚猖獗至此，惟日日歌诵功德，谓"白狼已就擒，豫省久安谧"，而闻豫人言，白狼固尚在，不过其众略散，暂伏处耳。呜呼！自辛亥以来，日以"国利民福"四字欺罔天下，而所谓"国利民福"者固如是也。车至砀山，又易客车。下午至徐州，宿招商旅馆。遥望云龙山色，不及揽胜也。

初十日 乘津浦路汽车返浦口。子初，由浦口乘沪宁夜车返沪。予自上月下旬发沪后，至是易车已十余次矣。

十一日 辰初到沪。行李甫憩，亟诣抗父处，则静安目疾十愈七八，起居如常矣。此行日日转徙，靡有定居，无从通音问，虽逆料疾必日减，而终不能去怀。既相见，乃大慰。返寓解装，检点所购诸物，尚无损坏。戚友麕至，谈至宵分。

十二日 晨，拜赵伯藏太守。太守则已束装，将送眷归武林。行箧旁午，然坚留小坐。出所画花鸟见示，书卷之气盎然。子培方伯言太守山水画为当今独步，惜不得见。又出示宋龙泉窑器，云近年龙泉掘地得故窑，一时所出不少，且以瓶一、盏二相赠。云将以一人再来沪，手书通函处，乃握别。复诣杨子勤太守，坐侧积书如崇墉。坐谈良久，为言近沪上诸家刻书事甚悉。予闻南浔刘氏所刊《周易单疏》已竣工，购之肆中，不能得，托杨君为予求之。

十三日 晨，拜艺风丈，为言《宋会要》徐星伯先生辑本，已由王雪澄廉访（秉恩）许归南浔刘氏，将分类校写付梓，星伯先生所辑乃长编也。又闻廉访旅沪，境况颇艰。廉访与予不相见者，十余年矣，劫后闻尚健。春间闻予《殷墟书契考释》成，乃亟访予弟子敬购求之，谓予所著书，其行箧中无不备。老而劬学，至可钦佩。廉访富收藏，近多出以易米，欲往看，以时促不果，乃托知好为致予意。午后拜张让三观察（美翊），亦十余年不见，须发皤然。观察为人慈祥恺悌，肫然如佛。劫后从事慈善事业，并留心乡里掌故。出《续甬上耆旧诗》及《李景堂先生遗集》写本，云将醵资付梓，予亟怂恿之。予请代购求《全谢山先生句余土音》，乃慨然出藏本以赠。此书予求之十余年矣，一旦得之，欢喜无量。让老并以《之江涛声》一册见赠，云是周君梦坡所撰，载辛亥吾乡事，多为予所未知，亦今之有心人也。复往谒培老，时将他出，乃匆匆致数十语，订再见约，郑重而别。

十四日　晨，与静安同乘春日丸。忆去年亦乘此船返东，老友杨惺吾舍人（守敬）携其孙来送予。予与舍人交至久，舍人水地之学为本朝之冠。去年至沪，本欲往见，闻其将北上而止。舍人闻予将行，则亟至舟中，以所著《水经注》序为托。予劝毋北行，舍人言使者已在此，容设法却之，颇有进退维谷之状。予既至海外，惺老卒入都，殆不能却使者。然尚投书，陈此行乃谋刻所著书，非以求仕，仍申前请，属为之序。且云即足下鄙其人，曷垂念所学乎？语至惨切。乃不及一岁而遽殁。因与静安追谈往事，为之黯然。异日必当为一传，以章所学，庶慰此老于九泉。晚间雾作。

十五日　晴。舟行至稳。与静安谈游事，已恍忽如梦中矣。午后作书致诸戚友。

十六日　晨，入门司港，发电致家人。

十七日　晨，入神户港。午后乘汽车，下午至京都驿，儿子辈已迎于驿次。及抵家，日将夕矣。

集蓼编

幼罹穷罚，壮值乱离，颠沛余生，忽焉老至。念平生所怀，百未一偿，而忧患历更，譬如食蓼之虫，甘苦自喻。初不必表白于人，惟念儿子辈丁此身世，阅历太疏，故书以示之，用资借镜。我虽学行远愧昔贤，亦粗足为后昆表率。且自叙语皆质实，较异日求他人作表状，以虚辞诔我，不差胜乎？辛未秋，贞松老人书于辽东寓居之岁寒堂。

予家自先曾祖由上虞侨寄淮安，至予凡四叶。同治丙寅六月二十八日子时，予生于淮安南门更楼东寓居，乳名玉麟。稍长，先府君名之曰宝钰。后赴绍兴应童子试，乃改名振钰，字之曰式如。入学后，又改名振玉，字叔蕴。上有两兄，予行居第三。生而羸弱，五岁始免乳。是年入塾，从山阳李岷江先生（导源）受学。一岁之中，病恒过半，故读书之时少。但先王妣方太淑人督课严，非病卧床蓐，亦令在塾静坐，听诸兄读书，往往能默记。七八岁，师为诸兄讲授，遂略通文义。师赏其早慧，而虑其不寿，谓先府君曰："此子若得永年，异日成就必远大。"先王妣亦器异之过诸孙。

先王妣治家严肃，予幼时生长春风化雨中，故性至驯顺，不为嬉戏，以多病，九岁始毕四子书，十三始竟《易》、《诗》、《书》三经。盖十岁后，病日有加，辍读之日多。是时初学为诗文及小论，师颇赏其有藻理。十四五读《礼记》、《春秋》，尚未竟。十六乃习制举文。是岁三月，先府君送两兄返里应童子试，命偕往。时八股文甫作半篇耳。途中病作，至杭而剧。盖平日尝病喉肿，至是复大作，水浆不能下咽者十九日。延淮安医吴朴臣治之，下以大黄，得大便，乃能食饮。病时，学使太和张霁亭先生（沄卿）已定期案试绍兴，先府君欲令仆送两兄返里就试，留伴予在杭医疗。适孝贞皇后上殡，国恤停试，而予病亦愈，乃以五月初赴绍应试。试毕，先伯兄入上虞县学第二十四名，予第七名。

入学之年，予制举文尚未成篇，临试强为之，疑必不入格。正场前考经古试《卢橘夏熟赋》，学使置予卷第一。寻疑童试不应有此作，乃拆弥封，见年方十六，益疑之。正场提堂面试，并出赋卷令讲释，无误，疑始释。试毕，偕诸生面谒师，询平日所学甚悉，并告以致疑之事。且勉之曰："予历试诸郡，未见才秀如子者。然子年尚幼，归家多读书，以期远到，不必亟科名也。"呜呼，师之所以期予者厚矣！

是年，先府君以质库折阅，逋负山积。及试毕返淮安数月，得藩司檄，委署江宁县丞，遂往就职；兼谋避债，携仲兄侍左右。以伯兄天资淳厚，乃命予佐先妣主家政。予少时足不逾书塾，罕接外人。至是，府君将债单并令司田租者山阳程西屏，一一与予接洽。予阅单不胜惶骇，汗出如浆。初见司田租者，如接大宾，几不能措一辞，久乃相习。予自揣才力恐不能胜，然但可以纾府君之急，不敢不唯唯于是。毕生忧患自此始矣。

先伯兄、仲兄均幼聘清河王氏女，是年倩冰人来催娶，先妣以两兄均年长，勉应之，遂诹吉。季冬，典质将事，杼柚已空。至除夕之晨，先妣至予书斋，谓岁暮祀先，尚萧然无办，命速为计。因相对雪涕。予乃急奔走称贷，至日昃乃得钱四千，于是始度岁。明年三月，长姊嫔于山阳何氏，又黾勉将事。此为予男女兄弟婚嫁之始，以后间岁有之。加以债家日耵于前，有携家坐索、累月不去者。于是先妣心力尽瘁无余矣，哀哉！

光绪壬午，为乡试大比之年，力不能赴试。先府君以日者推予命，谓当得科第，官京曹，谕勉为此行，乃同伯兄往。试毕，纡道至白下省视先府君，因流览书肆，见粤刻《皇清经解》，无力购买。灯下为先府君言之，府君乃以三十千购以见赐。予自入邑庠为弟子员，自惭经书尚未毕，乃以家事暇补习。至是得此书，如获异宝。闻先辈言"读书当一字不遗"，乃以一岁之力读之三周，率日尽三册。虽《观象授时》、《畴人传》诸书读之不能解，亦强读之，予今日得稍知读书门径，盖植基于是时也。

予自习训诂考订之学，于制举文未能兼鹜。然以先府君属望殷，遂从山阳杜宾谷先生（秉寅）受学。家事旁午，两月间才作三艺。其一为"肫肫其仁"三句。予详审书旨，意谓"其渊"、"其天"乃状仁之高深，仁无可象，故以"天"、"渊"喻之，犹"鸢飞戾天"、"鱼跃于渊",亦喻道之高深,上下无所不届。先生极赞文字之佳,而谓三句当平列,方合作法。予乃嗒然若丧,益知所谓中式之难。越数科,至戊子再试,归而大病,濒死。自是乃绝迹于棘闱矣。

予自十七岁始,率晨兴即接见债家,奔走衣食,晚餐后始得读书。每夕贮膏盈盏,复贮膏他器以益之。及盏与器中膏尽,则晨鸡已唱矣,始匆匆就寝,一小时而兴。如是者一年。癸未夏,乃得不寐疾,每一瞑目,则一日间语言行动,辄历历于方寸间往而复来。贫不能谒医,任之自然,羸瘠日甚,至翌春乃渐愈。先妣及先伯兄疑有他故,急为议婚。及次年孟夏,首妻范淑人来归。予时尚不知床箦间事,于是前疑乃释。

予授室后,不寐病初愈,且资禀素弱,读放翁"小炷留灯悟养生"之句,有所会。故未逾月,即别置小榻独宿,后遂以为常。室小,仅方丈许,每夕读书,榻上置卷帙。范淑人屏当案上物,俾得展阅,已则持衣物侧坐缝纫,儿啼则往抚之。予丙夜就寝,淑人必为予整书卷、理衾枕,始伴儿眠。往往匝月不通一语,恐妨予读也。噫,今日更安得见此贤明妇人耶!

淑人广东连平人,王父骧,江苏知县;考玉麟,候选光禄寺署正;妣颜安人。淑人长予一岁,年二十来归,恪循妇道。值吾家中落,斥装、佐饔飧、井臼、浣濯、刀匕、乳哺之事,无不自任之,无怨色。及先兄不禄,淑人出所御金练易钱,乃得入敛。予益服其明大义,家人亦莫不嗟叹。而嫂氏顾以为市恩沽誉,于是家难遽兴,乃益无生人之趣矣。

自先伯兄逝后,生计益穷,一门之内,气象愁惨,终岁如处冰天雪窖中。时先王妣深以株守为非计,私戒予曰:"门祚至此,异日能复兴者,汝耳!汝母以田产由我辛苦手置,誓死不忍割弃一棱。志固可嘉,然愚亦甚矣!亟宜弃产之半,以还急债,俾汝得负米四方。门祚之兴，乃可望也。若母子相守，即并命，亦何益？汝妇贤明，必能佐汝母，可无内顾忧。汝幸从我言，吾且为汝母言之。"顾当时米价贱，一石才二千钱，谷价半之，田不易售。先王姒既以告先姒，先姒许予外出。私念出将何之，姑至金陵谋之先府君。予妇乃质衣物得千钱，附钱船往。既至，先府君为言方今谋食者多于牛毛，有仍岁处馆舍，尚未得一枝栖者。汝贸然来此，冀以旦夕遇之耶？既至，且留数日归耳。予闻之，且悲且喜。喜者，终不忍以艰巨独诒吾母；悲者，天壤之大，竟无一负米之处也。为之方寸如割，骤病目（历两旬乃愈，左目从此遂瞽）。于是留三日，复附他舟归。方予行后，适有往金陵者，予妇以敝衣质百钱，手制一钱袋，置其中寄予，备旅中匮乏。至，则予已行矣。予既归，不得已，乃谋为童子师，得山阳刘氏馆，岁脩二万钱。此为予谋食之始。已而移帐邱氏及丹徒刘氏，先后凡五六年，馆谷以渐加丰，然终不逾岁脩八万钱。

当是时，予薄有文誉，尝为人捉刀作书院课卷。予姊夫何益三孝廉（福谦）尝以孝廉堂经古卷属予代作，诗题为《桃花鱼》，得"桃"字。予用《毛诗传》"鱼劳则尾赤"语，有"赪尾不缘劳"句。时校阅者为清河崇实书院山长南丰刘慈民先生（庠），于此句加抹，阑上批"杜撰"二字。予意诗虽不佳，然非杜撰，偶为鳌屋路山夫大令（埏）言之。不知大令固与刘君旧交也。一日慈民先生忽过访，予颇讶其无端。及接见，先生曰："钦君渊雅，故专诚拜谒，且谢失检之咎。世之山长有并《诗传》亦不知者，尚可抗颜为人师乎？实因衰病，遣他人阅之，竟不及检点，咎实在予。幸山夫为予言之，且喜因此误得与足下订交。此后试卷即请代阅，当割岁俸以供菽水，可乎？"予惶恐逊谢。先生不可，曰："契友中无通人可托，故以托某孝廉，致诒笑柄。幸君为老朽代庖，俾不致再诒诮，则为幸多矣。"予不得已，允之。然孝廉堂应试者多父执，恐滋物议，乃请先生秘之。为阅卷年余，而却其馈，因先生岁入固不丰也。先生以为歉，时适海州修方志，先生乃因淮扬道谢观察（元福）荐予于州牧。观察为先生门生，州牧又观察门生也。

先府君时权判海州，予往省，且拟就聘。至则州牧邀予饮，并集州绅商志例。予谓旧志出唐陶山先生（仲冕）手，体例甚善，不烦别作，但为续志可矣。坐中有石室书院掌教嘉兴姚君（士璋），谓旧志亦多疏误，宜别撰。予曰："旧志有疏误，别为补正数卷，何必改作？"州牧为军功出身，不知所可否，以予为其师所荐，韪予议，诸绅闻之，亦不怪。予归以告先府君，府君为言："志局一席，姚山长已与州绅有成议，而州牧忽聘儿，宜其不悦。儿若就聘，此后掣肘必多矣。"予乃恍然，亟托辞却聘归。今日书之，以志前辈虚衷可佩，且以记予当日所遇之辄穷也。

予家无藏书，淮安亦无书肆。每学使案试，则江南书坊多列肆试院前。予力不能购，时时就肆中阅之，平日则就人借书，阅后还之，日必挟册出入。当日所从借者，为姊夫何益三孝廉、丹徒刘渭清观察（梦熊）、鳌屋路山夫大令、清河王寿萱比部（锡祺）、山阳邱于蕃大令（崧生）、吴县蒋伯斧学部（黼）。予服习经史之暇，以古碑版可资考证，山左估人刘金科，岁必挟山左、中州、关中古碑刻至淮安，时贫不能得，乃赁碑读之，一纸赁钱四十。遂成《读碑小笺》一卷，又杂记小小考订为《存拙斋札疏》一卷。予妇脱簪珥，为予刻之。此为予著书之始。寻德清俞曲园太史（樾）采予《札疏》中语入所著《茶香室笔记》中。于是海内多疑予为老宿，不知其时甫弱冠耳。

予自授徒后，课余辄以著书自遣。经史以外，渐及小学、目录、校勘、姓氏诸学，岁必成书数种。然是时年少气盛，视天下事无不可为，耻以经生自牖，颇留意当世之故。虽处困，志不稍挫。好读杜氏《通典》及顾氏《日知录》，间阅兵家言及防河书。自河决郑州后，直、鲁、豫三省河患频仍。及张勤果公（曜）抚山东，锐意治河。而幕中有妄人某，假贾让"不与河争地"为说，谓须放宽河身。上海筹振绅士施少钦等，至欲以振余收买河旁民地，以益河身。予闻而骇然，谓今日河身已宽，再益之，则异日漫溢之害且无穷。乃为文万余言驳之。丹徒刘君渭清见予文，以寄其介弟铁云（鹗）。时铁云方在山东佐河事，予与之不相识也。铁云见予文，乃大惊叹，以所撰《治河七说》寄予，则与予说十合八九，遂订交焉。且为予言于勤果，勤果邀予入幕，以家事不能远游谢之。然当日放宽河身之说，竟以予文及铁云说而中辍。此亦予少年时事之可记者也。

自丙戌家难起，予幸以授读，故晨出夕归，归即屏当家事，绝无余暇。虽有闻见，亦以聋瞽处之。予妇则日处闺中，无可避免。所遇则怡然顺受，然隐痛深矣。自年二十来归，九年间凡生男女各二，皆自乳鞠。长男出嗣先兄，次男生而不育，长女幼多病，抚育至劳。及次女生产后，遂致疾。至壬辰三月，卒以劳瘵亡。是年冬，嫂王氏亦病瘵卒，相距不一岁也。逮岁末，双榇并举，同殡于南郭外之五里松成子庄。

淑人明达，有先识。尝语予曰："吾家虽中落，以夫子学行，必再兴门户。但妾赋命薄，恐不能终事君子耳。老母半生苦节，未答劬劳，诸弟必不克负荷，念之滋戚。异日将以是累夫子矣。"予惊其言不祥，曰："是何言？人生祸福，安可逆知。使他日果如卿言者，必不孤所托。"君闻而慰谢。弥留时，更言之。及君亡后十年，予履境稍裕，事君妣颜安人先后垂三十年，幸不负所托。呜呼，十载牛衣，差可酬九原者，仅此而已。

予自辛巳佐家政，至壬辰凡十有二年。是时予男女兄弟婚嫁始毕，当先长兄姊婚嫁尚勉力支持。及予聘妇，益拮据，将事，勉措十万钱备礼而已。后遂以为率，遣嫁倍之。然即是先妣之耗心力于子女者，已竭尽无复余矣。且每值婚嫁，债家益煎逼。至予聘妇日，债家有芮姓老孀，诅祝于门，亟以礼延入，宾之，始愧而止。至是又值死丧之威。淑人殁后，长男由先妣抚之，两女则寄养外家，予乃形影益孤矣。

予少时两值兵事：一为法越之役，予尚在塾读书；一为日韩之役，则予年已二十九。时方究心兵家言，日陈海陆地图读之。时我国大兵云集山海关，以卫京师，沿海兵备颇虚。予虑日本避实捣虚，先袭我海军，闻者皆笑我妄。乃日本果由金复海盖进兵，我海军燔焉。于是笑者又誉为"先识"。其实避实捣虚乃兵家之常，当时乃以是推"先识"，可谓不虞之誉矣。

先妣自连遭两丧，心力两穷。及甲午夏病疟，尚力疾理家政，后延绵不愈，致成湿温。予时馆宿于外，先妣不许荒馆政，令仆告已愈，禁予归省。一日私归省视，乃知病势甚重，因留侍左右，而诳称晨出夕归。乃于先妣榻侧置一小床，俾大儿宿其上，因先妣平日与长孙同卧起也。予则昼夜侍疾，逾半月疾益笃，昏不知人，而撩衣摸席诸败症悉见。至乙夜，六脉垂绝，肢冷至肘。予仓皇叩医者门，商进参汤。医者谓病系湿温，不可进参，谢不处方。予平日深以毁体为非孝，至是计无复之，乃剪臂肉授季弟，同高丽参两许同煎以进。比鸡鸣，则肢冷渐回，六脉亦复，达旦遂发狂。乃复延医，进清热涤痰剂。又月余，疾始退，卧床者半岁，乃复常。予不解衣带者数阅月。方先妣病剧时，季妹又以伤寒卒。所遇之穷，殆非人所堪。而予于季妹病不能加意医药，负咎终身，至今回忆，犹中肠如割也。

予自丧偶，初意不复再娶。乙未春，先妣为聘山阳丁氏女为继室。以夏初赘于丁，三日而归。丁氏之先，蒙古人，山阳大河卫籍。继妇考荀，山阳廪贡生，老儒也。方范淑人病亟时，语予曰："妾一旦不幸，君且奈何？"予曰："俟宿累清，子职尽，当被发入山耳！"

淑人喟然曰:"夫子负济世之志,此何可者?且子女将如何?"予曰:"男由吾母抚之,女以托君母。"淑人曰:"吾母必善抚两婴。然吾家人众,何可久长?妾意期丧毕,夫子即宜续娶,以纾内顾忧。若夫子由此遂鳏,妾在九原,亦不瞑也!"予曰:"不虑衣芦之事乎?"淑人曰:"此亦视孺子所遭何如。且妾知君必不尔也。"至是,予不敢违先姒命,复念淑人遗言,遂违初志。幸丁淑人性亦温厚,既来归,即与谒颜安人,母事焉,乃携次女归。然至是,予之世网乃益不可脱矣。

予频年以馆谷资家用,所入虽微,然时物价廉,于饔飧不无小补,而债务仍不能清偿。自先姒病后,精神不能如前,而忧劳未尝稍减。予感先王姒遗训,乃泣请于先姒,谓宜割产少许以纾急难,先姒许之。乃售泾河岸薄田百亩,得钱千余缗。复割越河腴田百亩,质于蒋君伯斧,贷钱二千缗,以偿宿逋之尤急者。于是,朝夕耳目始得稍宁。时我国兵事新挫,海内人心沸腾,予亦欲稍知外事,乃从友人借江南制造局译本书读之。先姒斥之曰:"汝曹读圣贤书,岂尚有不足,何必是?且我幼年闻长老言五口通商事,至今愤痛。我实不愿汝曹观此等书也!"予窃意西人学术未始不可资中学之助,时窃读焉。而由今观之,今日之伦纪荡尽,邪说横行,民生况瘁,未始不由崇拜欧美学说变本加厉所致。乃知吾母真具过人之识也。

予少时,不自知其谫劣,抱用世之志。继思若世不我用,宜立一业以资事。畜念农为邦本,古人不仕则农,于是有学稼之志。既服习《齐民要术》、《农政全书》、《授时通考》等书,又读欧人农书译本,谓新法可增收获,恨其言不详。乃与亡友蒋君伯斧协商,于上海创学农社,购欧美日本农书,移译以资考究。时家事粗安,乃请于先姒,以丙申春至上海,设《农报》馆,聘译人译农书及杂志,由伯斧总庶务,予任笔削。及戊戌冬,伯斧归,予乃兼任之。先后垂十年,译农书百余种。始知其精奥处，我古籍固已先言之。且欧美人多肉食、乳食，习惯不同，惟日本与我相类。其可补我所不足者，惟选种、除虫及以显微镜验病菌，不过数事而已。至是益恍然于一切学术求之古人记述已足，固无待旁求也。

自甲午兵败后，国势顿挫，人心震叠。南海康君（有为）于会试公车北上时，鸠合各省举子上万言书，首请变法自强，并创强学会于京师。是时亡友钱塘汪君穰卿（康年）以新进士不应朝殿试，至上海，创《时务报》馆，聘新会梁君（启超）任撰述，译欧美报纸载瓜分之说，以激厉人心，海内为之振动。予既至上海，见士夫过沪江者，无不鼓掌谈天下事，而《时务报》专以启民智、伸民权为主旨。予与伯斧私议，此种议论，异日于国为利为害，是未可知。且当时所谓志士者，多浮华少实，顾过沪时，无不署名于农社以去，是宜稍远之。伯斧韪焉。故在沪十年，黯然独立，不敢与诸志士相征逐也。

嗣后与汪君交渐深，知汪君固笃厚君子，志在匡时，实无他肠。乃私戒："以公等日以民智、民权为说，抑知民气一动，不可复静。且中土立国之道，在礼让教化，务安民而已。今日言富强，恐驯致重末忘本。且古者治法、治人并重，今弊在人耳，非法也。至欲以民权辅政府之不足，异日或有冠履倒置之害，将奈何？"汪君曰："礼教，本也；富强，末也。吾固知之。然医之疗疾，急则治标。且伸民权，亦非得已。君不见今柄政者苟且因循，呼之不闻，撼之不动，此可恃乎？吾曹今日当务合群，不可立异。君胡为此言？"予知汪君是时尚未悟也。乃未几，报馆中主撰述者某某，以私意忿争，致挥拳相向，杭人某伤粤人某。于是杭、粤遂分党派，渐成水火。梁君遂去沪，就湖南时务学堂之聘。后戊戌康君在京，电命上海道蔡和甫观察（钧）令汪君将《时务报》限期交出，及出使日本大臣黄氏（遵宪）过沪，复得电饬汪君即日交代。至是汪君始悟所谓"合群"之说不可恃，而所谓同志不能保终始矣！

当《时务报》开办之初，不仅草野为之歆动，疆臣中如鄂督张文襄公亦力为提倡，札饬各州县购读，且于练兵、兴学、派遣学生留学海外诸事以次奏行。及梁氏赴湘，文襄邀与谈，竟日夜。始知其所主张必滋弊，乃为《劝学篇》以挽之，然已无及矣。至戊戌春，康君（按：即康有为）入都，变法之事遂如春雷之启蛰，海上志士欢声雷动，虽谨厚者，亦如饮狂药。时江督刘忠诚公奉行新政独缓，康君弟子韩某一日谓予曰："顽固老臣阻新法尚力，但不日即有旨斩刘坤一、李鸿章首，以后即令行如流水矣！"予惊骇其言，以为必致乱，乃至八月而政变之事果作。由是驯致己亥之立储、庚子之拳祸，国是遂不可为矣。

方是时，朝旨禁学会，封报馆，海上志士一时雨散。《农报》未经查封，予与伯斧商所以处之，伯斧主自行闭馆散会。然是时馆中欠印书资，不可闭。予乃具牍呈江督，请将报馆移交农工商局，改由官办，并托亡友仪征李鹤侪大令（智傅）面陈刘忠诚公。公曰："《农报》不干政治，有益民生，不在封闭之列。至农社虽有乱党名，然既为学会，来者自不能拒，亦不必解散。至归并农工商局，未免掠美，有所不可。"大令为言，虽制军意在保全，奈财力不继何。忠诚乃亲批牍尾，令上海道拨款维持。沪道发二千元时，予赴淮安省亲，岁暮归沪，伯斧已将此款还印费，不存一钱，感于时危，归淮安奉母。予以忠诚盛意不可负，乃举私债继续之。于是，农馆遂为予私人之责矣。

方予译印农书、《农报》，聘日本藤田剑峰学士（丰八）移译东邦农书。学士性伉直诚挚，久处交谊日深。一日予与言，中日本唇齿之邦，宜相亲善，以御西力之东渐。甲午之役，同室操戈，日本虽战胜，然实非幸事也。学士极契予言，谓谋两国之亲善，当自士夫始。

于是，日本学者之游中土者，必为介绍。然苦于语言不通，乃谋创立东文学社，以东文授诸科学，谓必语言文字不隔，意志始得相通。乃赁楼数楹，招生入学。藤田君任教务，农馆任校费。予与伯斧以农社事繁，乃举亡友邱君于蕃任校务。时中国学校无授东文者，入学者众，乃添聘田冈君（岭云）为助教，上海日本副领事诸井学士（六郎）及书记船津君（辰一郎）任义务教员，授东语，学社乃立。继是日本亦创同文会，会长近卫公（笃麿）及副会长长冈子（护美）均来订交，日以同文、同种之义相劝导，意至诚切。于是两国朝野名人，交谊增进。顾以东邦人士派别不同，有主两国政府亲善者，有主两国志士亲善者，遂至有赞助革党之事，于是亲善终不得实现。此固非予与藤田君当日所及料，至今有余憾也。

学社创于戊戌仲夏，及八月政变，校费无出。邱君乃去沪，生徒散者三之一。而高材生若海宁王忠悫公、山阴樊少泉（炳清）、桐乡沈炘伯（纮）两文学，均笃学力行，拔于俦类之中，不忍令其中辍，乃复由予举私债充校费。幸一年后，社中所授历史、地理、理化各教科，由王、樊诸君译成国文，复由予措资付印，销行甚畅，社用赖以不匮。方予一身兼主报、社两事，财力之穷，一如予之理家。同辈赞予果毅，且为予危，其实此境固予所惯经也。

方戊戌新政举行，浭阳端忠敏公（按：即端方）任农工商大臣，锐意兴农，移书问下手方法。予谓："欲兴全国农业，当自畿辅始。昔怡贤亲王议兴畿辅水利，竟不果行。公若成之，不朽业也。"因寄《畿辅水利书》，附以长函。公阅之欣然，乃先议垦张家湾荒地。而值八月之变，公出任外吏，濒行遗予书，谓："兴农一事，朝旨不以为非，君若愿北来，当言之当道，必加倚重。"予意颇动，寻念去庭闱远，且不知任事能否无阻，乃谢之。时与公未识面，通书问而已。然与公订交，实自此始。

自戊戌政变，当时所谓志士者咸去沪。及庚子北方拳祸起，又复猬集，遂有长江之变。时当事诸人亦自知力不足，乃隐通海军，复结沿江会匪为后援。及大通一败，汉口未发再败，海军袖手不动，而会匪尚居沪上。有湘人李某者，任上海某局文案，亦与闻长江事，惧连染，乃诣江督告密，谓事变由会匪煽动，簿其名以上，且自请捕之。江督许焉。时汪君穰卿主《中外日报》馆，已练达世事，议论日趋稳健。顾平日负侠气，闻而不平，谓："会匪诚可诛，然既与同谋，败而下石倾险，孰甚焉？"乃阴资诸会匪纵之去。某愤甚，于是又以汪某实为首领告。穰卿时方在白下，不知已遭刊章。其友陶矩林观察（森甲）知之，不义其乡人所为，密卫穰卿出险，并以实语江督。某乃接浙去沪。事先穰卿不以告，恐予阻之。后闻其事，相与叹人心之险，益以危行戒穰卿。此后予有言，不复拒矣。又是年，长江诸督与各国领事订互保之约，南方幸得无事。然沪上恒舞酣歌如故，一若不知有两宫蒙尘、北方糜烂者。予乃益感民德之衰，为之寒心。

是年秋，予方拟措资，将历年所译农书编印丛书百部，充农馆经费。款尚未集，鄂督张文襄公电邀予总理湖北农务局，以馆事不可离谢之。公不许，且两日三电促行。不得已，乃权将馆事托沈文学（纮），拟到鄂面辞。既上谒，文襄问所以坚辞之故，予据实以对。文襄问："丛书百部，得价可几许？"曰："约五千元。"问："印费几许？"曰："半之。"文襄曰："农馆经费，易事耳。五千元所得微，可印二百部。书成，当札饬各州县购之，君勿虑此。现以鄂省农政相烦。此间设农务局已三年，并设学堂授农、蚕两科。总办某观察不解事，命提调某丞任学堂监督，近该丞力陈学生窳败，教习不尽心，讲课惟诛求供给，非停校不可。我意国家经费及学子光阴均当矜惜，故请君任农局总理兼该堂监督，其即日视事，详察情形，早日复我。"予以力不胜谢，文襄谕以勉为其难。予既退，提调某时已改充幕僚，出见，且导予至其室，谓予曰："制军盼公殷。公此来，当先决学堂事。此堂学生皆败类，不可造就，当以快刀斩乱麻手段，亟停此校，而制军意不决。君初至，不知情形，故以奉告。"予询以君往任监督几年，曰："三年。"予私念校风之坏，果孰致之，竟侃侃而谈，毫无愧心，甚以为异。复询之曰："学生不可造就，招某来，即为停校乎？"某曰："否，否，制军且以全省农政奉托。"予曰："既有总办，又有总理，不嫌骈枝耶？"某曰："然制军以总办不晓事，专任君。不去之者，以君为诸生，公事文移不便，故除行公文用其名，他不令干涉一事。且制军意欲为君报捐候选知府，留鄂差遣。俟有此头衔，则总办可去也。"予益诧为异闻，乃托彼代予坚辞，某则坚劝留。予知不得去，乃告以予曾捐候选光禄寺署正职，可谢制军不必再捐知府。盖是年先府君办捐输，令予报捐此职也。某曰："如此更善，当反报。"乃次日公文至，仍是总理，殆以予之职微也。然代捐知府事则幸免矣。

明日予至校受事，收支委员李某持簿籍至，则教习农、蚕科各二人：农科为农学士美代（清彦）、吉田某（今忘其名），蚕科为峰村（喜藏），他一人，今忘其名。翻译四人某某，学生两科总七十余人。颇讶学生之少、翻译之多。乃先接见教习，教习谓："夙敬仰先生，今莅此，某等之幸。以前总办、提调苦不得见，有事由收支转达，颇不便。以后许直接迳达乎？"予诺之。又见译员，四人中三少年，为使馆学生，能东语，不通中文，举止浮滑。又一人年差长，中文略通，性尤阴鸷。又接见收支员李寿卿，则中州人，出言鄙甚。又一人为文襄之同乡侯某，则挂名支俸而已。已而总办至，导诸生旅见。总办年六十许，议论极奇诡，出人意外，宜文襄斥为不晓事也。予乃逐日接见诸教职员，并上堂督课，且分班接见诸生，戒以闻本堂学风素劣，致有请制军停校者，制军矜惜尔曹光阴及国家经费，故命予来此整顿。今与尔曹约："自今更始，当敦行力学，一洗前耻。有偶犯过者，初次宥之，再次记过，三犯革除。"众皆唯唯。自是遂密察校中情形，乃知译员半为革命党员，且观其所译讲义，文理均不可通。因询教员以学生既三年，何仍不能直接听讲，答以提调嫌第一年课表东语太多，谓既有译员，不必重东语，故某等碍难违命。但深愿嗣后再招新生，必期直接听讲。其言颇合理，且与久处，并无诛求供给事，知以前必收支员托名冒领，提调不知也。学生则以新监督每事躬亲，颇有戒心。逮半月后，有故态复萌致记过者。既一月，详察记过诸生中有五人举止诡异，与译员往还甚密，意其必三犯，已而果然，遂面谕斥退。于是校风日整。乃谒文襄，陈二事：一请裁不职译员，暂觅替人，以后废除，令学生直接听讲；二请拨地为试验场，以备实验。并面陈自革退劣生，校中安静，但学风之坏由于译员，译员不去，根株尚存。文襄大悦，令觅替人，且面允拨抚标马场地为试验场。提调闻之，殊不怿。盖译员阴怂学生滋事，而又谄事提调，提调不悟其奸。即课表中减东语，亦译员为自保地，提调为所愚也。予既请易译员，提调遣人密告之以示好，于是译员全体辞职，予立许之，乃电忠悫及少泉代焉。于是教员称便，校风清谧。其后革命事起，则予所斥译员、诸生等半在其中，且有为之魁者。乃知予当日所料，固未爽也。

予自整顿农校后，提调颇怏怏，盖忿予不停校以实其言也。致予数上谒文襄，请拨马场地，皆不得见，盖阴为之阻也。予又见凡在鄂任事之人，见文襄皆极其趋承，而阴肆讥诽，无所不至。意甚薄之，不欲与伍。乃于次年暑假返沪，遂再三辞职。时该校管理颇易，营谋者多。文襄遂派员接办，而委予襄办江楚编译局，实无一事，素餐而已。意颇不安，逾岁遂并谢之。当在鄂时，无所事事，王、樊两君除讲译外，亦多暇日，乃移译东西教育规制学说，为《教育杂志》，以资考证，先后凡五年。予始知外国教育与中国不能一致：外国地小，故可行义务教育；中国则壤地占亚洲之半，人民四万万，势必不可行。故古者四民分职，各世其业，以君子治野人，以野人养君子。而所以化天下者，如春风之长养百物，上老老而民兴孝，上长长而民兴悌，上恤孤而民不悖。尧、舜帅天下以仁而民从之，桀、纣帅天下以暴而民从之，风行草偃，而天下已无不治矣。乃当世论教育者，必欲强行义务教育，于是各省苛捐日出，民不堪命。谋之不臧，卒陷国家于危地，哀哉！

予自丙申至辛丑，凡六年，初仅岁寄银币二百奉堂上菽水。及庚辛二年，积薪资得二千余圆。既辞鄂归，所印农书亦未请文襄札发，而销行甚畅，所得利益除偿本金及维持农馆、东文学社外，尚赢数千圆。乃悉以偿债，不敢私一钱。于是凤逋一清，但质蒋君处之越河田尚未赎耳。先妣慰悦，移书奖励，以予久客独居不便，遣仆送眷至上海。是年冬，江、鄂两省奏派予至日本调查教育，使两湖书院监院刘君及毕业生四人为辅行。时眷属适至，翌日即行，至次年正月归，在海东凡两阅月。

予至海东，东京高等师范校长嘉讷（治五郎）为讲教育大意一星期，每日一小时，意甚挚然，所言皆所夙知者。逐日参观大小及各专门学校，甚匆遽，然有当记者三事。一、自各省争派生留学，至是而极盛。人类本纯驳不一，复经庚子之乱，东邦浪人又相煽诱，于是革命之说大昌，如蜩螗沸羹，一倡百和。各省监督畏其势盛，噤不敢声，或且附和之。日本外务大臣小村氏，一日密延予至其官邸，谓留学生现象如此，恐酿成两国之不祥。顾诸生来者，补习东语后皆入高等及专门学校，而日本高等学校素无取缔之例；但不加取缔，前途甚可忧。若贵国江、鄂当道不以为非，当由文部订取缔专条，以免将来发生不幸。予时方以是为忧，而该大臣乃自言之，予出诸望外，允归为江、鄂两督言，且谢其厚意。此一事也。二、日本贵族院议员伊泽君（修二）闻予至，来拜，为言变法须相国情，不能概法外人，教育尤为国家命脉。往者日本维新之初，派员留学，及归国，咸谓不除旧不能布新，遂一循欧美之制，弃东方学说于不顾，即现所行教育制度是也。其实东西国情不同，宜以东方道德为基础，而以西方物质文明补其不足，庶不至遗害。我国则不然，今已成难挽之势。贵国宜早加意于此。新知固当启迪，国粹务宜保存，此关于国家前途利害至大，幸宜留意。予深服其言，亦允归为言之当道，并谢其拳拳之意。此二事也。三、同文会副长长冈子爵本为予旧交，一日延予至华族会馆相见。至，则子爵外仅一译人。既入席，谓有秘事相质，故不延他人。乃郑重言曰："自甲午两国失和，为东方之大不幸。战后日本国际地位骤高，久启欧人之忌，异日必将有俄日之争。以日本壤地褊小，可胜不可败，败则灭亡，胜亦大伤元气。万一竟至启衅，贵国东三省当两国之冲，若中国国势强盛，则有此缓冲地，日本受庇不小。惟贵国国势恐不能固此缓冲。两国开战，日本为争存计，必首先侵犯贵国中立。甲午之役，睦谊已损，何可一而再乎？故非避免战事不可。今有一策于此，特请君商之，幸许一言否？"予请示其策，乃续言曰："我国为此与元老枢府协商久矣。窃谓变法危事，今中国日言变法，其得失非可一言尽。以其至浅者言之，恐群情不便，国势转为之不安。何不由贵国皇帝遴选近支王公之贤者，分封奉天，合满、蒙为一帝国？开发地利，雇用各国客卿，以此为新法试验之地。变法而善，中国徐行未晚；若不善，则可资经验，不至害及国本。我国今将与英订同盟之约，若新国既建，可由两国提出国际会议，将此新国暂定为局外中立。惟不可以为藩属，将致种种不便。如是，则贵国可免变法之危，日本亦可免日俄之战，实两国交利之事。此策虽建自本会，实已得天皇同意。若公谓然，请密告江、鄂两督，与政府筹之。但不知君认此为出于诚意否耳？"予乃极称其策之善、意之诚，谓当力言于两督。且询以若两督谓然，必与公商进行之策，公能至江、鄂否？长冈曰可。予乃珍重与订后约。此三事也。有此三事，予私喜以为不虚此行。壬寅仲春至鄂，密陈于文襄。文襄称善，并令予先将第三事密询刘忠诚，若同意，当商之枢府。及予至江宁谒忠诚，乃亦谓然。未几，江、鄂乃密电日外务部，请订取缔学生规则。及文部颁行，学生大哗，纷纷抗命，致失效果。至保存国粹之说，予著论揭之《教育杂志》，畅言其理，于是"国粹保存"四字，一时腾于众口，乃卒不收其效。文襄定学堂章程，仅于课表中增"读经"一门，未尝以是为政本。后学部开教育会，野心家且将并此而去之，致芒芒禹甸，遂为蹄迹之世矣。

三事中，末一事所关尤巨。两督会商后，曾命予密招长冈副长。长冈以病不能行，近卫公代之。予伴至江、鄂而不得与会，久之寂然，不得其故。及日俄战后，端忠敏抚吴，偶言及之，忠敏曰："近卫到鄂，某亦与议，相商极洽。乃以此密询荣文忠，文忠不可，遂已。"盖其时忠敏方抚鄂，故知之也。呜呼！文忠误国之罪，宁止庚子之变？模棱持两端已哉！

予壬寅自鄂渚归，适上海，南洋公学增设东文科，毗陵盛公（宣怀）延予任监督，沈子培尚书（曾植）为之怂恿，乃就聘。时校地不能容，设分校于虹口，为延藤田剑峰为总教习。诸生勤学者多，成绩颇可观。乃阅二年而遽罢。是年冬，积俸入得二千元以赎越河质产，于是宿负始清。当庚子十月，先妣六十初度，时至鄂初受事，不获返淮称祝，乃遣奴子赍银币二百归。先妣谕以两宫蒙尘，且宿逋未了，非称寿之时。来款给饔飧，足慰儿孝思，异日逋负毕偿，当为儿尽一觞耳。至是遂拟归省，先妣复谕以冬寒不必远涉，俟春和归可也。乃癸卯正月二十四日以事至吴下，越日得急电，言先妣病。阅之神魂飞越,乃星夜遄归,五日始抵家,则吾母已于发电之日弃不孝而长逝矣。予肝肠寸裂,抚柩痛哭。府君持予手慰勉,予不能措一辞以对。回忆离膝下七年,往者岁必数归省,虽不过留数日,尚得亲承色笑。独去冬以慈谕故未归,岂知遂不及永诀,竟抱恨终天耶!今以垂暮丛咎之身,家国俱亡,海滨视息,未知何日方得侍吾母于地下!去年冬为吾母九十冥寿。家祭毕,回思劬劳未报,万感交集,怆然涕下。今追记及此,又不觉老泪之渍纸也。丧逾百日,先府君恐予过哀致疾,谓宜速返沪理校务。不敢违严命,乃至柩前痛哭而别。返沪后,精魄若丧,心如死灰,觉人间事无一可留恋者。方戊戌朝旨举经济特科,湖南巡抚陈公(宝箴)以予名应,自惭名实难副,本不敢应征,乃旋以政变中止。及壬寅,特科复开,张文襄公及邮传部尚书张文达公、法部侍郎沈公(家本)、漕运总督陈公(夔龙)复加荐剡。是年考试,予以居丧故,得谢征车。是年孟冬,粤督岑公(春煊)延予至粤参议学务,欲谢不往。家人恐予郁郁致疾,劝行。予以岭南景物为平生所未见,乃姑往应之。到粤,往粤秀书院,无所事事,惟将南洋公学东文科高材生数人补官费留学海外而已。粤东书价廉,乃日至双门底府学东街阅览书肆。适孔氏岳雪楼藏书后人不能守,方出售,乃尽薪水所入购之。予之藏书自此始。岁暮返沪,明春再往,终以素餐为愧。至暮春,遂托故辞归。孟夏,购爱文义路地九分,筑楼三楹,请先府君到沪就养,府君许之。既至,以眷口众,新筑狭,乃别赁宅西门外。是年六月,鄂抚端忠敏公移署苏抚,过沪来访,面请参议学务。谢之,不可。七月,往受事,谋创江苏师范学堂。卜地于抚标中军操场,先缮紫阳校士馆为校地,即旧紫阳书院也。以十一月开校,时公已移署两江总督。初拟定学生分初级、高等两班,生徒共三百二十人。因校地狭,乃先招讲习科生四十人,速成科生百二十人。予荐藤田学士任总教习,延山阳徐宾华广文(嘉)为监院。次年,添设体操专修科。五月，讲习科及体操专修科毕业。七月，招初等本科生八十人。八月朔，入堂受学。是月，设附属小学校。十月，开校招初、高两级学生六十余人。

予任苏校一如在鄂时，日至讲堂督课，至斋室视察诸生行检。课暇分班接见诸生，戒以敦品立行，俾不愧"师范"二字。时无父无君之说虽非猖獗若今日，然已萌芽，故于校中恭设"万岁"牌，朔望率诸生于"万岁"牌及至圣先师前行三跪九叩礼。各校无设"万岁"牌者，仅予校有之。校中揭示皆手书，不假手吏胥。除休沐日，跬步不离校。学生初以为苦，寻亦安之。平湖朱廉访（之榛）鲠直明察，以讲习科毕业，莅校昌言于众曰："今日学校靡国帑、坏学术、误子弟。如罗君之于此校，如严父之训子弟，如李临淮之治军，校风清肃，令我诚服。"予深愧其言。实则予之治校，不过不敢素餐旷职而已。

紫阳书院旧祀徽国文公（按：即朱熹）。予尝拟将过去院长学行足为师表若钱竹汀先生等，附祀其中，以资学生观感景慕，乃事冗不果。校中本有"春风亭"，故址不可寻。乃于荷池旁构一小榭，揭三字榜以存其名，捐经史书置其中。于门庭植卉木，宿舍前杂植桃、柳，池中补莲，并于抚标操场拟卜筑地加围墙，以定界址。今时移世异，不知如何，念之怃然。

苏州自洪杨乱后，城内尚有废基隙地，朱廉访招人购领建屋。予于操场旁从官购地二亩许，以沪寓狭，命工建楼五楹，旁造平屋十余间，足容全眷。拟迎先府君至苏，俾得晨夕侍奉。乃夏初，先府君即患小溲不畅，延东医诊之，谓肾病延及心脏，非数月不能致效。乃府君数日后即却药不御，屡请不许。及十月，先府君书至，言："胫肿，恐病势增重，儿可归，一谈家事。"阅之惊惶失措，亟请假归视。府君尚坐起至案前，谕予曰："往以家事累汝，且二十余年。今庶孽众，不忍再累汝，欲与汝谋所以处之。"予知府君意，急应曰："大人安心养疾,儿必体大人意,必厚视诸庶母、庶弟。"府君曰:"汝孝子也,我知之。然累汝矣。"遂不言。予闻谕,泣不可抑。亟延医诊视,医者谓病已亟,姑投泻剂消肿,乃肿消而食不进。至十三夜,遂易箦。予再遭大故,泣念自辛巳府君离淮安,违侍三十年,幸得迎养至沪,又以寓宅小,别赁宅以居,苏寓垂成,竟不及待。风木之悲,痛彻心骨。殓事毕,迎诸庶母、庶弟至予宅,乃扶柩返淮安,暂停南门外僧寺。予即借寺屋为垩室,及卜葬,返沪。拟俟百日后赴苏辞校务,而值江苏教育会逐客之事。方此校招生时,忠敏谓予曰:"此校虽为苏属设,然苏、宁本一省,不当分畛域。有投考者,一律收录。"于是扬、徐、淮、海有投考者,亦凭文录取,遵公旨也。苏绅滋不悦。又苏绅素多请托,招生时以竿牍至者,间不能副其请,意益不满。至是遂由教育会长张謇氏登报纸,谓予在苏筑室,私占校地。因予新筑去拟建新校地仅数十步也。张与予素谂,一旦以戈矛相向,不欲与校。乃移书朱廉访,谓:"宅地购自公家,非私占,公所知。校地已筑围墙,新筑地与校地无涉,亦人人知之,初不必与辩。予筑此室,本以奉亲,今堂上已弃养,亦不忍居此,即以此宅捐赠公家可也。"廉访初闻苏绅事,已愤甚,及阅予书,益不平。因复书,谓:"有更以诬谤加公者,某当之。"予再移书,请勿校。公知予决弃是宅,乃出官款还予购地及建筑费。予乃以百日满,至苏辞职,苏抚及公皆慰留。已而公知予必去,乃曰:"公去,此校可停矣。"予与公非素交,不知何以得此于公也。予将去,乃勉诸教习及职员仍旧供职候代。乃教员勉留,职员均愤而求去,坚留不可。乃请苏抚派员即日来接校事。及代者至,款目即日交割,予乃行。当予在校时,戒诸职员,谓治公家事,一切款目必每日清揭,俾随时可交出。至是,乃不烦而办。

方教育会与予为难,吾友钱塘汪颂谷文学(诒年)颇不平。闻予不校,乃激予曰:人世无黑白久矣!公不辩,人且谓公果有占地事,请告予本末。予一一诵言之，颂谷乃用予名代予作答辩书，登之报纸，予讶其多事。乃报章出，竟嗫无一言。盖意在逐客，予既去，愿已足，故不更烦笔墨也。书此以见当日尚有公论，若朱廉访及汪文学者，皆古之遗直也。

予叙校事讫，更叙家事。当先府君存日，有一至痛心之事。盖当析产时，先叔父携眷赴遂昌，所得淮安居宅之半无所用，乃作价归并先府君。后无以偿，先王妣乃割养赡田三之二，两分之，给先府君与先叔父，以府君所应得者偿先叔父。府君伤因贫致割及赡田，抱痛至深。及先妣弃养，予乃请于府君，宿债甫清，不可因丧举债，丧费由予任之。以后田租所入，积以赎赡田。及府君弃养日，赡田已将赎回。府君之丧，亦由予任丧费。诸庶母、庶弟居上海半岁，请返淮安，乃措资送归。时旧居赁于人，以别宅居之，以田租所入充岁用，予仍不取家中一钱。私恸往者先妣见背，尚有老父；今无怙无恃，天地间一鲜民耳。虽仅行年四十，然十年来于世态思之烂熟，从前夙抱用世之志，今见民德、友谊如此，官场积习如彼，为之灰冷。幸子职已尽，意欲遂被发入山。然我瞻四方，蹙蹙靡骋。方徘徊无计，忽得端忠敏电，谓："学部初创，相国荣公（按：即荣庆）已奏调君，请即入都。"予时既决计不复入世，乃以居丧固辞。公援满人百日当差为言，予复以汉臣无此例，不可自某始。公迫以即不就职，亦当入见荣公。不得已，乃入都上谒。相国慰勉曰："君不欲援满人当差例，请不照满人吉服到署，即以素服出入。君所不欲，皆不相强，但必助予。"予见公意至诚切，乃诺以暂留数月。宁知由此竟不获遂初志耶？

予至都，本拟即南归，然既许荣公暂留，家属在南中，殊不便。又以北方风土气候皆佳，人情亦较厚于南方，即不官，亦可居。乃售沪宅得万元，为移眷及在京用费，再徐图治生之术。乃先一年，同乡某君在沪以二千金创印刷局，强予入资之半，勉应之。至是闻予售宅，乃言印局亏耗，令出三千元闭局。予思鬻宅得赢出诸意外，遂不与校，如数与之。平日向守古人"犯而不校"之训，然于此可知南方人情之儇薄矣。明年因农、教两馆不能遥领，乃均停止。

学部初立，尚无衙署，先赁民屋为办事处，奏调人员到部尚寡。相国令予入居之时，部章未定，司局未分，每日下午令部员上堂议事。予莅部日，初次上堂，相国出公文三通令阅。其一为请废国子监，以南学为京师第一师范学校。予议曰："历代皆有国学，今各学未立，先废太学，于理似未可。"时两侍郎，一为固始张公（仁黼），一为天津严公（修）。严答称："现在以养成师范为急。南学向莅国子监。新教育行，国子监无用，不如早废止。"予曰："师范虽急，京师之大，似不至无他处可为校地，何必南学？即用南学，似亦不必遽废国子监。且是否当废，他日似尚须讨论。"张公闻之哑然，曰："相国以君为明新教育，特奏调来部。乃初到，即说此旧话。某已顽固不合时宜，意在部不能淹三数月，君乃不欲三日留耶？"予闻之，讶严之思想新异，张之牢骚玩世，均出诸意外。而于予之初到部，即纵论不知忌避，则自忘其愚。语已，相国徐曰："此事容再商，且议他事可也。"至明日，予至太学观石鼓，见监中有列圣临雍讲坐。私意部臣欲废太学，此坐将安处之？午后返署，以是为询张公，闻之遽曰："是竟未虑及！本部新立，若言官知之，以此见劾，岂非授人话柄乎？此奏万不可缮发！"相国亦悚然，因撤消此奏。予始知此事严意在废除，相国及张则视为无足轻重，虽非同意，尚可曲从也。及议学部官制，设国子丞及各郡县学留教官一人奉祀孔庙，亦予所提议，其幸得议行者，实自保存国学始。自此，部中皆目予为顽固愚戆矣。

及议学部官制，相国命黄陂陈君（毅）起草。陈君，文襄所荐也。既援新设诸部例，于尚、侍以下设丞、参各二人；又援日本官制，设参事官四人，列各司之前。予议既设丞、参，则参事为蛇足。

部员有驳予说者，乃卒如陈所拟。厥后此厅立，乃废上堂会议之例，每星期于参事厅开例会一次，有要事则开临时会议，尚、侍、丞、参及各司官咸与议。堂官奏派予在厅行走，月致饩七十元，坚却之。服阕后始受饩。

部章改以前，学政为实官，各省设提学使一人，位次在藩司之后、臬司之前。一日堂上集议，相国询众，以提学使应以何资格请简。严侍郎首建议，谓："必须明教育者。"盖意在曾任学校职员，及曾任教习者。故已调天津小学校长及小学教员数人到部行走。予议："提学使与藩、臬同等，名位甚尊，似宜选资望相当者。"相国然之，因询："何资望乃可？"众未有以对。予曰："无已，亦但有仍如从前学政，于翰院选之耳。"严意不谓然。予曰："堂官谓以明教育者为断，不知以何者为准？殆不外学校职员及教员已耳。今各省但立师范及中小学校，其管理员及教员不外地方举贡生员。此等人亦未必即副深明教育之望。一旦拔之不次，骤至监司，恐官方且不知能必其果举职否？"相国曰："然。亦但有于翰院取之。若谓翰林不明教育，俟奉简命后，派往外国视察数月可耳。"相国复令各举堪任之人，众又默然，莫肯先发。严侍郎曰："诸君且下堂，以无记名投票法举之可也。"相国曰："不如即席面举所知。"时同在坐者，有汪君穰卿、张君菊生，予语两君，谓："盍三人同举？"予意举沈太守曾植、黄学士绍箕、叶编修尔恺。两君皆首肯，愿同举。菊生别增一人，曰汪太史诒书。既下堂，即有部员数人同上说帖，力诋沈为腐败顽固，万不可用。其人盖皆曾任小学教员者也。顾所言无效，然予至是知当世之习为阿唯，非无故矣。外省派遣留学生，多习速成法政、速成师范。予意学无速成之理，尝于参事厅提议，谓："无益有损，请由本部奏请停止。"相国及坐中多然予说，严侍郎谓："派遣短期留学，实因需才孔亟，亦具苦心。且谓为无益或可，若云有害，非某所知也。"予谓："需才孔亟，亦如七年之病求三年之艾，在早蓄之而已。若惮三年之岁月，而以数月之艾代之，其不能得效，三尺童子知之矣。且学术非可浅尝辄止，速成求学所得者，一知半解而已。天下事误于一知半解者实多。若全无所知，必虚心求懈；略知一二者，则往往一得自矜，最足害事，故某意非截止不可。"严默然，既而曰："所言亦持之有故。但今日士子望速成者，多因卒业便可图啖饭处。一旦罢之，不虑其起哄乎？"予曰："此予之所以谓非裁制不可也。国家养士，非但为其啖饭地，至虑学生起哄，则可不虑。已派者，任其卒业；未派者，从此截止。何不可者？"相国韪之，谓："不必入奏，但通电各省及海外留学生监督可矣。"遂令予起草。由此，派遣速成之事遂止。

是年，本部奏派视学官，命予视察直隶、山西学务。戊申春，命视察山东、河南、江西、安徽学务。是年，本部考试留学生，奏派予充同考官，阅农科试卷及各科国文卷。明年，复派充同考官。戊申、己酉，钦派充留学生殿试襄校官。

予视学山东时，东抚为泗州杨文敬公（士骧），总角旧交也。公与予同寄居淮安，且同里闬。其先德仲禾先生（鸿弼），与先府君又通谱昆季也。公既贵，遂不通往还。至是相见甚欢，延予至其署观济源。酒阑，予语公："东省有大政二，一黄河，一外交，皆难措手，公何以处之？"公曰："黄河溃决，由天者半，由人者亦半。予严责当事，厚赏罚，幸得无事。至对德外交，现与德新岛督相处甚洽。其棘手者，惟学务耳。此邦学风嚚竞，非得有干力提学使不可。私与公商，若惠然肯来，当密商荣相。得公任此，吾无忧矣。"予谢不可，公曰："公必不可，不敢强。然当为吾谋适任者。"予前视学保定，见罗顺循太守（正钧）其人似有气干，允向荣相言之。其后由部奏简顺循提学山东，然亦无显绩，盖其人亦老于仕途者也。公又语予："有一事颇关重要，且质之公。德国租借青岛，初实欲用为东方军港。既至，乃知不可用。其政府深愿示好我国，交还为自辟商埠，但请以后东省路矿各政聘彼国技师，此外别无要求。至其政府经营青岛费用，愿以最长期由我国政府逐年偿还，不取息金。意欲请公密陈荣相，若以为可者，某当任折冲事。"予极赞之，乃归为荣相言。相国谓："兹事体大，俟南皮入都后议之。"及文襄至，亦然之。顾以西藏兵事，遂不暇及此。未几，文敬亦擢北洋大臣去。此议若行，则欧战时可免日德之争。然天数如此，殆非人力所能挽耶！

予在济南，欲观东昌杨氏海源阁藏书，请文敬为之介。文敬曰："东昌不通铁道，往返辛苦。且阁主人老聩，平生爱书甚，不仅宝旧藏，自购善本亦不少。顾老而无子，近支无可继者，彼深忧身后散佚，尝为予言之。且此老自由外部归，欲得一京卿头衔以自娱，请予伺机奏保，至今无以报。其身前誓守藏书，必不可夺，且不肯示人。若于彼存日奏请立案，将其藏书报效国家，先呈目录，俟身后由东抚案籍点收解京，而赏以卿衔，彼必感激，乐从此事。盍与荣相商之？予敬候部示。"予归即陈之相国，相国首肯，然卒以不关重要置之。今杨氏藏书历遭兵事，多散佚。则当日所请不行，为可惜也。

因杨氏藏书，忆及一事。欧人何乐模者，骨董商也。至西安欲窃取唐《景教流行中国碑》，复刻一本，将以易原碑。定海方药雨太守（若）之宗人为何乐模舌人，以告药雨，药雨以告予。予乃白部，发电致陕抚及提学司，将此碑由金胜寺移置学宫碑林中，何乐模乃不得窃取，运复刻以去。当予以此陈，当事颇以为多事，强而后可。然我国之古物流出者多矣，此特千百之一。国家不加意保护，亦无从禁其输出也。

光绪季叶，各新部皆有顾问，学部亦仿行，将奏派头、二等谘议官。予以为虚名无用，堂官谓："他部皆有，学部不可独异。"卒奏派十余人，予亦列二等。然奏派后无建言者，惟头等谘议官江苏教育会长某有书到部，请奏定学校职员、教员升转，其大意谓："欲求教育之兴，必得深明教育之人；求深明教育之人，当求之各学堂职员、教员中。学部宜定升转之法：各省小学堂长治事有成效者，升中学监督，如是递升高等至大学；小学教员教学有成效者，升教中学，如是递升高等至大学，并相其才力，内用为堂司，外任提学使，以示鼓励。如是，则人才得而教育理矣。"相国持至参事厅相传观，虽佥以小学教员得升大学教授为奇特，未能据以入奏，然卒作复书，以示褒纳。当时又有某直刺者，以卓异内用调部，上说贴请废举人、进士名目，凡在学堂卒业者，一律授博士；小学卒业者，授小学博士；中学以至大学均如是称。闻者莫不哑然。此均学部当日笑端也。

是时海外留学生返国，由部试及第者，皆奖以翰林、进士、举人。以前欧美留学返国者，多为不平。适四川拟修铁道，乔茂萱左丞聘詹君天佑为总工程师，詹微露此意，乔君遂以此提议于参事厅，堂司佥谓当援例奏请补奖。予议："此事某亦赞同，但年来新学未兴，旧学已替，频年留学生国文试卷皆予校阅，几无一卷通顺，满纸'膨胀'、'运动'等新名词，阅之令人作呕。亦当优奖海内宿学、经术文章夙著声誉者数人，以示学子俾知国学重要，并非偏重西学。"相国首肯，令予略举其人。乃举瑞安孙君仲容（诒让）、湘潭王君壬秋（闿运）及已故绍兴府教授乌程汪刚木先生（曰桢），谓汪今虽已故，亦宜追奖。其后乃奖王君壬秋、元和曹君叔彦（元弼）诸人翰林，而汪、孙不与焉。

文襄入枢府，兼管学部。到部日循例旅见，文襄止予曰："今日各司旅见，不能接谈，明日下午幸过我。"乃如约往谒。文襄曰："君此次到部，甚善。幸勿再言去矣。"予答以愚戆不通世故，且已陈荣相，不久乞归，并求中堂谅许。文襄色微不怿，已而莞尔曰："我必不任君去。"因询以在两湖时奏设存古学堂，君意云何，予曰："中堂维持国学之苦心，至为敬佩。惟国学浩博，毕生不能尽，今年限至短，复加科学，成效恐不易期。"公首肯曰："此论极是。但不加科学，恐遭部驳。至年限太短，成效必微，但究胜于并此无之耳。"予曰："职往于集议此案时，曾有说帖，乃推广中堂之意，略谓各省宜设国学馆一所，内分三部：一图书馆，二博物馆，三研究所。因修学一事，宜多读书。而考古，则宜多见古器物。今关、洛古物日出，咸入市舶，亟宜购求，以供考究。至研究所，选国学有根柢者，无论已仕、未仕及举、贡、生、监，任其入所研究，不限以经、史、文学、考古门目，不拘年限，选海内耆宿为之长，以指导之，略如以前书院。诸生有著作，由馆长移送当省提学司，申督抚送部。果系学术精深，征部面试。其宿学久知名者，即不必招试，由部奏奖。如是，则成效似较可期。"公闻之欣然，曰："君此法良佳，当谋奏行。"予又乘间言："以前奏定各学堂章程，乃以日本为蓝本，与我间有不合，尚有应增损者。我朝自世祖颁六谕以训天下，厥后圣祖广之为十六条，世宗又推衍为《广训》。从前学政案试各郡，必下学讲演，童生考试，必令默写，此诚教化之本，中小学校亦宜宣讲。日本有教育敕语，其例可援。至大学章程，经科课目宜增历法，文科宜增满、蒙、回、藏文，此皆我藩属，且为考古所必须。原课表皆无之，反有埃及古文。其实埃及文字虽亦象形，与我文字故非出一源也。"公闻之首肯者再，令予将以前定章加以补正，当具奏更改。予乃一一加签呈堂。堂官以为非急务，竟搁置之。后文襄引疾，此议遂罢矣。

予到部本欲留数月即去，乃荣相维挚甚殷，及文襄管部，为言荣相倚畀君，甚幸辅助之，益不许退。至戊申服阕适遣嫁程氏女，旧例部员无故不得请假，予欲借此乞退，据情上陈，乃许私假二十日，不许去。及至沪，值两宫先后上殡，乃遄返京师，寻文襄奏请试署参事官。己酉春奏补，遂不敢言去。至是，实为予致身之始矣。

学部定章：参事官，内以丞、参，外以提学司升转，先由本部奏请记名。予自补官后，自维以韦布骤致郎曹，忝窃非分，深惧无以报称。乃一日左丞乔君来，言现奏保丞、参及提学司，荣相欲留君在部相助，然提学司难得人，又欲保君提学，意不能决。属质之君，愿外任乎，抑在内乎。予为之愕然，曰："此岂堂官可谋之属员者？予补参事，已惧难报称。请为谢相国，以后保奏丞、参及提学，幸勿及某。"后半岁，又言之，予益惊愕，谢之如初。荣相初颇疑予为矫强，至是信为出于中诚，乃谓予曰："予知君性恬退，不愿他任，但我意国子丞不异宋人奉祠，惟非品学足为国人矜式者，不克任之。梧生不耐冷官，不久必迁擢，宜莫如君，此可不必再辞矣。"梧生者，临清徐君（坊），时方任国子监丞者也。予复逊谢。已而荣相以病去，徐君亦未他擢，文襄奏补予农科大学监督。

文襄管部后，议奏设大学。侍郎严公谓学子无入大学程度，且无经费，持不可。文襄曰："无经费，我筹之。由高等卒业者升大学，无虞程度不足。"侍郎争之力。文襄怫然曰："今日我为政，他日我蒙赏陀罗尼经被时，君主之可也！"乃奏设经、法、文、格致、农、工、商七科，奏任德化刘公（廷琛）为总监督；经、文、格致、农监督，任胶州柯学士（劭忞）、昭文孙吏部（雄）、元和汪侍读（凤藻）及予，皆奏补；法、工、商监督，任侯官林参事（棨）、诸暨何员外（燏时）、江夏权主事（量），皆奏署。

先是，于参事厅议大学官制，予议不必定为实官，当时颇有赞同者。文襄以他故，决定为实官，遂定总监督正三品，分科监督正四品，及奏请分别补署。是时予应开参事官本缺循例上谒，时灌阳唐公（景崇）代荣相任部长，唐公曰："君在部久，一旦改官大学，义不可留。然大学故隶本部，且君为谘议官，得与议部事，以后幸相助。"

乃次日，复招至堂上，谓予曰："顷丞、参堂因将请补参事缺额，检阅前奏，乃知缮折时漏去'分科监督为正四品'一语。同人本惜君去，今因误君可以原官兼任，仍得在部相助，深以为幸。但幸勿以此语管部，恐管部必欲补奏更正，转多事也。"予为避求升级之嫌，唯唯而退。以前荣相奏任徐君为国子监丞，因底衔错误乃自请议处。唐公长部颇异于荣相国，此其一端也。

予既长农校，时大学行政皆由总监督主之，各分科监督画诺而已，无从致力。惟是时七科皆在马神庙，本某驸马旧府，地狭不敷用。予请于管部，奏拨西直门外钓鱼台地建新校，设试验场。溽暑严寒，往返监视，至辛亥秋乃落成，而武昌之变作矣。

当戊申冬，今上嗣位，醇邸摄政，令内阁于大库检国初时摄政典礼旧档。阁臣检之不得，因奏库中无用旧档太多，请焚毁，得旨允行。翰苑诸臣因至大库，求本人试策及本朝名人试策，偶于残书中得宋人玉牒写本残页。宁海章检讨（梫）影照，分馈同好，并呈文襄及荣公。一日，荣相延文襄午饮，命予作陪。文襄询予："何以大库有宋玉牒？"予对以此即《宋史·艺文志》之《仙源集庆录》、《宗藩庆系录》。南宋亡，元代试行海运，先运临安国子监藏书，故此书得至燕。且据前人考，明代文渊阁并无其地，所谓文渊阁，即今内阁大库。现既于大库得此二书，则此外藏书必多，盍以是询之阁僚乎？文襄闻予言，欣然归以询，果如予言。但阁僚谓皆残破无用者。予亟以《文渊阁书目》进，且告文襄，谓："虽残破，亦应整理保存。大库既不能容，何不奏请归部，将来贮之图书馆乎？"文襄俞焉，乃具奏归部。奏中，且言"片纸只字不得遗弃"。因委吴县曹舍人（元忠）、宝应刘舍人（启瑞）司整理，面令予时至内阁相助。一日，予往见曹舍人，方整理各书，别有人引导至西头屋，曰"此选存者"，指东头屋曰："此无用者，当废弃。"予私意原奏言"片纸只字不得遗弃"，何以有废弃者如此之多，知不可究诘。又观架上有地图数十大轴，询以此亦废弃者乎，对以旧图无用，亦应焚毁。随手取一幅观之，乃国初时所绘。乃亟返部，以电话告文襄，文襄立派员往运至部。于是所指为无用者，幸得保存。然已私运外出者，实不知凡几。今库书自南北人家流出者甚多，皆当日称无用废弃者也。方予至内阁视察库书时，见庭中堆积红本题本，高若丘阜，皆依年月顺序结束整齐。随手取二束观之，一为阳湖管公干贞任漕督时奏，一为阿文成公用兵时奏。询"何以积庭中"，始知即奏请焚毁物也。私意此皆重要史稿，不应毁弃，归部为侍郎宝公（熙）言之，请公白文襄。宝公谓既已奏准焚毁，有难色。强之，允以予言上陈。及告文襄，文襄趣予请，然亦以经奏准为虑，低回久之，曰："可告罗参事，速设法移入部中，但不得漏于外间。"宝公以告予，予乃与会稽司长任邱宗君梓山（树枬）商之。宗君明敏敢任，且移部须费用，故与商。梓山曰："部中惜费甚，若堂官不出资，将何如？"予曰："若尔，予任之。"宗君乃往观。越日，报予曰："庭中所积仅三之一，尚有在他处者。相其面积，非木箱五六千不能容。无论移运及保存，所费实多，公何能任此者？部中更无论矣。盍再请于文襄？"予以此事文襄已有难色，若更请，设竟谓无法保存，仍旧焚烧，则害事矣。因告宗君："但先设法移部，移部后再思贮藏法。"宗君思之良久，曰："然则先以米袋盛之，便可搬运。米袋有小破裂、不能盛米者，袋不过百钱，视木箱价什一耳，部中尚可任之。然非陈明堂官不可。公能白之唐公乎？"予称善，乃上堂言之。唐公颦戚，尚未作答，予遽曰："此所费不逾千元，设部中无此款者，某任之。"唐公微笑，命由部照发，乃装为八千袋。乃陆续移部，适堂后有空屋五楹，因置其中。明日，唐尚书招予上堂曰："君保存史料，我未始不赞同。奈堂后置米袋累累，万一他部人来，不几疑学部开大米庄乎？幸君移他处。"予曰："是不难。以纸糊玻璃，则外间不见米袋矣。"唐公乃默然，已而仍令丞、参与予商移出。复筹之宗君，宗君言："南学多空屋，贮彼何如？"予曰："善。"适监丞徐君在丞参堂，予与商，徐君拒之，曰："现宣圣改大祀，南学设工程处，无地容此也。"予意颇愠，语之曰："君殆谓南学君所掌，予不当为是请耶？然太学微予，改废久矣！今以官物贮官地，望君终不见拒也。"徐亦怫然。左丞乔君曰："君毋愠，此非妄也。"为语当日议废监事，徐乃谢予。于是移贮敬一亭。予平生以直道事人，荣相幸能容之。复以是事唐公，遂益彰予之戆矣。然大库史料竟得保存。后十余年又几有造纸之厄，予复购存之。虽力不能守，然今尚无恙，但不知方来何如耳。至宗君实有劳于史料，世罕有知者，故特著之。

光绪季年，欧人访古于我西陲者，为英、德、法三国。宣统纪元，法国大学教授伯希和博士，赁宅于京师苏州胡同。将启行返国，所得敦煌鸣沙石室古卷轴已先运归，尚有在行箧者。博士托其友为介，欲见予，乃于中秋晨驱车往。博士出示所得唐人写本及石刻，诧为奇宝，乃与商影照十余种，约同志数人觞之。博士为言："石室尚有卷轴约八千轴，但以佛经为多，异日恐他人尽取无遗，盍早日构致京师乎？"予闻之欣然，以语乔茂萱左丞，请电护陕甘总督毛实君（方伯），托其购致学部。予并拟电，言："需款几何，先请垫给，由部偿还。"乔君携电上堂白之，则电允照发，而将还款语删去。予意甘肃贫瘠，若令甘督任此，必致为难，乃复提议于大学，由大学出金。总监督刘公亦谓大学无此款。予曰："若大学无此款，由农科节省充之，即予俸亦可捐充。"刘公始允。发电逾月，大学及学部同得复电，言："已购得八千卷，价三千元。"两电文同。部中初疑价必昂，闻仅三千元，乃留之学部，不归大学。及甘省派员解送京师，委员某为江西人，到京不先至部，而主其同乡某家。其同乡乃竭日夜之力，尽窜取其菁华，卷数不足，乃裂一轴为二三充之。解部后，予等转不得见。后日本京都大学诸教授来参观，予等因便始窥其大略而已。后廿余年，予寓津沽，人家所私窃之卷往往得之估人手，此又予所不及料者也。

予自三十出游，在野凡十年，渐谙世态，少年迈往之气，已为稍挫，然用世之心，尚未消泯。在野所建白，虽当道不以为非，然无一事见诸实行者。故入都时，自号"刖存"，意尚欲为铅刀之一割也。及在部派参事厅行走及谘议官，但有言责而无事权，予本不求进，故论事侃侃，无所避忌。乃改字曰"舌存"，以示尚有言责，且寓老氏尚柔之旨以自儆。乃在京既久，目击元凶在朝，太阿倒持，宫中、府中广布耳目，其他大臣则唯阿粉饰，若无知闻，讹言莫惩，翻以为舆论而曲徇之。其在下，则奔竞钻营，美名其曰"政治运动"，毫无顾忌。老成之士，独居深叹而已。及元凶斥退，斩草又不去根，逆知祸且不远，乃又改吾字曰"目存"。辛亥夏，部中奏设教育会，以江苏教育会长张君（謇）为会长，俾与议教育。阻之不可，予亦滥竽为会员。及开会，由会员谭太史（延闿）、陆太史（光熙）提议，以后教育当定为军国民主义，令各学堂练习军事，行实弹打靶，欲隐寓革命势力于学生中。两太史平日为党中之铮铮者，主张革命最力。其后陆在山西随父任，仓卒死乱军手，谥"文节"。其结局与其怀抱正相反，亦异事也。此议提出，附和者众。予首抗议，以为不可。予友王君（季烈）、蒋君（黼）、恩君（华）等均赞予说，汪君（康年）时久病，亦扶病出席抗议，孙君（雄）亦反抗之，黄君（忠浩）则驳以事实不能行。乃不得议行。一日，又提议学科中废除读经，则太仓唐君（文治）倡议，托副会长张君（元济）携至会中付议者。予时病足，不能赴会，乃写予意见，托蒋君伯斧代予抗议。王、汪诸君均力争，亦不获议行。彼党乃憾予甚。予自是益萌去志，顾不能办归装。及秋而武昌之事起，不假教育会之力，革命已告成功。予"目存"之号，乃不幸而中矣。

当予抗议于教育会后，侍郎于文和公（式枚）至予家，言："君执义不回，至为敬佩。然彼党凶焰方张，其势力已成，抗之无益。彼党已憾君甚，请勿再撄其锋以蹈危险。方今同志甚少，幸留此身以有待。"予感公厚意，答以今争之固无益，异日挽逆不更难乎。公慨然曰："某异日必不顾成败利钝，牺牲此身。某固非畏难以阻君者，幸君鉴之。"至海桑后，公果奔走青岛、上海间，有所谋。不就，卒于昆山舟中。卒时无为之递遗折者。予戊午春以放赈至津沽，与吾友王君乃学部季烈议为之请谥。王君乃合旧日属吏具呈，由前侍郎宝公（熙）领衔，因得予谥"文和"。予录录无似，无以谢公，今日记此，以志知己之感。惓言往昔，为之涕零。

予丙午入都，吾友汪君穰卿先在春明已补应朝殿试，得内阁中书。既相见，谓予曰："予往者以道弗不治，欲别启山林，辟一新径，乃山林未启，虎兕已出噬人，先后数年，误国之罪，实无可逭。今力谋补救，恐已晚矣！"予深赞其不护前往，尝论其人为笃实君子，而误其步趋者，至是知所见之非妄也。时君已抱病，以一手一足之力创《刍言报》，以抗革命，党人憾之甚。其参与学务，主张亦皆正大，在京落落罕与往还者，予书"独立不惧，遁世无闷"楹帖赠之。及武昌变起，君至津，招予往，言留屋三间相待。予是年夏既拟出京，而川资莫措。适东邦友人借所藏书画百轴往西京展览，彼邦有欲购者，予移书允之，欲以是办归装。乃至秋尚无消息，至是无所措手，乃谢之。不数日，君在津方晚餐，闻袁世凯复出之讯，于坐中遽委化。不数日，蒋君伯斧亦以病殁于京寓。两君俱无子，舍人有嗣子，不久亦逝。蒋君以犹子嗣，其遗书仅予为刻《沙州文录》一卷而已。至是，予之旧游，乃日就凋谢矣！

武昌变起，都中人心惶惶，时亡友王忠悫公亦在部中，予与约各备米、盐，誓不去，万一不幸，死耳。及袁世凯再起，人心颇安，然予知危益迫矣。一日，日本本愿寺教主大谷伯光瑞遣在京本愿寺僧某君来，言其法主劝予至海东，并以其住吉驿二乐庄假予栖眷属。予与大谷伯不相识，感其厚意，方犹豫未有以答，而旧友京都大学教授内藤虎次郎、狩野直喜、富冈谦藏诸君书来，请往西京。予藏书稍多，允为寄存大学图书馆，且言即为予备寓舍。予乃商之亡友藤田君，藤田君为定计，应诸教授之招，而由本愿寺为予担保，运书物至京都，运费到京都后还之。且愿先返国，为予筹备一切。事乃决，遂以十月初出都门，往天津待船。时大沽已将结冰，商舶惟末班"温州丸"，船小仅千吨。予与忠悫及刘氏婿三家，上下约廿人同往。船至，舱已满，乃栖家属于货舱中，船长以其室让予。途中风浪恶，七日乃达神户，藤田诸君已在彼相迓。即日至京都田中村寓舍，东京旧友田中君庆太郎亦至京都助予料理，狩野博士夫人在寓舍为备饔飧。诸君风谊不减古人，终吾生不能忘也。

方予携家浮海时，汉阳已克复，武昌尚未下，都中同志尚冀时局可以挽回。宝公（熙）谓予曰："君竟洁身去耶？盍稍留，俟必无可为然后行？"予乃诺以送眷东渡后，即孑身返都。既至东三日，即附商舶至大连，遵陆返春明，知已绝无可为，践宿诺而已。比至，众亦谓大事已去。留旬日，乃复东渡。壬子岁朝，逊政之讯乃遽至海东矣。

予初至京都，寓田中村，与忠悫及刘氏婿同居。屋狭人众，乃别赁二宅，以居两家。时季弟子敬（振常）方任奉天某校教习，复寄资迎其眷属，别为赁屋居之。三宅月饩各百元。季弟读书知大义，居东岁余返国，于上海设一书肆，苟全性命于浊乱之世，皭然不污。昔徐俟斋、傅青主两先生清风亮节，为海内所推，独不能得之于其弟，予乃无此憾。此平生差可自慰者也。

予寓田中村一岁，书籍置大学，与忠悫往返整理甚劳。乃于净土寺町购地数百坪，建楼四楹，半以栖眷属，半以祀先人、接宾友。门侧为小榭四间，楼后庖湢奴子室数间，植松十余株，杂卉木数百本，取颜黄门《观我生赋》语，颜曰"永慕园"。寻增书仓一所，因箧中藏北朝初年写本《大云无想经》，颜之曰"大云书库"。宅中有小池，落成日，都人适有书为赵尔巽聘予任清史馆纂修，既焚其书，因颜池曰"洗耳池"。日本国例，外邦人可杂居国内，但有建屋权，无购地权，乃假藤田君名购之。家人既移居，未几更移存大学之书于库中，乃得以著书遣日。

予在海东时，以不谙东语，往还甚简。惟大学文科诸教授，半为旧契，以文字相往还。大学总长延予为文科讲师，请藤田君为之介，至为殷拳，坚辞乃允。是时王忠悫公尽屏平日所学，以治国学。所居去予不数武，晨夕过从。忠悫资禀敏异，所学恒兼人。自肄业东文学社后，予拔之畴人中，所至皆与偕。及予官学部时，言之荣文恪公奏调部行走，充编译官，每称之于当道，恒屈己下之，而闻誉仍未甚著。及至海东，学益进，识益宏。十余年间，遂充然为海内大师矣。

予往岁家居修学，无师友之助，闻见甚隘。三十以外，闻见渐增，始稍稍购书器。而江海奔走，废学者且十年。及四十后入都，闻见日扩，致书器日多，每以退食之暇欲有所造述，牵于人事，无所成就。逮辛亥间，始创为《国学丛刊》，不数月以国变而止，至是赓续为之。时忠悫迫于生事，乃月馈二百元请主编校。又岁余，上海欧人聘忠悫至沪，乃辍刊。予遂以一人之力编次平生所欲刊布之古籍，并著录所见所得古器物、墨本，次第刊行。归国后，复赓续为之。先后得二百五十余种，九百余卷，撮其序跋为《雪堂校刊群书叙录》。

予平生所至辄穷，而文字之福则有非乾嘉诸儒所及者。由庚子至辛亥十余年间，海内古书器日出。若洹滨之甲骨、西陲之简牍书卷、中州之明器，皆前人所未及见者。洹滨甲骨自庚子岁始由山东估人携至都门，福山王文敏公（懿荣）首得之，未几殉国难。亡友刘铁云观察得文敏所藏，复有增益，予在申江编为《铁云藏龟》，瑞安孙仲容征君据以作《契文举例》，于此学尚未能有所发明。且估人讳言出土之地，谓出卫辉。及予官京师，其时甲骨大出，都中人士无知其可贵者，予乃竭吾力以购之。意出土地必不在卫辉，再三访询，始知实在安阳之小屯。复遣人至小屯购之。宣统初元，予至海东调查农学，东友林博士（泰辅）方考甲骨，作一文揭之杂志，以所怀疑不能决者质之予。予归，草《殷商贞卜文字考》答之，于此学乃略得门径。及在海东，乃撰《殷墟书契考释》，日写定千余言，一月而竟，忠悫为手写付印。并将文字之不可识者为《待问编》，并手拓所藏甲骨文字编为《殷墟书契》，后又为《续编》，于是此学乃粲然可观。予平生著书百余种，总二百数十卷，要以此书最有裨于考古。厥后忠悫继之，为《殷先公先王考》，能补予所不及，于是斯学乃日昌明矣。

西陲古简，英人得之，请法儒沙畹教授为之考证。书成寄予，予乃分为三类，与忠悫分任考证，撰《流沙坠简》三卷，予撰《小学术数方技书》、《简牍遗文》各一卷，得知古方觚简之分别及书体之蕃变。忠悫撰《屯戍遗文》，于古烽候地理，考之极详。后忠悫在沪将所著订正不少，仅于《观堂集林》中记其大略，惜不及为之重刊也。

伯希和教授归国时，予据其所得敦煌书目择其尤者，请代为影照。劝沪上商务印书馆任影照费，并任印行，而予为之考证，乃约定而久不践，予乃自任之。先将中土佚书编《鸣沙石室佚书》，嗣编印《古籍丛残》，复选印德人所得西陲古壁画，为《高昌壁画菁华》。嗣日本大谷伯得西陲古物，陈列于住吉二乐庄，予据其所得高昌墓砖，为《高昌麴氏系谱》。于是西陲古文物略得流传矣。

中州墟墓间所出明器，春明估人初无贩鬻者，土人亦以为不祥物而弃之，故世无知者。光绪丁未，清晖阁骨董肆徒偶携土俑归，为玩具。予见而购焉，肆估乃知其可贸钱。予复录《唐会要》所载明器之目授之，令凡遇此类物，不可毁弃。翌年，各肆乃争往购，遂充斥都市。关中、齐、鲁诸地亦有至者。初所见多唐代物，寻见六朝、两汉者，欧美市舶多载以去。此为古明器发见之始。予在海东，就往昔所藏编为《古明器图录》，并尝会最古明器之见载籍者为之说，至今草稿丛脞，尚未暇写定也。

本朝经史考证之学冠于列代，大抵国初以来多治全经，博大而精密略逊。乾嘉以来，多分类考究，故较密于前人。予在海东与忠悫论，今日修学宜用分类法，故忠悫撰《释币》、《胡服考》、《简牍检署考》，皆用此法。予亦用之于考古学，撰《古明器图录》、《古镜图录》、《隋唐以来古官印集存》、《封泥集存》、《历代符牌录》、《四朝钞币图录》、《地券征存》、《古器物范图录》、《古玺印姓氏征》诸书。

予三十以前，无境外之交。旅沪时，始识东邦诸博士。宣统初，因法国伯希和教授得与沙畹博士书问相往还，又与英国斯坦因博士通书问。尝以我西陲古卷轴入欧洲者，所见仅百分之一二，欲至英、德、法各国阅览。沙畹博士闻之欣然，方联合英、德学者欲延予至欧洲，为审定东方古文物，予将约忠悫偕往。乃未几而巴尔干大战起，乃中止。今沙畹博士及忠悫墓已宿草，予今且戢影海滨，万念都灰，此愿恐不克偿矣。予于前辈学者犹及见者，为江宁汪梅村先生（士铎）、宝应成芙卿先生（孺）、乌程汪刚木先生（曰桢）。并世学者若会稽李莼客侍卿（慈铭）、宜都杨惺吾舍人（守敬）、胶州柯蓼园学士（劭忞）、嘉兴沈子培尚书（曾植），皆尝与从容谈艺。王忠悫则同处垂三十年。至孙仲容征君，则通书问，未及识面。于文和公，则未尝论学。今多已委化，仅蓼园岿然，如鲁灵光，予则亦老且衰矣。

予自寓海东，壬、癸二岁，足迹未尝莅中土。甲寅春乃返国，拟至淮安展视先垄，以漕渠水涸，乃留沪上。与朋旧相见，话隔世事，如在梦寐。明年春再返国，乃得偿祭扫之愿。瞻先人旧庐，怆然涕下。寻至曲阜，谒至圣林庙；至安阳之小屯，访殷墟遗址。往返五十余日，复返海东。自是以往，岁辄一至沪，或二至、三至。由今思之，当日之仆仆道途居诸虚掷为可惜也。

予往岁在沪遭先妣之丧，此身块然如木石，厌厌无复生意。然念先府君在堂，子职未尽，不能不强自排遣。时南中故家，若两罍轩吴氏、鲽砚斋沈氏、愙斋吴氏、南汇沈氏、上海徐氏、嘉兴唐氏，所藏书画、碑版、古器，充斥沪上。时流于书画但重王、恽，宋元明人真迹及古器罕过问者，予乃稍稍收集。及备员京曹，当潘文勤、王文敏之后流风已沫，古泉币、古彝鼎，亦购藏者少。退食之暇，每流览厂肆，间遇珍本书籍。于是吴中、上海售屋之价，太半用之于此。及居海东，无所得食，渐出以易米。予本不事生计，至遭遇国变，觉此身且赘，更何问资产，每有余力，即以印书。继念先王妣、先妣两世勤劳，意欲斥其所藏得金，将淮安田庐照时值收为公产，以现金分给诸庶弟，屋宇改为祠堂，田亩以充义庄。诸庶弟乃百计抗之，喟然而罢，为致病胃垂三年。自分无生理，思赡族之愿既不偿，何如出以济世。及丁巳，近畿水灾，乃斥鬻所藏，即精品若王右丞《江山雪霁》卷之类，亦不复矜惜。沈乙庵尚书赠予诗，所谓"罗君章有唐年雪，挥手能疗天下饥"者是也。得日币二万圆。戊午春，扶病返国，携大儿福成与沪上红十字会员散放保定之清苑、涞水二县春赈。此虽于民生未必有济，即济亦几何，然亦推吾锡类之心而已。

袁氏假共和以窃国，阴欲窃帝号以自娱。及称帝不成，而愤死。柯蓼园学士乃邮书，招予返国，谓："元凶已伏天诛，辽东皂帽盍归来乎？"予复书，言："郿坞虽倾，李郭尚在，非其时也。"及欧战告终，疫疠大作，家人无不感染。四儿妇李致成肺病，次儿福苌转为肋膜炎。乃送儿妇返国，不数月身故。次儿转地疗养，亦无效。予病胃，复不瘥，乃慨然动归欤之念，欲于涞、易间卜宅以老。东方友人闻之，多方维繋，京、坂诸公欲于吉田山为予筑精舍，且为谋致月廪。情至殷厚，坚谢乃得免。濒行，两京、神、坂耆旧数十人，公饯于圆山公园。念予初至时，亡友富冈君（谦藏）同诸博士至神户相迓，才逾八载，遽作古人，为之黯然。而君之先德铁斋先生，年垂九十，亦扶鸠来饯，诸博士复送予至神户登舟。此邦人情之厚，令我至今感叹不忘也。方东邦耆旧饯予时，酒阑，犬养君（毅）询予曰："公居此邦，平日但言学术，不及政治。今垂别，破例一言可乎？"予应之，曰："辱承下问，敢不以对？东西立国，思想迥异，而互有得失。东方以养民为政本，均安为要归，而疏于对外；西方则通商、练兵、长驾远驭，而疏于安内。今欧战告终，赤化遽兴，此平日不谋均安之效也。此祸或且延及东方，愿贵邦柄政诸公幸早留意。"犬养君曰："此虽当虑，但东方素无此等思想，似不至波及。"予曰："欧洲开化迟，今日所谓斩新思想，在中国则已成过去。不但曾有此思想，且实行试验，盖试而不能行，故久废也。即如今日苏俄所倡产业国有及无阶级政治，中国固已早行之，而早灭矣。"犬养君闻之愕然，请其征。予曰："井田之制，非产业国有乎？阡陌开，而井田废矣。《孟子》言'貉之为国，无君臣、上下、百官有司'，非无阶级政治乎？此等政治仅见《孟子》书中，不见他载籍。盖至孟子时，废且久矣。窃谓今日为国，不谋均安而骛富强，则苏俄其前车也。"犬养君乃掀髯首肯。今去予返国甫逾十年，而东方少年思想日异，予当日所虑者，乃不幸而中矣。

予在京都，既影印西陲古卷轴，欲继是影印东邦所藏卷子本各书，顾仅成数种，即告归。乃捐净土寺町寓宅于京都文科大学，售之以充继续印书之费，且为居东之纪念，以托内藤、狩野两博士。予归国后，成书数种。今又十余年，闻将有续印者，想两博士必始终竟予之志也。

予自海东归国，岁在己未。春末先至沪，遣嫁王氏女。预于津沽赁楼三楹，以贮由海东运归之书卷长物。请姊夫何益三孝廉住津接收，并请吾友王君九学部代觅宅，以栖眷属。天津金浚宣民部（钺）闻之，慨然以英租界集贤村别业二十余间相假。予与金君未谋面，闻其于海桑后闭户谢客，读书养志，迥异时流。及至津，遂订交焉。居集贤村逾年，乃卜地法界三十一号路，建楼十数楹；尚余二宅，赁之于人。颜之曰"嘉乐里"，于是留津者垂十年。

予至津后，即至梁格庄展谒德宗山陵，且谋购地卜宅，乃以故不能遂初志。亡友南丰赵声伯太守（世骏）劝予入居都中，谓后门有宅，价至廉，数千金可得也，意颇动。时番禺梁文忠公（鼎芬）病，往视之。寻见报纸载梁公将荐予代彼为师傅，知谣诼必有由来，遂谢赵君，决居天津，不复徙矣。

居天津后，旧游往还颇多，不能如海东之静谧。且一再移居，料理书籍费时日颇久，然胃病乃自愈。始知在海东久不痊者，半由水土所致也。在津稍久，得识南皮张小帆中丞（曾敭）、丰润张安圃督部（人骏）。时旧交如姻丈桐乡劳玉初尚书（乃宣）、蒙古升吉甫相国（允），皆侨居青岛，时往存问。以后岁或一再至，略如往在海东时之岁至申江矣。

予与吉甫相国初非素谂。往岁旅居海东时，公亦侨居东京，由文求堂主人田中君为之介，乃得相见。公时寓深田银行别邸，衣服不完，而志气弥厉。平日不事生产，罢官后躬耕渭滨。辛亥国变，朝旨授陕西巡抚，督办陕甘军务，乃领甘军力战。至壬子春，乃罢居东，不久归国，寓青岛。渭滨田已遭没收，贫不能自存。劳丈移书故交为谋饔飧，予乃岁馈银币千元。及青岛收回，予迎至天津，割嘉乐里楼三楹以居之，岁馈如故。公尝自叹任疆吏多年，乃以猪肝累人为歉，予曰："久任疆吏，至贫不能自存，乃盛德事，何歉耶？"居东时，日本内藤湖南博士赠公诗，有"绝世奇男王保保，可能痛饮岳耶耶"语，异邦人亦钦挹若此。在青岛已幽忧至疾，旅津后频上封事，甲子之变益愤懑，疾日进，然日必扶病造行朝。近则神识衰颓，饰巾待尽。予二十年来见遗臣能任社稷重寄者，公一人而已。

予去国八年，及返津沽，见民生凋敝，京旗人民死亡枕藉，无顾恤者。庚申秋，柯蓼园学士至津，与予商拟鸠款二三千元办冬赈，俾略缓须臾之死。予意此亦姑救一时，所裨至微，不如宽筹款项，创一京旗生计维持会。蓼园韪焉，而虑巨款难集。予乃检所藏书画金石刻数百品，于京师江西会馆开会展览，售以捐该会。三日间得二万元，乃以万八千元为维持会基础，以二千元拯豫灾。复至沪上募义金，先后共收十三万余元。乃于十月望放急赈，推及东、西两陵，并于京师设文课，以恤士流，设工厂二所，以收少年子弟。明年于天津设博爱工厂一所。会绅金息侯少府（梁）倡议，维持生计必须由银行入手，少府乃于义金中提出五万元，并招集商股，为东华银行，自任其事。至每年冬，例办急赈。津厂初设织布、织带、织巾、织帘、制漆、布沙纸诸科，后生徒再毕业，乃罢诸科，专设印刷科。经费不足，募商股及慈善股充之。津厂初赁屋充用，后乃于河北购地建房。并议于京师设贞苦堂以恤孤嫠。乃银行以连年遭兵事，折阅不能进行。印刷厂则以津沽为商业地，文化未开，印书者少，由予出资印行古书籍，以充厂用。及予移居辽东，津厂不能兼顾，遂停止。此会先后垂十年，终以费绌不能发展。予对义捐诸人负愧无地，若尚得苟活数年，终当补偿折阅，否则望之我子孙，我子孙苟具天良，必不忍使吾留此憾也。

欧战以后，欧美各国争研究东方学术。法国大学院乃公举予为东方通信员。回顾我国，则异学争鸣，斯文将坠。乃鸠合南北同志，创东方学会，会中拟设四部：一印刷局，以传布古籍；二图书馆，以收集古籍；三博物馆，以搜集古器；四通信部，与国内外学者通音问、相切磋。而先从印刷始。借博爱工厂印刷处，由予捐资印书数十种。所谓学会者，仅留此爪痕。其二三两事，则以经费浩繁，不愿向人集资，乃无从进行。今且并印刷事亦中止。平生所怀愿大者，固莫能偿，即此小小者，亦不克成就，良自恧已。

燕都自明季甲申之变，宫中文物一时都尽。我朝治平垂三百年，以康乾之隆盛，复为搜聚天府之藏，遂驾明季而上之。海桑以后，宫禁稍疏，间有一二为宵小窃出者。不逞之徒遂谓禁籞所藏乃历代留传，非一姓所有。又因一二流出之物，遂谓为不能保存。盖甲子之变，彼辈生心久矣。当道顾薨然如睡，予私意不如由皇室自立图书馆、博物馆，但虑首都频年兵事不已，即设立亦难免咸阳一炬，不如立之于使馆界内。顾《庚子条约》，中国不能在使馆界居住，外人或以为口实。继念两馆关系文化，或不为使团所拒，乃以此意与德国友人卫礼贤商之。卫时为德使馆顾问，闻之欣然，转谋之德使。德使与荷公使至契，复商之荷使。皆极端赞许，为予言奥国自大战后，未派遣使臣，以后且无派遣之日。其馆地甚大，由荷使代管，现方闲旷，若皇室定计，即由荷使电商奥国，借为两馆筹备处，奥必允诺。至以后建造两馆，德使愿将彼国在京兵房操场捐为馆地，皇室若无建筑费及维持费，当由使团在各国捐募，不难集事。属予以此陈之皇室。予闻之欣然，乃据情作函，请师傅及内务府大臣代陈，乃久无复音。升相国闻之，复据予函所言以封事上陈，亦无效。且有谣言，谓予与时流某将借此谋盗窃者。知阻力甚深，乃谢卫君，卫君亦为长喟。吾谋不用，及甲子十月之变，于是三百年宝藏，荡然无复遗矣！

壬戌冬，皇上大婚礼成。升相国奏陈皇上，春秋方富，请选海内士夫学行并茂者入侍左右，皇上俞其请。乃于癸亥夏，诏温肃、杨钟羲、王国维、景方昶入值南书房，首命检景阳宫书籍。知圣意仍欲立图书馆、博物馆，不因左右之言而阻也。及甲子秋，予继入南斋，谕令审定内府古彝器，又命检查养心殿陈设，于是圣意益明，然为时则已晚矣。

予自返津后，每岁正月十三日皆入都祝贺万寿圣节。及大婚礼成，乃蒙召见于养心殿东暖阁，奏对颇久，温谕周。至甲子夏五月，奉旨着在紫禁城骑马，八月又奉命入直南书房。疏远小臣骤擢近侍，圣恩稠叠，至今无以报称，念之惶愧汗下。予以中秋三日奉恩命，熟筹进退，颇有顾虑，意欲恳辞，商之升吉甫相国。相国谓义不可辞，然方寸仍不能无虑。乃先作书致螺江陈太傅，请先代奏，以京旗生计会须料理，以后拟半月在京供职，半月乞假理会事，预为日后求退地。螺江许之，乃以八日入都具折谢恩，蒙赐对、赐餐，谕京旗事不必每月请假，务留京供职，且谕令即检查审定内府古彝器。既退，谒陈、朱两傅。螺江太傅谓所托已代奏，朱傅谓南斋现已有六人，事务至简，已代为恳辞，今既入谢，以后不必案日入直，随时可返津也。已而又亲访忠悫属，劝予不必留京。然予既奉检查内府古器之命，不可遽辞。幸当时即面荐王国维同任检查事，仍预为乞退地，意欲于一二月后陈乞。乃于次日即与忠悫同检查宁寿宫藏器。甫三日，复奉命与袁励准、王国维先检查养心殿陈设。既逾月，私喜内务府尚未为予请食俸，未颁月饩，以为进退益可裕如。乃至十月而值宫门之变，遂万不忍以乞身请，忧患乃荐至矣！

当冯玉祥军未入城前数日，国民军孙岳即遣炮兵驻扎大高殿，距神武门仅隔一御沟，已咄咄逼人，逆知必有故。及孙岳私开城纳冯军之晨，即于景山架炮直指皇居。益知变且亟，乃与同僚亟诣内务府大臣,许筹商备御。予言未竟,内务府绍大臣哂曰:"冯军之入,与我何涉?不观已禁曹锟耶?君甫入直内廷,予等数年来所经变故多矣。均以持镇静得无事。万一城内骚动,以土袋塞神武门,决无虑也。"乃命备土囊数十。予闻之,愈不安。时京津汽车不通,乃诣日本使馆,商附列国车赴津设法,使馆许给证。濒行,属日本兵营军官竹本君:"万一有事,幸以无线电报我。"竹本君谓:"一二日内或不至变。"乃以昧爽附车行,向夕始抵津。一日未食,方拟具餐,而日本司令部参谋金子君遽至,谓得京电,冯军鹿钟麟部入宫,逼改优待条件,闻之神魂飞越。询以后事如何,对以未详。乃急诣司令部,请司令官为介,往见段祺瑞,将陈说大义,令发电止暴动。司令官许诺,出刺为介。持刺往,则段将就寝。丁君问槎出见,谓有事当代达。予告以来意,且坚订面见。丁君将予意告段,段如命发电而谢面见,乃商定电文,交日司令部拍发,予心稍安。归思电由日司令部拍发,冯军或不承认,乃又往,请再发官电。段亦允诺,并托丁分电两傅及内务府大臣。电既发乃归,夜不成寐,坐以待旦。翌晨附车入都,夜三鼓方至前门。先至金息侯少府许探消息,始知圣驾已出幸醇邸矣,心乃稍安。是时予主忠悫家,所居在后门织染胡同,急驱车往,既见忠悫,乃为详言逼宫状,为之发指眦裂。因告予上谕已派贝勒载润及绍英、耆龄、宝熙及予为皇室善后委员,与国民军折冲。时鹿钟麟派兵一营围行朝,名为保卫,阴实监视君臣,须投刺许可乃得入,向夕即出入不通。时夜深不能诣行朝,侵晨乃得展觐。上慰勉周挚,为之泣下。是日初与鹿钟麟辈相见,先议定诸臣出入不得禁止,及御用衣物须携出两事。会议散,鹿等乃封坤宁宫后藏御宝室。愤甚,欲投御河自沉,寻念不可徒死,乃忍耻归寓,抚膺长恸,神明顿失。时已中夜,忠悫急延医士沈玉桢君诊视,言心气暴伤,为投安眠药,谓若得睡,乃可治。及服药,得稍睡。翌朝,神明始复。盖不眠者,逾旬矣。自是遂却药不复御，盖以速死为幸也，乃卒亦无恙。

鹿军入宫时，端康太妃金棺尚停宫中，敬懿、荣惠两太妃亦未出宫。鹿钟麟等催促早日移出，诸以端康太妃金棺可先出，敬懿、荣惠两太妃非得两太妃同意不可。予乃入觐两太妃，敬懿太妃言："鹿军以非礼加皇帝，不能以加我，否则我且以死殉，我不畏彼也。"予以此语鹿等，与约三事：一、太妃出宫时，不得检查，一切服用器物须携出；二、中国男女之防素严，本朝家规尤肃，太妃出宫时，民国诸委员及军人等，均须屏退；三、出宫日期由太妃自定，不得干涉。且告以汝等若自以为国家代表军队者，则处处应守法律，若军队不守法律，是贼军也。汝军为国家代表乎，抑为贼乎？汝等可自择，即可于三事之允否判之。鹿等初尚欲以女学生代军队检查，及诸人屏退，但照一相片；又谓出宫不强迫，但须示以约期。予皆严拒，彼等不得已均允从。于是，两太妃遂自择日出宫，鹿等亦不敢逾前约。至端康太妃金棺移出前，与约典礼必照旧制，彼等亦坚拒。及金棺外出时，方大雪，尽废旧制，仅旧臣数十人随从，道旁耆老观者多泣下。自太妃移出，予等遂拒绝鹿等，不复入议席。

鹿军围守行朝，与商代以警察，彼坚持不可。予夙夜祗惧，私意万一变出非常，予有死无二。乃夜起作遗嘱谕诸儿，部署未了各事。书成封固，寄津沽升相国长嗣叔炳兵部（际彪），语以俟有变故，即授予家人。兵部，予之门生也。予以鹿不肯撤兵，乃商之段祺瑞侍从武官长卫兴武，请由段饬鹿撤兵。卫以语段，段允饬。鹿乃一日午后撤兵，中夜又来。明晨更与卫商，兵再撤。予念彼等允撤兵，必有他阴谋，乃于撤兵第一日商之陈太傅，请于上，令警察随从，往谒太妃。又越日，予与陈傅密商，谓："撤兵亦至危，非速移使馆不可。"议定，由陈傅借英文师傅庄士敦汽车赴北府，迎上微行，赴使馆界。先至德医院小憩，后至日本使馆。日本芳泽公使（谦吉）乃通电其国政府，并以电话报驻京各国使馆，公使夫人亲洒扫馆楼，并命书记官池部君（政次）常川照料。翌日，公使复遣池部君往迓皇后，鹿钟麟抗不放行，公使复亲往，乃不敢再阻。当皇上出北府时，风霾大作，官道中不辨行人，故沿路军警皆无知者，遂得安稳出险。

当上未莅日馆之前，予与胶州柯学士（劭忞）忧北府危地，不可久居，乃同访日本公使，商假馆事。公使谓由使馆往迓种种未便，若诸君能卫上莅此，当竭诚保卫。及上莅使馆界，庄傅先至英使馆商税驾，英使以未便辞。乃仍至日使馆。

上莅使馆之翌晨，予奏："国民军以暴力逼改优待条件，当时处危地不可以理喻，今既出险若仍不言，是默认也。宜向各邦宣告当日以暴力迫协，由片面擅改优待条件情形。"并预拟一谕旨，纳袖中。上曰："连日廷议，各执极端。有主张自消尊号，辞优待，谓帝号、优待实为厉阶者；有称与段祺瑞厚善，必能使其恢复旧约，取消新约者；且有谓出宫须卜新居，宜向民国追索历年积欠优待费者。其说均不可行。今向各国宣布，将何以为辞乎？"予启："但言暴力迫胁，由片面擅改条约，于法律不能生效力，矢不承认可矣。"并出袖中拟旨上呈，上以为然。乃饬由内务府先传达段祺瑞，寻函告驻京各国公使，俾转报政府。于是，持自消尊号者始结舌，而自谓能令段祺瑞恢复优待者，以不能实其言，亦不告而南归矣。

车驾幸日使馆后，王公师傅及内务府、南书房诸人分班入侍。既月余，上与诸老臣谋他徙，皆不可。与公使商之，公使碍于邦交，亦有难色，谓兹事体大，容详图。最后，上乃派柯学士偕池部君往商之段祺瑞，言："上意既愿他徙，不敢违，然须伺相当时机，妥为保护乃可，幸勿造次。"盖段意实不欲上他徙，姑以此塞责也。于是移跸之事，乃益梗矣。

予自随侍入使馆后，见池部君为人有风力，能断事，乃推诚结纳。池部君亦推诚相接。因密与商上行止，池部君谓："异日中国之乱，非上不能定，宜早他去，以就宏图。"于是两人契益深。乙丑二月朔，上密招予，商去使馆赴日本，令予随从。以公使碍于邦交，欲自动出京，不复商之。予谓："现国民党方注意宫中宝物，并日侍孙文病，虽于报章肆恶骂，然乃虚声恫喝，防备实疏。且臣有门生在某银行，能得国民军消息，凡京津驻兵更替，令密报。现国民军方换防，仅丰台、廊坊驻奉军少许，出京正值其时。然出京后，即须由日本保卫，仍非得公使同意不可。"请招池部君谋之，池部至极赞同，亦谓非得公使同意不可，但非解除邦交困难，不能得同意。知必有以处此，予谓："但有以权辞告公使，谓上自动出京，事已密商段，段默认，亦请公使默认。如是，公使或不至为难。"池部君称善，乃由渠商之公使，公使诺焉。遂以晚八时，由池部君卫上出前门登车，予与儿子福葆随从。乙夜，遂安抵津站。日本总领事已密在站迎迓，为备大和旅馆驻跸。诘晨，池部君夫妇亦侍皇后由京至津，乃移寓前湖北提督张彪别墅。

　　方予随跸前二日，柯蓼园学士密戒予，谓："有谮公于上前，言公与民党交厚，恐且谋危圣躬，宜斥逐，勿与近，公宜善自为地。"予讶其言离奇，然不能恝置。时津寓有病者，乃乞假一二日，以觇上意。上温谕曰："卿之请假，殆托故求退耶？知卿忠悃，必未忍出此。"予因以所闻对，谓既有此谤，分宜远嫌。上笑曰："谤人不类至此，朕何能信？一二日有要事相商，卿必不可去。"予遂不敢复言。越日，乃商移跸事。议既定，予启上："是否密告左右重要诸臣？"上曰："乌可告？"又启："是否密告皇后？"上亦曰："否。"予曰："事固宜至密，然《左氏》所谓六逆，臣已蹈其五，异日谗谤之来，弗可免矣！"上谕以勉膺艰巨，勿避嫌怨。予感激知遇，遂冒险不辞，幸赖九庙之灵，属车不惊。予至是虽为丛怨之府，亦非所恤也。

圣驾驻跸张园，初拟小憩数日即东渡，已由池部君部署船位。而京津诸臣乃谓东渡不如在津之安，又有飞语中池部君者，谓池部有脑疾，随从殊不妥。南中诸遗臣又有以函电阻行者。因是乘舆遂滞津不去。是年，池部君调宜昌总领事，未几以疾卒。上厚恤其遗孤，予亦为位哭之。每念往日患难中竭诚相助，虽骨肉不能逾感谢之忱，毕吾生不能忘，即吾子孙亦当世世尸祝者也。

车驾莅津之次日，都中诸臣至。又数日，沪上诸臣亦至。留津议既定，奉谕命予帮办留京善后事宜，兼办天津临时交派事件，寻与升允、袁大化、铁良同拜顾问。予与升公均以名位太崇，辞不敢就，奉谕不许辞，然实无所报。且乙丑以后，连年值内战，津沽甚危，予与升文忠公、王忠悫公忧之甚，然均无从致力。予拜疏求退，上命陈傅就予家勉留，乃不敢复请。至丁卯，时局益危，忠悫遂以五月三日自沉于颐和园昆明湖。上闻之悼甚，所以饰终者至厚。予伤忠悫虽致命，仍不能遂志，既酿金恤其孤嫠，复以一岁之力，订其遗著之未刊及属草未竟者，编为《海宁王忠悫公遗书》，由公同学为集资印行。念予与忠悫交垂三十年，其学行卓然，为海内大师，一旦完大节，在公为无憾，而予则草间忍死，仍不得解脱世网，至此万念皆灰，乃部署未了各事，以俟命尽。顾匆匆又五年，公平日夙以宏济期予，不知异日将何以慰公于九原也！

予既不得乞退，闭门思过，无补涓埃，且数年不理家事，致多逋负。乃于戊辰冬鬻津沽寓居，别卜地于旅顺，以卖宅之资从事建筑，余以偿负。以孟冬再求退，上手谕数百言，慰留甚至。乃复面陈在津无以报称，移居后仍当勉竭驽骀，谋补万一，上乃许行。遂以岁暮携孥赴新居。尔后每年正月，必赴津恭祝圣寿。辛未秋，蒙古升文忠公（允）没于津门，往哭之。予平日交游至少，忠悫既逝，文忠亦骑箕天上，海内同好益寥落如晨星矣！

予往在海东，筑小楼敬储列圣宸翰，番禺梁文忠公为署楼榜曰"宸翰"。及寓辽东，复以是榜揭寓楼。庚午岁，予敬检列圣宸翰及列圣御集进呈，承赐"研精绎帙"额。忆往岁大婚礼成，蒙赏"贞心古松"额，乙丑六十，荷亲洒宸翰，锡"岁寒松柏"额，及山陵之变，予进呈修复银两，复荷锡"言泉文律"额，先后凡四拜赐；历年并蒙赐"大吉"、"日健延年"春条，三荷御容之赐；复历赏花瓶、福寿字纱縠、如意、汤圆、暑药、月饼、腊八粥、野鸡、江鱼、饽饽、蜜橘、苹果、炒面、西洋茶点。自惟以诸生滥竽郎署，以大礼恩赏三代正三品，海桑以后，复入侍南书房。殊恩异数，叨窃至此，世世子孙当衔结图报，宁止没齿不敢忘已哉！

予在津沽以前，曾编平生著书得百种，二百四十一卷。居辽以后，闭门不通人事，仍以著书遣日。三年间复成书十四种，四十余卷。辛未夏，东北文化会请予讲考古学，予意有清一代学术昌明，义理、训诂兼汉宋之长，中叶以后，偏重训诂名物，不能无失。至于今日人伦攸斁、圣学垂绝，非讲求三千年精神文明，不能救人心之陷溺。乃为讲本朝学术源流派别。金州士绅又邀予讲学于孔庙明伦堂，复为讲《论语》义。惜以满洲兵事辍讲。安得禹甸复清，俾得竟此志耶？

予自卜居辽东，寓居颇隘，别赁二宅庋所藏书，阅览殊不便。乃以辛未夏别赁宅后地二亩，为书楼三楹，旁附二小室。仲秋经始，逾年春乃讫工。初拟晚年尽屏百家之学，岁温经一二遍，并课子孙于此。乃兵事起，录录道途，忧患余生，恐无复读书之乐，而回天事业亦百不称意，七尺之躯且付诸大造，于斯楼又奚恋耶！

予自辛亥避地海东，意中日唇齿，彼邦人士必有明辅车之相依、燎原之将及者，乃历八年之久，竟无所遇。于是浩然有归志，遂以己未返国。寓天津者又十年，目击军人私斗，连年不已，邪说横行，人纪扫地，不忍见闻，乃复避地辽东又三年。衰年望治之心日迫，私意关内糜乱，无从下手，惟东三省尚未甚糜烂，莫如吁恳我皇上先拯救满蒙三千万有众，然后再以三省之力戡定关内。惟此事非得东三省当道有势力、明大义者，不能相与有成。乃以辛未春赴吉林，与熙君格民（洽）密商之。熙君夙具匡复之志，一见相契合，勉以珍重待时。又以东三省与日本关系甚深，非得友邦谅解，不克有成。故居辽以后，颇与日本关东司令官相往还，力陈欲谋东亚之和平，非中日协力，从东三省下手不可；欲维持东三省，非请我皇上临御不能洽民望。友邦当道闻之，颇动听。及是年秋，奉天兵事起，乃六次渡辽与熙君及友邦军部协商，遂决迎驾莅东之计。复诣天津行在，面奏请旨，得俞允。是年冬，圣驾遂由天津至营口，暂驻跸汤岗子而至旅顺。

中国廿年来民生涂炭，皆由改帝政为共和，导天下人以向利忘义，浸成不夺不餍之局，三尺童子亦知其害。故欲挽横流，非恢复旧制不可。及予既与熙君定策，乃为拟通告中外电稿，并商之友邦军部，亦表示同意，乃恭迓圣驾。莅辽后，不意于政体忽生枝节，事机不顺。内咎寸衷，冬春间遂病呃逆，先后兼旬。欲谢绝医药，以待命尽。乃腊月廿八夕，圣驾临视，勉慰周挚，予感激非常知遇，乃不敢复萌死志。予当时《纪恩诗》有"敢言捧日心无二，妄冀回天事转歧"语，盖纪实也。然自是年以后，毕生皆负咎之日矣。原电录后：

  古者建国立君，所以为民也。故民为邦本，经有明训。自辛亥革命改君主为共和，定民为主体，宜若可得国利民福矣！乃二十年来，争夺相仍，内战不已，死亡枕藉，不可数计，复刮民脂膏以充兵费。哀哉！吾民何以堪此？民既无以自存，国将何以为国？复提倡排外，构祸邻邦，势必将我黄农子孙殄无遗育而后已。今我东北四省同僚,为兵事善后,遍征父老子弟意见,佥谓抚我则后,虐我则仇。今推求祸始,稽之古训,惟天生民有欲,无主乃乱。自君位改为民主,人人皆有总统之望。于是竞存不夺不餍之心,名分不存,人欲日肆,于是总统制复变为委员制矣!委员制不能人人得权利,于是共产之邪说兴矣!乃知暴民专制之害,远过于君主独裁。今欲挽此狂澜,仍非恢复帝政不可。但遍求全国,德望资格无堪膺大位者。我宣统皇帝处龙潜之地,聪睿爱民,夙闻内外。且大清二百余年,圣贤之君六七作,德泽深入人心。在昔光宣之间,虽政治衰弱,然有苛税百出,不恤民命如今者否?有征缮不已,千里暴骨如今者否?有伦纪颓废,人禽不别如今者否?有官吏黩货,积资千万如今者否?有盗贼横行,道路不通如今者否?凡是之类,三尺童子亦能知之。东三省为大清龙兴之地,蒙古为列帝绥抚之邦,用是原本民意,合满蒙官民恭迓我大清皇帝临御旧都,匡复大业。一切政治制度,一秉睿裁,以复我三千年赫奕之文化,以活我四百兆垂绝之民生。切望我全国军民同心翊赞,并谨告我友邦群辟,重敦信睦,我国民实利赖之。

自分此身甘九死,天心特许保余年。
篝灯细数平生事,写入乌丝百幅笺。

百岁骎骎叹逝川,不成一事已华颠。
凄凉家国无穷感,一度思量一泫然。

已从有尽悟无生,安问人间利与名。
一任藩篱鸳鸠笑,此心早订白鸥盟。

膝前喜有读书孙,清白家风望汝存。

一语书绅牢记取,莫忘祖德与君恩。

自叙此编,付长孙继祖书之。题四绝句。贞松老人又记。

海宁王忠悫公传

公讳国维,字静安,亦字伯隅,号观堂,亦曰永观,浙江海宁州人。先世籍开封,当北宋时,其远祖曰珪,曰光祖,曰禀,曰荀,四世均以武功显,而三世死国难,事迹具《宋史》。高宗中兴,子孙扈跸南渡,遂家海宁。其后嗣隆替载于家牒,此不备书。曾祖厶,祖厶,并潜德不耀。考迺誉,值洪杨之乱,弃儒而贾。

公生而歧嶷,读书通敏异常儿。年未冠,文名噪于乡里。寻入州学,以不喜帖括之学,再应乡举不中程,乃肆力于诗古文。于时值中日战役后,和议告成,国威稍替,海内士夫争抵掌言天下事,谋变法自强。光绪丙申,钱塘汪穰卿舍人(康年)创设《时务报》于上海,以文章鼓吹天下,人心为之振动,异日乱阶遂兆于此。然在首事者,初未知祸之烈至是也。公时方冠,思有以自试,且为菽水谋,乃襆被至沪江。顾无所遇,适同学某孝廉为舍人司书记,以事返乡里,遣公为代。明年,予与吴县蒋伯斧学部(黼)结学农社于上海,移译东西各国农书报。以乏译才,遂于戊戌夏立"东文学社"造就之,聘日本藤田博士(丰八)为教授。公来受学。时予未知公,乃于其同舍生扇头读公咏史绝句,大惊异,遂拔之侪类中,为赡其家,俾力学无内顾忧。

岁庚子,既毕业,予适主武昌农学校,延公任译授。明年秋,资公东渡,留学日本物理学校。期年,脚气归,主予家。病愈,乃荐公于南通师范学校,主讲哲学、心理、论理诸学。甲辰秋,予主江苏师范学校,公乃移讲席于苏州,凡三年。丙午春,予奉学部奏调。明年,称公学行于蒙古荣文恪公(庆),命在学部总务司行走,历充图书(馆)[局]编译、名词馆协修。及辛亥国变,予挂冠神武,避地东渡,公携家相从,寓日本京都。是时予交公十四年矣。

初公治古文辞,自以所学根柢未深,读江子屏《国朝汉学师承记》,欲于此求修学途径。予谓江氏说多偏驳,国朝学术导源于顾亭林处士,厥后作者辈出,造诣最精者为戴氏震、程氏易畴、钱氏大昕、汪氏中、段氏玉裁及高邮二王，因以诸家书赠之。公虽加流览，然方治东西洋学术，未遑专力。课余复从藤田博士治欧文及西洋哲学、文学、美术，尤喜韩图、叔本华、尼采诸家之说，发挥其旨趣为《静安文集》。在吴刻所为诗词，在都门攻治戏曲，著书甚多，并为艺林所推重。至是，予乃劝公专研国学，而先于小学训诂植其基，并与论学术得失，谓尼山之学在信古，今人则信今而疑古。国朝学者疑《古文尚书》，疑《尚书》孔注，疑《家语》，所疑固当。及大名崔氏著《考信录》，则多疑所不必疑。至于晚近，变本加厉，至谓诸经皆出伪造。至欧西之学，其立论多似周秦诸子。若尼采诸家学说，贱仁义，薄谦逊，非节制，欲创新文化以代旧文化，则流弊滋多。方今世论益歧，三千年之教泽不绝如线，非矫枉不能反经。士生今日，万事无可为，欲拯此横流，舍反经信古末由也。公方壮，予亦未衰暮，守先待后，期共勉之矣。公闻而愀然自怼，以前所学未醇，取行箧《静安文集》百余册，悉摧烧之。欲北面称弟子，予以东原之于茂堂者谢之。其迁善徙义之勇如此。

公居海东，既尽弃所学，乃寝馈于往岁予所赠诸家书。予又尽出大云书库藏书三十万卷，古器物铭识拓本数千通，古彝器及他古器物千余品，恣公搜讨。复与海内外学者移书论学。国内则沈乙庵尚书、柯蓼园学士，欧洲则沙畹及伯希和博士，海东则内藤湖南、狩野子温、藤田剑峰诸博士及东西两京大学诸教授。每著一书，必就予商体例，衡得失。如是者数年，所造益深醇。

公先予三年返国，予割藏书副本赠之，送之神户，执公手曰：以君进德之勇，异日以亭林相期矣。公既返国，为欧人某主持学报，并遍观乌程蒋氏藏书，为编书目，并取平生造述，撷其精粹，为《观堂集林》二十卷，三十五以前所作，弃之如土苴，即所为诗词，亦删薙不存一字。盖公居东后，为学之旨与前此迥殊矣。

壬戌冬，蒙古升吉甫相国奏请选海内耆硕供奉南书房以益圣学，且首举公。得旨俞允。明年夏，公入都就职，奉旨赏食五品俸，赐紫禁城骑马，命检昭阳殿书籍。公以韦布骤为近臣，感恩遇，上封事，得旨褒许。甲子秋，予继入南斋，奉命与公检定内府所藏古彝器。至十月，而值宫门之变。公援主辱臣死之义，欲自沉神武门御河者再，皆不果。及车驾幸日本使馆，明年春，幸天津。公奉命就清华学校研究院掌教，以国学授诸生。然津京间战祸频仍，公日忧行朝，频至天津，有所陈请，语呐辄苦不达。今年夏，南势北渐，危且益甚，公欲言不可，欲默不忍，乃卒以五月三日，自沉颐和园之昆明湖以死。家人于衣带中得遗墨，自明死志曰："五十之年，只欠一死。经此世变，义无再辱"，云云。并属予代呈封章。疏入，天子览奏陨涕，诏曰："南书房行走、五品衔王国维学问博通，躬行廉谨，由诸生经朕特加拔擢，供职南斋。因值播迁，留京讲学，尚不时来津召对，依恋出于至诚。遽览遗章，竟自沉渊而逝。孤忠耿耿，深恻朕怀。著加恩予谥忠悫，派贝子溥忻即日前往奠酹，赏给陀罗经被，并赏银二千圆治丧，由留京办事处发给，以示朕悯惜贞臣之至意。"其哀荣为二百余年所未有。海内外人士知与不知，莫不悼惜。公至是可谓不负所学矣。予既入都哭公，并经纪其身后。遗著盈尺，将以一岁之力为之编订。此虽在公为羽毛，公之不朽固在彼，不在此，然固后死者之责矣。

公生于光绪丁丑十月二十九日，卒于丁卯五月三日，得年五十有一。娶莫氏，继室潘氏，子六人，长潜明，高明、贞明、纪明、慈明、登明。孙庆端。潜明，予子婿也，先公一年卒。秋七月十七日，其家人遵遗命卜葬于清华园侧。海内外人士以予交公久，知公深，多就予访公学行，乃挥涕为之传，俟异日史官采焉。

论曰：公平生与人交，简默不露圭角，自待顾甚高。方为汪舍人司书记，第日记门客及书翰往来而已，故抑郁不自聊。及予为谋甘旨俾成学,遂无忧生之嗟,在他人必感知矣,而公顾落落,意若曰:此惠我耳,非知我也。及陈善纳诲以守先待后相勉,一旦乃欲北面,意殆曰:此真知我矣。其所以报之者,乃在植节立行,不负所学,斯不负故人贤者之所为,固与世俗之感惠徇知者异也。

又公之一生,予知公虽久,而素庵相国知之尤深。相国性严正,少许可,尝主予家,一见公,遽相推许,后遂加荐剡。公感知遇,执贽门下。及相国闻公死耗,泫然曰:"士夫不可不读书,然要在守先圣经训耳,非词章记诵之谓也。尝见世之号博雅者,每贵文贱行,临难巧辞以自免。今静安学博而守约,执德不回,此予所以重之也。"呜呼,相国真知人哉!

狩野君山博士六十寿序

光绪中叶予旅食沪江时，狩野博士适留学敝邦，予友藤田剑峰博士为之介。初相见，挹其气冲然儒者，已心异之。缔交稍久，知其学博而守约，温温然君子也。逮予备官学部，君与内藤、小川诸教授来观学部所藏敦煌古卷轴，相见益欢，交益深。辛亥仲秋，革命军起，君与内藤、富冈诸君移书劝予浮海东渡，且为之卜宅于京都。感君高义，乃与海宁王忠悫公携家投止。舟至神户，君与东西两京知好来迎迓，君之夫人则躬执爨治餐以待，其侠肠古谊，虽肺腑昆季不能逾也。故居东八载，宾至如归，几忘其羁苦。及岁己未，将返国，君与京坂故人多方维繋，谋所以安远人者。及予归计决，乃与两京耆彦祖饯于圆山公园，复送至舟次，郑重而别。予既寓津沽，甲子秋，入值内廷。再逾月，而遇宫门之变。时全国中无敢执正义以相抗者，君与诸教授闻而愤甚，以为三千年纲常大义一旦且澌灭，乃著论以警当世，且移书慰问。明年，君以事过津沽，谒我皇上于行朝，进退无不守礼，益征君口诵古人之言，躬行古人之行，毅然以名教自任，固非当世学者所可企也。

明年戊辰，为君六十初度，爰叙平生交谊之雅，为文以代觥觥之祝。谨诵《南山有台》之诗曰："乐只君子，遐不眉寿。乐只君子，德音是茂。"又曰："乐只君子，邦家之基。""乐只君子，邦家之光。"既以祝君之纯嘏天锡，且颂君之有光显于邦家，不仅一身之荣已也。予赋性质直，不能为谀辞悦人，兹述君德业，正恐称扬未尽。当世君子傥不以为阿好乎？丁卯九月六日。

与柯凤荪学士书

玉避地六年矣。迩来抱病逾年，仅存一息，不复措意于人间事。惟尚有一事，极不能忘，则二百余年之信史是也。近年沪上书坊为射利故，多印行短书稗史，往往毁谤圣政，污及宫廷，以逢迎社会。虽有识者不复一顾，而流传方来，未必不滋人口实。忆初至东邦之三年，值景皇后崩御，此间报纸摭拾乱党谣言，肆行毁谤，阅之发指。玉既迻书与争，复为文揭之报纸，斥正之。此在当时则易为，而不能期之异日也。今沪上秽史既不能付祖龙一炬，而所以纠正之者，莫如将历朝实录及馆臣旧撰国史纪、传、表、志刊刻传世，日月既出，则爝火自息。其在唐代，韩文公撰《顺宗实录》，当世既已流传。明之末季，亦许人诣内阁传抄实录。此前事之师也。舍今不图，悔之无及。虽今日朝野志士矢挥鲁阳之戈，起虞渊之日，然即令少康中兴，此举亦非无益。况复旦之期，未知何日。我辈一息尚存，忍令吠尧之犬独传其余响，圣明之政不存于方策，致九庙之灵有余恸，三代之直无复存，吾侪之责固不能委之他人也。往者夫已氏曾创立清史馆矣，彼意别有所在。今元凶已伏天刑，而史馆具存，彼当事者究能一秉至公，发挥圣德否？诸秉笔者果能备具三长，无愧作者否？果能计日观成，传之当世否？凡此三者，皆非下走之所能知也。鄙意能节省馆用，先将实录史稿由史馆早日刊行，此上策也。否则，如下走者，虽转徙余生，生计将绝，而天良未泯，顾尽斥鬻所藏长物，出私资印行。为山之功始于累土，愿首为之倡，并愿为之奔走鸠集。人之欲善，谁不如我，以寰宇之大，得一二百人力，则此事办矣。此下策也。总裁赵尚书世受国恩，比之下走，草茅新进，地位迥殊。其爱国之忱，当千万倍于下走，其隐忍就职或有深心。请公以鄙意转达，若不以为诞，玉定趋赴国门，面商此事。玉往者矢于神明，莽卓尚存，此身不忍入春明，今为此事，虽渝盟不悔也。与公相知有素，故敢以为言，幸委曲成就之。草野报国，仅此区区，企望复音，无任翘结。

此书发后，未得报章。复移书宝沈庵宫保，并告以先由予捐写官之费三万金。乃赵谓：国史未刊行，史稿不能只字流出，拒之甚严。越数年，赵以馆用匮，乞刘翰怡京卿佽助，予告刘，当以传写实录邀之。赵立许可。但云，不可告罗参事，彼前以是请未允也。及抄成，讹夺甚多，无从勘正。及满洲旧邦新造，予函商亡友内藤湖南博士，博士极赞同。及两国创立文化协会，遂议决刊行，顾中间阻尼百出，蜚语横生，又德宗今上两朝不在豫算之内。乃由予先倡捐万二千元，会中诸君赞之，乃勉强告成。顷长孙于日记中得此书稿，爰录入卷内，以记即此区区草野微忱，亦历百艰而始达如此。

附录

吊上虞罗先生

柯昌泗

上虞罗叔言先生，于六月十九日逝世于旅顺寓居。海内外闻此噩耗，同声痛惜，认为学术界之最大损失。先生素负重名，一生事迹，彰彰在人耳目，遗留著作，与所提倡学术，校刊书籍，亦皆早已遍传士林，本无俟于鄙言。惟思昌泗十二龄时，即执贽于先生门下，厥后京津密迩，恒为请业。时承谆诲，深愧钝质，不胜传习之任。相从既久，于先生治学之规模，略有窥见。爰以管蠡所测，略述梗概，以谂当世，至于将来之传状碑志，则俟诸大雅宏达，表章不朽。此詹詹者，固不足以供采择也。

数十年来，学术界所致力探讨者，多半由先生引其端绪；所认为重要材料者，亦多半为先生所刊传。综计不下千百种，无不为治国学者必须参考之要籍，而皆出于先生一人之力所成。其愿力之宏，精力之果，学力之博综，心力之周密，殆无第二人可以并驾。是以坊间每遇有雪堂所刊新书出版，购读者争先恐后，几于不胫而走。尤以考古之学，最为士林所景从，此固不仅为校雠目录金石之能事也。由于先生之学力，蓄积既厚，运用亦广，所整理以嘉惠士林者，乃其表现于外者耳。谈者每特推先生金石之学，实则金石仅为先生所学之一端，且为治学之用而非治学之体，未足以概全体之学术也。先生《雪堂金石文字跋尾自序》有云："倘异日者此数卷书得流传人间，后世或将以我为金石学家，予且无辞以谢之。"是先生不专以金石学家自居，已自言之矣。惟自乾嘉以来，学术注重考据，考据注重材料，而考古之学兴，金石为用尤亟。先生整理学术材料，关于考古者较多，考古之中，又以金石较多，是以流传者尤广，沾溉者尤众。若就先生治学之根柢门径言之，其发轫之始，大体仍在经史也。观于先生早年为学，纯用清儒考据方法，详征训诂以说经，旁搜佐证以校史，两者皆藉考古以为学。及其极致，则左右采获，上下洽通，发不传之秘，补未见之书，渰贯湛深。以考古学论，亦称绝学。至于流传沾溉，则其蓄积运用之所及也。先生最初所著之书，为《眼学偶得》，皆考订经史之作，入手途径，于此可见。兹再即先生早年所学，类列言之。

先生本贯浙江上虞，寄居江苏淮安，自幼即好学不倦。鳌屋路山夫大令（岯）为鹭洲先生（德）之孙，小洲先生（慎庄）之子，时亦侨居淮上。路氏家故多藏书，邵位西《标注四库书目》、莫子偲《知见书目》所引路小洲善本，往往为海内罕见秘籍。先生居与之邻，日恒过从，尽读所藏书，即慨然有述作之志。据先生《面城精舍杂著》，辛卯以前，专研经诂，辛卯以后，始治史学，中间留意金石文字，以为考据之助。辛卯，先生时年二十六岁，《杂著》两编，成于乙未，先生时年三十岁。其时所撰著者，已不下十数种，以经史为大宗。其关于经学之著作：群经，则有《毛郑诗校议》（用《史记》、《汉书》、《文选》、《初学记》，及日本原本《玉篇》，慧琳《一切经音义》，以校木渎周氏《毛经正义》），《毛诗草木鸟兽鱼虫疏新校正》（取诸经疏，暨诸类书所引，以匡丁晏陆疏校正之所不及）；小学，则有《干禄字书笺证》（先生极推颜真卿《干禄字书》，云当与《苍雅》并重，因为之考校正误，间有发明，附注于下），《释人证误》（纠正孙星衍《释人篇》之违失）；关于史学之著作：正史，则有《三国志证闻校勘记》（本欲仿阮氏《十三经注疏校勘记》例，搜集前人校史诸书，都为一篇，而补苴其未备，为《二十四史校勘记》，先成此书），《梁陈北齐后周隋五史校议》(时读《梁》、《陈》、《北齐》、《后周》、《隋》五史，日尽数十纸，弥年而毕，于事迹舛误，文字伪脱，随笔校改，又汰其与前人暗合者，录写为五卷)，《唐书宰相世系表考证》(以唐前诸史列传，并诸家别集碑版文字，互证成书)，《唐书艺文志校义》(以《隋书·经籍志》及各史列传、《旧唐书·经籍志》，互校成书)；年代学，则有《重订纪元编》(以诸史暨诸纪元专书，校李兆洛《纪元编》，改正百数十处，其体例亦略为变易，别为《考异》一卷，序例六条)；姓氏学，则有《元和姓纂校勘记》(以孙星衍校多违舛，因重为《校勘记》二卷，又采诸书所引、孙本失采者，别为《佚文》一卷)；金石学，则有《寰宇访碑录校议》、《补寰宇访碑录刊误》、《再续寰宇访碑录》、《淮阴金石仅存录》、《读碑小笺》、《碑别字》。观于上列诸书，知先生早年治学之根柢，固极笃实而平易者，是以琐屑胪陈，藉备学者知人论世之用，厥后则刊传诸书，所在多有，不复赘述焉。先生在中年时，所整理之学术甚多，皆已随时刊传行世，其尤为世界所注重者，凡有三事，即殷墟甲骨、西陲木简、敦煌石室佚书是也。三者已皆风行海内，学者悉能言之。至于先生整理之功，海宁王静安先生(国维)《雪堂群书叙录序》所言最为详确。古人云言有大而非夸者，此序足以当之矣。兹节录之于下：

近世学术之盛，不得不归诸刊书者之功。刊书之家，约分三等：逐利一也，好事二也，笃古三也。前者勿具论，若近世吴县之黄、长塘之鲍、虞山之张、金山之钱，可谓好事者；若阳湖孙氏、钱塘卢氏，可谓笃古者矣。然此诸氏者，皆生国家全盛之日，物力饶裕，士大夫又崇尚学术，诸氏或席丰厚，或居官师之位，有所凭借，成书较易，其事业未可云卓绝也。若夫生无妄之世，《小雅》尽废之后，而以学术之存亡为己责，搜集之、考订之、流通之，举天下之物不足以易其尚，极天下之至艰而卒有以达其志，此于古之刊书者未之前闻，始于吾雪堂先生见之。（中略。）先生校刊之书，多至数百种，于其殊尤者，皆有叙录。戊午夏日，集为二卷，别行于世。案：先生之书，其有功于学术最大者，曰《殷墟书契前后编》，曰《流沙坠简》，曰《鸣沙石室古佚书》及《鸣沙石室古籍丛残》。此三者之一，已足敌孔壁汲冢之所出。其余所集之石器古籍，皆间世之神物，而大都出于先生之世。顾其初出，举世莫之知，知亦莫之重也。其或重之者，搜集一二以供秘玩，斯已耳。其欲保存之、流传之者，鉴于事之艰巨，辄中道而废。即有其愿与力矣，而非有博识毅力如先生者，其书未必能成，成亦必不能多且速，而此间世而出之神物，固将有时而毁且佚，或永锢于海外之书库，虽出犹不出也。先生独以学术为性命，以此石器古籍为性命所寄之躯体，视所以寿其躯体者，与常人之视养其口腹无以异。辛亥以后，流寓海外，鬻长物以自给，而殷墟甲骨，与敦煌古简佚书，先后印行。国家与群力之所不能为者，竟以一人之力成之，他所印书籍，亦略称是。旅食八年，印书之费以巨万计，家无旬月之蓄，而先生安之。自编次校写、撰工监役，下至装潢之疑式、纸墨之料量，诸凌杂烦辱之事，为古学人所不为者，而先生亲之，举力之所及，而惟传古之是务。知天既出神物，复生先生于是时，固有非偶然者。《书》有之曰："功崇惟志，业广惟勤。"先生之功业，可谓崇且广矣，而其志与勤，世殆鲜知之。余从先生游久，知之为最详，故书以为之叙。使世知先生之所以成就此业者，固天之所启，而非好事者与寻常笃古家所能比也。

静安先生所特举之三种学术，在先生未加整理之前，世固罕能留意及之者，自经先生开风气而导先路，学者资以致力，精益求精，蔚为大观，至今尤盛。于以知静安先生此序，虽推崇备至，并无一字为溢美矣。然而先生传古之功，其荦荦大者，又不止此也。继此又有三事，可与前序所举者，先后辉映：曰内阁大库档案。宣统间，将有销毁之举，先生时在学部，建议保存一部分，而所余者尚多，陆续散出市上，堆积者三十屋，将以造纸。壬戌春间，先生闻之，亟至京，悉购以归，凡八千袋。特辟库书楼以贮之，且陆续整理发表，以公诸世。其中明清两朝重要史料，不胜枚举，迄今研究明清史事者，得此不至无征，皆出先生之力。此一事也。东汉熹平石经，自宋以来，石已久佚，亦于壬戌春夏间又出于河南洛阳金村镇之太学旧址。自此以后，发现甚多，然悉为残石，又分归公私藏家，文字散碎，非缀属不能校读。先生为此，曾躬至洛下访求，既自得十数石，中以书序一石，为尤有关于经学。又广搜墨本千百通，句勒著录，加以考证，撰为《集录》三编。七经文字同异，灿然毕陈，皆唐宋以后经学家所弗及知者。此二事也。古代钟鼎款识，为研究古代语言文字之重要材料，著录体裁，至清儒，始臻完善。厥后以影印代摹刻，于学者尤为便利。然近年彝器日出不穷，前人著录，每多未赅。先生藏器数百事，拓本亦四五千通，既取前人所未著录者共二千有四十七器，先后摹写为《集古遗文》三编。丁丑年，又通己未著录之款识，悉付影印，成《贞松堂三代吉金文存》一书，体大思精，巨细靡遗，毫厘弗忒，较之自来著录，增益不啻倍蓰。前贤若刘燕庭、盛伯希积数十年力犹未逮者，先生以垂老之年，一人之力，成之而有余。昔王兰泉自序其《金石萃编》有云"欲论金石，取足于此，不烦他索"者，倘易"金石"二字为"金文"，则惟此书足以当之耳。学者守此一编，于三代款识，若入群玉之府。此三事也。以上三事，皆先生晚年所整理者，若论其功用，内阁库档近于《流沙坠简》，熹平石经近于《鸣沙石室佚书》,《三代吉金文存》近于《殷墟书契》。此三者静安先生或未及言,或未及见,然前序所称三事之语,皆可移以仰赞而无愧色者也。至于先生临终之前,尚印行日本古写本《华严经音义》,以弥慧琳、玄应之缺。前数年又刊行宋刘时举《九朝编年纲目》、陈均《续宋编年》,三书皆有裨于训诂传记之学。则其自少至老,无一日不以嘉惠学者为心,又无一日不以经史之学为课,所云"述而不作",又云"己欲达而达人"者,斯先生学术规模之所在欤!其金石之学,在先生固不以此自名,然近三十年来,治此学者莫不以先生为依归。

今兹记述先生之学术,虽亦不得而略,然综计先生平生所鉴定收藏之品,编辑校录之书,一时诚难缕述,只有从比较上立论,借代举隅耳。近三百年来金石学之日见发达,名家继起,当以阮文达公为先河,至先生而为朝宗之汇。文达集中曾有《金石十事说》一文,自序其有功于金石者十事,今即以此十事相较而论。文达之一事二事,为撰辑《山左金石志》、《两浙金石志》。先生则分域著录,各成卷帙,自《淮阴金石仅存录》以后,若《海外吉金录》、《海外贞珉录》、《西陲石刻前后录》、《两浙佚金佚石录》、《昭陵碑录》,恒农、芒洛、邺下、襄阳、广陵、吴下、三韩诸冢墓遗文,较之文达,有详略之不同矣。文达之三事,如《积古斋钟鼎款识》。先生之《贞松堂集古遗文》,即足以与之抗衡,遑论三代吉金文字之总编乎?文达之四事为仿铸散氏盘,九事为摹刻重立华山碑,十事为摹刻泰山刻石、天发神忏碑。先生遇有海内仅见之金石文字,无不竭力搜访印行,以广其传,景印之本,亦不下数百品。宣城李氏之小盂鼎拓本(除陈簠斋外,诸家皆未得寓目者),即可敌散盘一事。敦煌本之化度寺,又可敌华山碑。至若金石刻辞有专书,天发神忏碑亦得宋拓为之校释多字。文达之六事,为访得西汉甘泉山中殿刻石。近年新出四时嘉至磬为西汉石刻中奇品,先生购藏而拓传于世,自此寰宇西汉石刻又多一种，视中殿石尤为瑰异。文达之七事，为精拓秦琅邪刻石，剔出文字一行。先生亦曾精拓嵩山三阙，文字画像，较通行本所得为多，与阮拓琅邪刻石同称汉碑善本。文达之八事，为移立汉麃君亭长两石人于曲阜矍相圃中。先生游洛下，访得周韩通夫妇志石，转属地方保存，事亦相同。志石为尤裨史学，由此观之，岂惟不减文达，且有过之。虽亦时代使然，然而访求之勤，功用之溥，则由于人力也。若夫文达平生有功学术之事，以校勘十三经为最大，本不仅此金石十事。而先生毕生精力所萃，又有群经点勘之作，会萃六朝隋唐诸写本、宋元以降诸刊本，一一校其异同，不惟补苴文达校勘记所不及，抑亦多为陆氏《释文》、贾氏《音辨》所未见。益见先生平生学术本末，适与文达先后一揆，而加以发挥光大，体用在以传古启新知，故能宏廓规模，广辟途径。所云为朝宗之汇者，又不独金石之学为然矣。

罗雪堂先生传略

董作宾

先生讳振玉，字叔蕴，又字叔言；初号雪堂，晚以清废帝溥仪赠书"贞心古松"匾额，因号贞松。清同治五年丙寅（1866）六月二十八日，生于江苏淮安。先生先世籍浙江慈溪，南宋时有讳元者，始迁居上虞三都之永丰乡，是为上虞之始祖。二十世曾祖讳敦贤，寄居淮安之清河。父讳树勋，性和厚，淡泊自甘。

先生五岁入塾，从李岷江（导源）受学。时以羸弱多病，读书之时少。李氏赏其早慧，而又虑其不寿，尝谓："此子若得永年，异日成就必远大。"故其祖母亦器异过诸孙。七岁，已能略通文义，十三读毕《诗》、《书》、《易》三经。翌年，读《礼记》、《春秋》。年十有五，始志于学。自言："方来岁月且长久，苟不致夭折，于古人所谓三不朽之一，或薄有成就。"是年应童试，名列第七。壬午（1882）秋，应乡试。毕，纡道白下，因览书肆，见粤刻《皇清经解》，父为购之，先生如获至宝，乃以一岁之力，读之三遍；自谓得读书之门径，盖植基于此时也。年十九，以平日读碑版之积稿，著为《读碑小笺》、《存拙斋札疏》各一卷，是为先生著书之始。翌年，俞氏曲园采《札疏》入其所著《茶香室笔记》中，于是海内有疑先生为耆宿者，不知其年甫弱冠耳。

其后，为童子师，授课之暇，辄以著书自遣；经史而外，渐及小学、目录、校勘、姓氏诸学。是时先生年少气盛，视天下事无不可为，耻以经生自牖，乃留意时务。好读杜佑《通典》、顾炎武《日知录》，间阅兵家言及防河书。继思若世不我用，宜立一业以资事畜。三十后，遂有学农之志。读农家言，既服习《齐民要术》、《农政全书》、《授时通考》等，又读西洋农书译本，惟憾其语焉不详，乃拟创农学社，以资移译西洋农书。戊戌（1898）春，与蒋伯斧创农学社于上海。先后历十年，所译农书百余种。岁庚子（1900），鄂督张文襄以所设农务局未臻理想，亟欲改革，曾邀先生往总理农务，后以人事故，未克舒展抱负。

己亥（1899），甲骨出土于河南小屯。后三年，先生始见龟甲兽骨文字之墨本于丹徒刘鹗寓所，叹谓："此汉以来小学家若张、杜、杨、许诸儒所不得见者也，今山川效灵，三千年而一泄其秘，且适我之生，所以谋流传而悠远之，我之责也。"遂尽墨刘氏所藏千余片，印成《铁云藏龟》，是为甲骨文字著录行世之权舆。丙午（1906），先生至北京任学部职，始搜求甲骨，迄辛亥（1911）间，所得约二三万片，其后所撰述之甲骨文字，多取材于此。"辛亥八月，武昌军兴，京师人心惶惶；时王静安氏与先生同在学部，相约各备米粮，誓守不去。十月初，遂与王氏及婿刘氏三家眷属二十人赴日，是时武昌未下，京人有以为大局尚可挽回，请稍留以观其变者，先生诺之。送眷后三日，即只身返大连。翌年春，知事已无济，乃复东渡。"日人大谷伯及京都旧友富冈谦藏诸公书邀先生赴日避乱。在日期间，著述颇多。宣统元年（1909）十月，日人林泰辅作《清国河南汤阴县发现之龟甲兽骨》一文，以可疑不决者质诸先生；翌年六月，遂著《殷商贞卜文字考》一卷以答之，自称于此学乃得门径。

民国二十年辛未（1931），时先生六十有六，以关内紊乱，忽动"勤王"之想，及冬，遂迎溥仪由天津之旅顺；冬春间，病呃，先后兼旬，欲不就医以待命，溥仪亲往慰勉。民国二十一年（1932），伪满僭号，先生随入伪都，拜"参议府参议"。上疏辞之，溥仪允其所请，而留先生于左右，以备咨询。未几被任为"临时赈务督办"。丁丑（1937），先生以年届七十有二，请准辞官，居旅顺，闭门习静，著书自遣，或摩挲金石、评骘书画为笑乐。庚辰（1940）五月十四日，先生以积劳成疾，瘁然不起，溥仪闻之震悼，特谥"恭敏"，并赏银治丧，时年七十五。

先生毕生殚力治学，著述等身；其于学术贡献最大者，厥有五事：其一曰内阁大库明清史料之保存：戊申（1908）冬，清宣统即位，令内阁于大库检国初时摄政典礼旧档，阁臣检之不得，因奏库中无用旧档太多，请焚毁，得旨允行。翰苑诸臣，因至大库求其本人及清代名人试策，偶于残策中得宋人玉牒写本残页，宁海章梫以此影印分呈张文襄及荣庆。先生因知大库藏书尚多，力请文襄整理保存归学部；允之，文襄具奏，奏中且言"片纸只字不得遗弃"。委刘启瑞、曹元忠二人同整理，并面谕先生时至内阁相助。至是大库所存无数重要史稿，经先生悉力以争，得免毁灭。后十年，又几有造纸之厄，先生复购存之，乃得留于今世。

其二曰甲骨文字之考订与传播：《铁云藏龟》问世后，孙仲容作《契文举例》首为考释，而考定小屯为武乙之墟，审释卜辞帝王名号者为先生。至若文字之考释，其所著《殷商贞卜文字考》一书，实上承孙氏未竟之绪，下启文字考释之端。其于殷契材料之流布，则有《殷墟书契前编》、《后编》、《续编》及《殷墟书契菁华》等书之印行。唐立庵曰："卜辞研究，雪堂导夫先路，观堂继以考史，彦堂区其时代，鼎堂发其辞例，固已极一时之盛。"而罗氏为甲骨学之开山祖师，厥功甚伟。

其三曰敦煌文卷之整理：清光绪三十三年（1907），英人斯坦因不顾法令，盗窃敦煌千佛洞大量古物返国，计写本二十四箱，重要器物五箱。法人伯希和亦取得写本十余箧，计六七千卷。宣统初，伯希和赁宅于京师苏州胡同，将启行返国，其所得敦煌鸣沙石室古卷已先运归，而以尚存于行箧者求教于先生。伯氏出示唐人写本及石刻，先生诧为奇宝。伯氏告之石室尚存卷轴约八千，以佛经为多，宜早购致京师。先生乃电请陕甘总督毛实君谋之，惟以甘肃贫瘠，恐难如愿，又请太学出金，然总监督亦谓无款；先生以为农科可节省充之，即其薪俸亦愿捐出，终购得八千卷。伯氏归国时，先生据其所得敦煌书目，择其尤者摄影，先后编成《鸣沙石室佚书》、《古籍丛残》；继又选印德人所得西陲古壁画，成《高昌壁画菁华》。日人大谷伯《西陲古物》，先生亦据其高昌墓砖撰成《高昌麹氏系谱》，于是《西陲古物》乃得流传。

其四曰汉晋木简之研究：光绪戊申（1908），西陲出汉晋古简千余，为斯坦因所得；斯氏请法儒沙畹教授为之考证，书成寄先生。先生乃分为三类，与王静安氏任考证，先生撰《小学术数方技书》、《简牍遗文》各一卷；王氏成《屯戍丛残考释》，合而成《流沙坠简》三卷。是书行世，影响于学术界者甚大。

其五曰古明器研究之倡导：中州墟墓间所出明器，土人以为不祥之物而弃之，故世无知者。光绪丁未（1907），估人偶携土俑为玩物，先生见而购焉；复录《唐会要》所载明器之目授之，令凡遇此类物，不可毁弃。翌年，遂充斥都市，关、豫诸地亦有至者。初所见为唐代物，寻见六朝两汉者。先生据此研究，撰《古明器图录》一书，遂启日后古明器研究之风气。此外复编印《古镜图录》、《隋唐以来古官印集存》、《封泥集存》、《历代符牌录》、《四朝钞币图录》、《地券征存》、《古器物范图录》、《古玺印姓氏征》诸书，传古之功，皆不可没也。